Edition Fachdidaktiken

Die Reihe ‚Edition Fachdidaktiken' reagiert auf die inter- und multidisziplinär wachsenden Diskurse, die sich in den Schnittmengen fachwissenschaftlicher und erziehungswissenschaftlicher Zusammenhänge verdichten.
Fachdidaktiken stehen mehr und mehr im Dialog und es zeichnen sich innovative und moderne Formen zunehmender Kommunikation und Kooperation ab.
Die Buchreihe will diese Forschungsentwicklung fördern und eine wissenschaftliche Publikationsfläche bieten, auf der Fachdidaktiken aller Disziplinen eine interdisziplinäre Öffnung in fachübergreifenden Arbeitskontexten ermöglichen.

Weitere Bände in der Reihe https://link.springer.com/bookseries/16243

Heike de Boer · Daniela Merklinger ·
Sandra Last
(Hrsg.)

Beobachten im fachdidaktischen Kontext

Schülerinnen- und Schülerperspektiven auf die Bearbeitung von Aufgaben

Springer VS

Hrsg.
Heike de Boer
Universität Koblenz-Landau
Koblenz, Deutschland

Daniela Merklinger
Pädagogische Hochschule Ludwigsburg
Ludwigsburg, Deutschland

Sandra Last
Pädagogische Hochschule Ludwigsburg
Ludwigsburg, Deutschland

Die Online-Version des Buches enthält digitales Zusatzmaterial, das durch ein Play-Symbol gekennzeichnet ist. Die Dateien können von Lesern des gedruckten Buches mittels der kostenlosen Springer Nature „More Media" App angesehen werden. Die App ist in den relevanten App-Stores erhältlich und ermöglicht es, das entsprechend gekennzeichnete Zusatzmaterial mit einem mobilen Endgerät zu öffnen.

ISSN 2524-8677 ISSN 2524-8685 (electronic)
Edition Fachdidaktiken
ISBN 978-3-658-35354-4 ISBN 978-3-658-35355-1 (eBook)
https://doi.org/10.1007/978-3-658-35355-1

Die Deutsche Nationalbibliothek verzeichnet diese Publikation in der Deutschen Nationalbibliografie; detaillierte bibliografische Daten sind im Internet über http://dnb.d-nb.de abrufbar.

Planung/Lektorat: Stefanie Laux
Springer VS ist ein Imprint der eingetragenen Gesellschaft Springer Fachmedien Wiesbaden GmbH und ist ein Teil von Springer Nature.
Die Anschrift der Gesellschaft ist: Abraham-Lincoln-Str. 46, 65189 Wiesbaden, Germany

Springer Nature More Media App

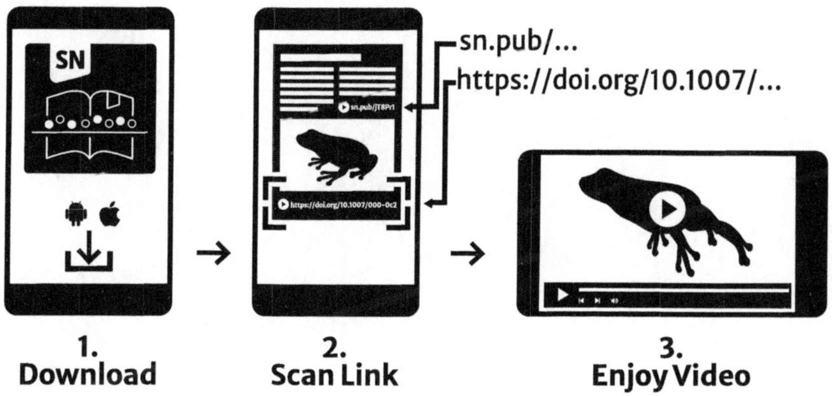

Support: customerservice@springernature.com

Inhaltsverzeichnis

Herausgeber*innen- und Autor*innenverzeichnis

Prof.in Dr. Heike de Boer Fachbereich Bildungswissenschaften, Institut für Grundschulpädagogik, Universität Koblenz-Landau, Campus Koblenz, Koblenz, Deutschland. E-Mail: hdeboer@uni-koblenz.de

Dr. Christina Bär Institut für deutsche Sprache und Literatur, Pädagogische Hochschule Heidelberg, Heidelberg, Deutschland. E-Mail: baer@ph-heidelberg.de

Dr. Marina Bonanati Fachbereich Erziehungswissenschaften, Institut für Pädagogik der Elementar- und Primarstufe, Goethe-Universität Frankfurt am Main, Frankfurt am Main, Deutschland. E-Mail: bonanati@em.uni-frankfurt.de

Marek Breuning Fachbereich Bildungswissenschaften, Institut für Grundschulpädagogik, Universität Koblenz-Landau, Campus Koblenz, Koblenz, Deutschland. E-Mail: breuning@uni-koblenz.de

Dr. Ulrike Eschrich Fachbereich Bildungswissenschaften, Institut für Grundschulpädagogik, Universität Koblenz-Landau, Campus Koblenz, Koblenz, Deutschland. E-Mail: eschrich@uni-koblenz.de

Daniela Jähn Fakultät Erziehungswissenschaften, Institut für Erziehungswissenschaft, Technische Universität Dresden, Dresden, Deutschland. E-Mail: daniela.jaehn@tu-dresden.de

Sandra Last Institut für deutsche Sprache und Literatur, Pädagogische Hochschule Ludwigsburg, Ludwigsburg, Deutschland. E-Mail: sandra.last@ph-ludwigsburg.de

Prof.in Dr. Daniela Merklinger Institut für deutsche Sprache und Literatur, Pädagogische Hochschule Ludwigsburg, Ludwigsburg, Deutschland. E-Mail: daniela.merklinger@ph-ludwigsburg.de

Julia Misterek Fachbereich Bildungswissenschaften, Institut für Grundschulpädagogik, Universität Koblenz-Landau, Campus Koblenz, Koblenz, Deutschland. E-Mail: juqu@uni-koblenz.de

Dr. Nina Skorsetz Fachbereich Erziehungswissenschaften, Institut für Pädagogik der Elementar- und Primarstufe, Goethe-Universität Frankfurt am Main, Frankfurt am Main, Deutschland. E-Mail: skorsetz@em.uni-frankfurt.de

Cathrin Vogel Fachbereich Bildungswissenschaften, Institut für Grundschulpädagogik, Universität Koblenz-Landau, Campus Koblenz, Koblenz, Deutschland. E-Mail: cvogel@uni-koblenz.de

Prof.in Dr. Matthea Wagener Fakultät Erziehungswissenschaften, Institut für Erziehungswissenschaft, Technische Universität Dresden, Dresden, Deutschland. E-Mail: matthea.wagener@tu-dresden.de

Einleitung: Beobachten im fachdidaktischen Kontext

Heike de Boer, Daniela Merklinger und Sandra Last

In den letzten Jahren häufen sich Expertisen darüber, welche Kompetenzen Schüler*innen in der Grundschule unter welchen Bedingungen erreichen (sollen) und wie eine optimale Leistungsförderung aussehen sollte. So fokussieren Large-Scale-Untersuchungen wie PISA vor allem Ergebnisse, die die fachbezogenen Leistungen der Schüler*innen als Lernerfolg oder als Misserfolg dokumentieren (vgl. OECD 2019: 28 ff.). Welche Aneignungswege Schüler*innen bei der Bearbeitung fachlicher Aufgaben wählen, welche Strategien sie anwenden, welche Vorstellungen sie im Laufe des Bearbeitungsprozesses entwickeln, findet hingegen nur wenig Beachtung. Doch schulisches Lernen folgt nicht linear dem Lehren, sondern führt in der Regel zu unvorhersehbaren Dynamiken, die dann in den Blick geraten und rekonstruiert werden können, wenn die Prozessperspektive eingenommen wird.

Im Mittelpunkt dieses Bandes steht daher die Frage danach, *wie sich Schüler*innen in unterschiedlichen fachdidaktischen Kontexten Aufgaben aneignen, welche Konstruktionsprozesse sie dabei vollziehen und wie sie zu ihren Lösungen kommen.* Um sich diesen Fragen zu nähern, werden am Beispiel videogestützter

H. de Boer
Fachbereich Bildungswissenschaften, Institut für Grundschulpädagogik, Universität Koblenz-Landau, Campus Koblenz, Koblenz, Deutschland
E-Mail: hdeboer@uni-koblenz.de

D. Merklinger (✉) · S. Last
Pädagogische Hochschule Ludwigsburg, Institut für deutsche Sprache und Literatur, Ludwigsburg, Deutschland
E-Mail: daniela.merklinger@ph-ludwigsburg.de

S. Last
E-Mail: sandra.last@ph-ludwigsburg.de

H. de Boer et al. (Hrsg.), *Beobachten im fachdidaktischen Kontext*,
Edition Fachdidaktiken, https://doi.org/10.1007/978-3-658-35355-1_1

Beobachtungen, auf der Basis von Beobachtungsprotokollen und Transkripten, Aneignungsprozesse von Schüler*innen bezogen auf Aufgaben aus unterschiedlichen fachdidaktischen Kontexten rekonstruiert. Dabei steht nicht allein die Prozessperspektive im Mittelpunkt, sondern auch die *Perspektiven der Schüler*innen auf den fachlichen Lerngegenstand.* Damit werden die fachlichen Zugänge im Aufgabenbearbeitungsprozess, die Interaktionen und die Ko-Konstruktionen in den Blick genommen.

Doch ist der beobachtende Blick immer auch ein selektierender Blick und lässt sich nicht objektivieren. Was in den Blick fällt, lässt sich weder von der Person, die blickt, noch von dem Kontext, der angeblickt wird, trennen. Ricken (2016) reflektiert in Anlehnung an Luhmann, dass jede Beobachtung einen blinden Fleck hat und konstatiert, dass die „Dopplung des Blicks, d. h. die Verknüpfung des ‚Was' des Beobachtens erster Ordnung mit dem ‚Wie' des Beobachtens zweiter Ordnung im Kern das ausmacht, was als Wissenschaftlichkeit, als methodisch reflektierte Beobachtung gilt" (Ricken 2016: 43). Denn das Sehen, so Ricken, ist ein „Sinn, der gegenüber der eigenen Blindheit erstaunlich blind ist" (Ricken 2016: 43). So zeigen qualitativ empirisch ausgerichtete Untersuchungen, dass der schulische Alltag von Bewertungspraktiken durchzogen ist und sich als systeminternes Instrument der „Disziplinierung, Hierarchisierung und Legitimierung in der alltäglichen Unterrichtspraxis" zeigt (Meister und Hollstein 2018: 134; vgl. auch Zaborowski et al. 2011). Kalthoff (2000) macht mit seiner Studie darauf aufmerksam, dass sich Schüler*innen in einer neuen Klasse bereits wenige Wochen nach dem Schulstart gegenseitig in starke und weniger leistungsstarke Schüler*innen einstufen (vgl. Kalthoff 2000: 437). Diese Kategorien orientieren sich oft an den Adressierungs- und Positionierungspraktiken der Lehrkräfte im Unterricht, geschehen in der Regel beiläufig und wenig bewusst in der alltäglichen unterrichtlichen Kommunikation und tragen zur Reproduktion von Leistungszuschreibungen bei. Auch die Forschungsergebnisse von Zaborowski, Meier und Breidenstein (2011) in ihrer ethnografischen Untersuchung zur Leistungsbewertung im Unterricht bestätigen diese Zusammenhänge.

Unterrichtliche Beurteilungen und Adressierungspraktiken von Lehrkräften gehen u. a. auch auf ihre beiläufig vorgenommenen Beobachtungen zurück und sind zugleich sehr wirkmächtig, denn sie erzeugen Kategorien, vor deren Hintergrund nicht nur wichtige Entscheidungen gefällt werden, sondern an denen sich auch die Schüler*innen in ihrer gegenseitigen Einschätzung orientieren.

Wie kann es also gelingen, solche fast automatisiert erscheinenden Kategorisierungsprozesse der alltäglichen Unterrichtskommunikation zu durchbrechen und zu verändern?
Eine Antwort, die wir mit diesem Buch geben möchten, rückt die Beobachtung unterrichtlicher Mikroprozesse in den Fokus. Der beobachtende, wissenschaftlich reflektierte Blick wird auf konkrete, zeitlich begrenzte unterrichtliche Situationen gerichtet. Indem beobachtet wird, wie Schüler*innen agieren und nicht nur, was sie am Ende produziert haben, werden auch Handlungen fokussiert und im Protokoll festgehalten, die im ersten Moment vermeintlich unwichtig erscheinen.

Damit werden die Handlungen der Akteur*innen miteinander, mit dem jeweiligen Material und den entsprechenden Aufgaben in den Fokus genommen und ermöglichen, die Flüchtigkeit situativer Dynamiken festzuhalten und der Rekonstruktion zugänglich zu machen. In der detailgenauen Dokumentation situativer Handlungen werden Schüler*innenpraktiken sichtbar, die in der Flüchtigkeit alltäglicher Unterrichtssituationen oftmals nicht beachtet werden, da sie sich dem ersten Eindruck und oberflächlichen Beurteilungskategorien entziehen. Sie liegen jenseits einer eher ergebnisorientierten Perspektive, die häufig Fehler oder Defizite fokussiert, und kann besondere Zugänge und Arbeitsweisen der Schüler*innen sichtbar machen. Manchmal zeigt sich erst im Beobachtungsprotokoll, dass die Kommunikation über den fachlichen Gegenstand scheitert, weil ungünstige Aufgabenformulierungen, Vereinfachungen oder Schematisierungen (vgl. Gruschka 2009: 488) die Schüler*innen auf die falsche Fährte gelenkt haben.

Untersuchungen, die eher eine Mikroperspektive auf Unterricht einnehmen und rekonstruieren, wie Schüler*innen im Unterricht agieren, nehmen in den letzten Jahren zu (vgl. Proske und Rabenstein 2018; Martens et al. 2018; Fabel-Lamla et al. 2020). Es handelt sich vor allem um qualitativ-empirisch ausgerichtete Studien, die mittels Beobachtungen oder transkribierter Gespräche konkrete Situationen im Unterricht untersuchen. Proske und Rabenstein (2018) nehmen in ihrem Band „Kompendium Qualitative Unterrichtsforschung" einen Systematisierungsversuch bestehender Forschungsansätze vor und unterscheiden sprachtheoretisch, praxistheoretisch, systemtheoretisch und wissenssoziologisch fundierte Bestimmungen von Unterricht (Proske und Rabenstein 2018: 28 ff.). Orientiert an dieser Systematik lassen sich die in diesem Band versammelten Studien im Schnittfeld von praxistheoretisch und sprachtheoretisch orientierten Ansätzen einordnen. In Anlehnung an interaktionistisch ausgerichtete Forschungen steht die kollektive Aushandlung des fachlichen Gegenstandes (vgl. z. B. Naujok et al. 2008) als Resultat gemeinsamer *joint meaning making* Prozesse (vgl.

de Boer 2018) im Zentrum der Analysen und führt zur Rekonstruktion von aufgabenbezogenen Aushandlungspraktiken (vgl. de Boer/Last und Bonanati/Skorsetz in diesem Band).

Erste Analysen fachlich ausgerichteter qualitativer Studien konnten besondere Herausforderungen sichtbar machen: Martens und Gresch (2018) sprechen z. B. von ambivalenter Fachlichkeit und rekonstruieren am Beispiel einer Biologiestunde die Koexistenz und eigenlogische Entwicklung unterschiedlicher Vorstellungen von Schüler*innen und Lehrkraft (vgl. Martens und Gresch 2018: 275). Herrle (2018) interessiert sich auf der Basis videografierten Unterrichts für die (Ko)Produktion sozialer Ordnungen im Umgang mit Unterricht und arbeitet die besonderen Anforderungen in diesem Prozess heraus (vgl. Herrle 2018: 135). Breidenstein (2018) beobachtet und rekonstruiert, wie von Schüler*innen während einer Aufgabenbearbeitung „ein grammatikalisches Problem pragmatisch entsorgt" wird (Breidenstein 2018: 202). Dabei geraten die Gleichzeitigkeit von Aufgabenbearbeitung im Sinne der unterrichtlichen Normen und die Gestaltung der Beziehung zwischen den Schüler*innen in den Blick (vgl. Breidenstein 2018: 202). Bonnet (2019) resümiert auf der Basis seiner qualitativ-empirischen Untersuchungen, dass Überdidaktisierungen und Trivialisierung des fachlichen Gegenstandes zum Verschwinden der „Sache selbst" führen können (Bonnet 2019: 168). Diese sehr unterschiedlich ausgerichteten Untersuchungen ermöglichen, besser zu verstehen, wie das Handeln von Schüler*innen, Lehrer*innen und Materialität des Unterrichtgegenstandes zusammenhängen und machen zugleich die Komplexität und Vielschichtigkeit unterrichtlichen Handelns deutlich.

Auch wenn es aktuell eine wachsende Anzahl von Untersuchungen gibt, die aus einer fachlichen Perspektive Mikroprozesse im Unterricht fokussieren, stellt die Verbindung von fachdidaktischer und prozessbezogener Ausrichtung bei der Erschließung unterrichtlicher Aufgaben noch immer ein Desiderat in der Unterrichtsforschung dar (vgl. Herzmann 2018: 173). Auch Breidenstein und Tyagunova (2020) konstatieren, dass praxeologisch ausgerichtete Analysen zwar Vollzugslogiken und pragmatische Orientierungen in der Unterrichtspraxis in den Blick nehmen, doch didaktischen Ambitionen gegenüber indifferent bleiben (vgl. Breidenstein und Tyagunova 2020: 203). Es steht noch aus, das spezifische Potenzial der Verschränkung von Vollzugslogiken unterrichtlicher Prozesse auf fachdidaktische Fragen zu beziehen; genauso wie den Zusammenhang von Fachlichkeit und Aufgabenbearbeitungen in konkreten Beobachtungsstudien zu untersuchen und für unterrichtliche Zwecke fruchtbar zu machen. Dabei muss berücksichtigt werden, dass Fachlichkeit „nicht mit Inhalten und Konzepten universitärer Disziplinen gleichgesetzt" werden kann (Reh 2018: 66). Vielmehr umfasst Fachlichkeit „die jeweils sortierenden Wissenspraktiken in den unterschiedlichen Institutionen" (Reh 2018: 66) und wird in den unterschiedlichen Kontexten von den Beteiligten interaktiv hergestellt (vgl. Reh 2018: 66). Die interaktive Ausgestaltung von Fachlichkeit geschieht ebenso in der Bearbeitung konkreter fachlicher Aufgaben (vgl. de Boer/Last in diesem Band). Reh (2018) resümiert, „was genau eine Aufgabe ‚ist', hängt wohl ab von dem, was sich im Umgang mit Aufgaben und Erwartungen, mit Interaktionen und Interaktionsritualen im Unterricht einer Klasse als gemeinsames Verständnis von Aufgaben zu einer gegebenen Zeit herausbildet und hier als Fachlichkeit verstanden wird" (Reh 2018: 67).

Die in diesem Band versammelten Studien setzen an dem beschriebenen Desiderat an. In allen Beiträgen steht die Beobachtung fachdidaktisch ausgerichteter Aufgabenbearbeitungen im Fokus. Rekonstruiert wird, wie der jeweilige fachliche Gegenstand interaktiv hergestellt wird. Durch die detailgenauen Beobachtungen der Aufgabenbearbeitungsprozesse werden die Konstruktionen und Ko-Konstruktionen der Schüler*innen für die Rekonstruktion zugänglich. Sichtbar wird dabei nicht nur, wie komplex diese unterrichtlichen Bearbeitungsprozesse sind, sondern auch, wie vielschichtig die Denk- und Suchbewegungen der Schüler*innen sind. Ihre tiefgründige Qualität zeigt sich manchmal erst in der Rekonstruktion. Alle Beiträge analysieren, welche Wissenspotenziale, Fragen und kollektiven Bedeutungsaushandlungen entstehen und wie diese für weiterführende Unterrichtsüberlegungen fruchtbar gemacht werden können. Ziel dieses Bandes ist damit nicht nur zu zeigen, dass die Rekonstruktion aufgabenbezogener Beobachtungen wichtige Hinweise auf Aneignungsweisen und Zugänge von Schüler*innen zum fachlichen Gegenstand geben kann, sondern darüber hinaus auch, erste Überlegungen für nächste didaktische Schritte zu vollziehen. In diesem Sinne wird die Rekonstruktion an fachdidaktische Überlegungen rückgebunden.

Vor diesem Hintergrund gliedert sich der vorliegende Band in drei Teile.

Im *ersten Teil* legen die Herausgeberinnen theoretische Grundlagen zur Beobachtung aufgabenbezogener Lernprozesse dar.

Heike de Boer führt am Beispiel einer konkreten Beobachtungssituation in die Thematik der *fachdidaktisch ausgerichteten und prozessbezogenen Beobachtung* ein. In Anlehnung an Untersuchungen zu prozessbezogenen Beobachtungsverfahren im Elementarbereich wird die langjährige Tradition dieser Ansätze herausgearbeitet und die Fortsetzung im schulpädagogischen Kontext in ethnografischen oder lernprozessorientierten Beobachtungsverfahren vorgestellt. Konkrete Kriterien zur Dokumentation von Beobachtungen, die zugleich die Reflexion von Selektivität und Normativität erfordern, werden reflektiert. Abschließend wird die Bedeutung der Qualität eines Beobachtungsprotokolls für die analytische Rekonstruktion in beispielhaften Schritten aufgezeigt.

Welche Herausforderungen das *Schreiben von Beobachtungsprotokollen* an Studierende stellt, die das Beobachten erlernen, entfaltet *Daniela Merklinger.* Am Beispiel eines Beobachtungsprotokolls zu einer konkreten Situation werden Stolperstellen vorgestellt, denen Studierende wiederholt begegnen, wenn sie ihre ersten Beobachtungsprotokolle schreiben. Es wird dabei aus fachdidaktischer Perspektive herausgearbeitet, welche Folgen z. B. das Aussparen von Informationen für die Rekonstruktion aufgabenbezogener Zugänge von Schüler*innen hat.

Heike de Boer und *Sandra Last* thematisieren *Mikroprozesse in der Fachdidaktik.* Sie diskutieren den Zusammenhang von prozessbezogenen Beobachtungen und diagnostischen Schritten, bevor sie im weiteren Verlauf Mikroprozesse der Aufgabenbearbeitung fokussieren und auf diagnostische Handlungen beziehen. Diese Vorgehensweise wird im Schnittfeld von Fachdidaktik, Fachwissenschaft und Aufgabenkonstruktion dargestellt. Sichtbar wird, wie vielschichtig die Einflussfaktoren der Bearbeitung fachlicher Aufgaben sind. Abschließend werden Praktiken der Aufgabenbearbeitung als komplexe Ko-Konstruktionen verschiedener Faktoren ausdifferenziert.

Daniela Merklinger reflektiert, inwiefern die Arbeit mit videobasierten Beobachtungsprotokollen einen grundlegenden Beitrag zur *Professionalisierung angehender Lehrkräfte* leisten kann. Sie entfaltet dies am Koblenzer Modell, in dem Studierende des Grundschullehramts das Beobachten in curricular verankerten Teilmodulen erlernen. Unterschieden werden vier elementare Bereiche der Professionalisierung, die vor dem Hintergrund eines strukturtheoretischen Professionalisierungsverständnisses diskutiert werden: die Schulung des beobachtenden Blicks, die Reflexion der eigenen Deutungsroutinen, die Unterscheidung von beschreibendem und deutendem Sprachgebrauch und – darauf aufbauend – die Rekonstruktion aufgabenbezogener Aneignungsprozesse von Schüler*innen.

Der *zweite* und *dritte Teil* sind dem Beobachten im Sach- und Deutschunterricht der Grundschule gewidmet. Allen Beobachtungsprotokollen aus den Beiträgen in diesen beiden Teilen liegen Videosequenzen zugrunde, in denen Grundschüler*innen eine fachliche Aufgabe bearbeiten. Diese Videos sind den Leser*innen über einen QR-Code zugänglich. Dadurch haben die Leser*innen anhand zahlreicher Fallbeispiele die Möglichkeit, die aufgabenbezogene Lernprozessbeobachtung konkret kennenzulernen. Sie können darüber hinaus die an den Perspektiven der Schüler*innen orientierten und zugleich fachdidaktisch ausgerichteten Analysen nachvollziehen und selbst anwenden. Mit den vorliegenden Videos ist es möglich, eigene Beobachtungen vorzunehmen.

Die Struktur aller Beiträge in diesen beiden Teilen folgt dabei einer systematischen Vorgabe:

- Jeder Beitrag beginnt mit einem Fallbeispiel, das entweder aus dem Deutsch- oder dem Sachunterricht kommt und die detaillierte Bearbeitung einer fachlichen Aufgabe durch Grundschulkinder zeigt.
- Es folgt die theoretische Einbettung des fachlichen Gegenstandes vor dem Hintergrund des aktuellen Forschungsdiskurses sowie
- die qualitativ-empirische Rekonstruktion des Bearbeitungsprozesses der Schüler*innen.
- Darauf folgt die Analyse der fachlichen Konstruktions- und Ko-Konstruktionsprozesse in der Situation.
- Diese Analyse führt einerseits zur Reflexion der aufgabenbezogenen Zugänge und Vorstellungen der Schüler*innen und andererseits zu der Frage, wie die analysierten Fallbeispiele für die Entwicklung fachlicher Anschlussaufgaben fruchtbar gemacht werden können.

Der *zweite Teil* vereint Beiträge zum Beobachten im Sachunterricht.

Daniela Jähn und *Matthea Wagener* führen aus, wie Kinder im jahrgangsgemischten Unterricht im Kontext einer offenen Aufgabenstellung *über den Menschen als (biologisches) Wesen nachdenken*. Die Autorinnen rekonstruieren, welche eigenen Vorstellungen und Deutungen die beiden Kinder im Gespräch hervorbringen und wie sie die Bearbeitung zu ihrem ganz eigenen Thema machen. Für die Herausforderungen, die aus der Verständigung zwischen kindlicher und fachlicher Perspektive resultieren, werden Anregungen zur unterrichtlichen Weiterarbeit gegeben.

Ulrike Eschrich und *Julia Misterek* dokumentieren eine Beobachtung, in der sich Kinder die *Funktionsweise des Klett-Prinzips* erschließen. Dabei klären die Autorinnen Fragen an der Schnittstelle von naturwissenschaftlicher und technischer Perspektive des Sachunterrichts. Sie reflektieren ihre Analysen im Hinblick auf Möglichkeiten des Erwerbs von Bildungs- und Fachsprache und verbinden ihre Überlegungen mit dem Konzept der durchgängigen Sprachbildung. Gezeigt wird, wie auf der Basis der Beobachtung ein schüler*innenorientierter und sprachsensibler Sachunterricht zum Klett-Prinzip konzipiert werden kann.

Heike de Boer und *Marek Breuning* beobachten zwei Zweitklässlerinnen im Gespräch darüber, *wie der Honig in die Blumen kommt*. Vor dem theoretischen Hintergrund von Kinderfragen rekonstruieren sie, wie die Schülerinnen im interaktiven Austausch ihr Weltwissen heranziehen und die gemeinsame Aufgabenbearbeitung kreativ entfalten. Die dezidierte Analyse der Beobachtung deckt die Tiefe der entstandenen Kinderfragen auf. Die Autor*innen plädieren für eine Sachunterrichtskultur, in der die Entwicklung von Fragen genauso wichtig ist wie das Finden von Antworten.

Marina Bonanati und *Nina Skorsetz* arbeiten in ihrem Beitrag interaktionsanalytisch heraus, wie eine Jungengruppe im Sachunterricht gemeinsam über die Frage nachdenkt, *welche Verkehrsschilder Hindernisse anzeigen.* Die Autorinnen reflektieren, wie der fachliche Gegenstand ko-konstruiert wird und in der Interaktion die Überlegung entsteht, dass auch Schilder selbst, unabhängig von ihrer Bezeichnung, zum Hindernis werden können: nämlich dann, wenn sie z. B. beim Laufen oder Spielen im Weg sind. Dabei zeigt sich, dass die Schüler als Verkehrsteilnehmer eine andere Perspektive einnehmen als die erwachsene Lehrkraft, mit der sie sprechen.

Gegenstand des *dritten Teils* sind Beiträge zum Beobachten im Deutschunterricht.

Sandra Last veranschaulicht am Beispiel einer Schreibsituation aus dem sprachlichen Anfangsunterricht, wie vielschichtig das *Sprechen über Schrift* sein kann. Ihre Beobachtung zeigt, wie sich ein Schüler Aspekte der Graphem-Phonem-Korrespondenz eigenständig erschließt und wie anspruchsvoll das Gespräch darüber mit seinen Mitschüler*innen und der Lehrerin ist. Der Beitrag macht auf die unterschiedlichen Deutungen von Schüler*innen aufmerksam, die Erkenntnisse über ihr Können liefern.

Cathrin Vogel beobachtet und reflektiert *ein auf Mehrsprachigkeit ausgerichtetes Spiel,* das zwei mehrsprachige Schülerinnen im Anfangsunterricht durchführen. Die Rekonstruktion der Interaktion zeigt, dass sich mehrsprachige Schüler*innen bereits in Klasse 1 sprachreflexiv mit unterrichtlichen Vorgaben auseinandersetzen. Sichtbar wird an diesem Beispiel, dass ein Wissen über die arabische Sprache helfen kann, die Äußerungen der Schülerinnen besser zu verstehen. Der Beitrag zeigt auch, dass Schüler*innen nicht automatisch ihr sprachliches Repertoire nutzen, selbst wenn die Aufgabe sie explizit dazu auffordert. Vielmehr bedarf dies einer etablierten mehrsprachigen Klassenkultur.

In dem Beitrag von *Christina Bär* stehen zwei Drittklässler vor der Herausforderung, in einer gemeinsamen Schreibsituation eine Erzählung zu schreiben. Dabei liegt der Fokus auf dem Produktionsprozess, also auf der *Entstehung des Textes im Gespräch* zwischen den beiden Schülern. Der prozessbezogene Zugang gibt einen Einblick in das textproduktive Können der Kinder; sie adressieren sich als erste Leser und arbeiten an Kohärenz. Der Blick auf den Prozess offenbart eine (implizite) Auseinandersetzung mit fortgeschrittenen Fragen der Textproduktion, die dem fertigen Text nicht mehr anzusehen ist.

Abschließend möchten wir allen Autor*innen für die zuverlässige und konstruktive Zusammenarbeit danken, ebenso Stefanie Laux und Kerstin Zeiger von Springer VS für ihre Unterstützung von Seiten des Verlages. Auch unseren studentischen Mitarbeiterinnen Claudia Körner und Olga Zirkelbach gilt unser Dank für die letzten Korrekturen des Manuskripts.

Literatur

de Boer, Heike (2018): *Joint meaning making* im Forschungsdiskurs zu philosophischen Gesprächen mit Kindern. In: de Boer, Heike/Michalik, Kerstin (Hrsg.): Philosophieren mit Kindern – Forschungszugänge und -perspektiven. Opladen, Berlin, Toronto: Verlag Barbara Budrich, S. 33–45.

Bonnet, Andreas (2019): Die Rolle von Fachlichkeit für die Professionalität und Professionalisierung von Lehrer*innen – Theoretische Überlegungen und empirische Befunde. Zeitschrift für interpretative Schul- und Unterrichtsforschung 8, S. 164–177.

Breidenstein, Georg (2018): Schülerpraktiken. In: Proske, Matthias/Rabenstein, Kerstin (Hrsg.) (2018): Kompendium Qualitative Unterrichtsforschung. Unterricht beobachten – beschreiben – rekonstruieren. Bad Heilbrunn: Klinkhardt, S. 189–206.

Breidenstein, Georg/Tyagunova, Tanya (2020): Praxeologische und didaktische Perspektiven auf schulischen Unterricht. In: Kotthoff, Helga/Heller, Vivien (Hrsg.): Ethnografien und Interaktionsanalysen im schulischen Feld. Diskursive Praktiken und Passungen interdisziplinär. Tübingen: Narr Francke Attempto, S. 197–219.

Fabel-Lamla, Melanie/Kunze, Katharina/Moldenhauer, Anna/Rabenstein, Kerstin (Hrsg.) (2020): Kasuistik – Lehrer*innenbildung – Inklusion. Empirische und theoretische Verhältnisbestimmungen. Bad Heilbrunn: Klinkhardt.

Gruschka, Andreas (2009): Erkenntnis in und durch Unterricht. Empirische Studien zur Bedeutung der Erkenntnis- und Wissenschaftstheorie für die Didaktik. Wetzlar: Büchse der Pandora.

Herrle, Matthias (2018): Soziale Ordnungen im Umgang mit Aufgaben. Interaktionsanalytische Perspektiven auf Fachlichkeit in Unterrichtsprozessen. In: Martens, Matthias/Rabenstein, Kerstin/Bräu, Karin/Fetzer, Marei/Gresch, Helge/Hardy, Ilonca/Schelle, Carla (Hrsg.): Konstruktionen von Fachlichkeit. Ansätze, Erträge, Diskussionen in der empirischen Unterrichtsforschung. Bad Heilbrunn: Klinkhardt, S. 125–139.

Herzmann, Petra (2018): Lernen sichtbar machen. In: Proske, Matthias/Rabenstein, Kerstin (Hrsg.): Kompendium Qualitative Unterrichtsforschung. Unterricht beobachten – beschreiben – rekonstruieren. Bad Heilbrunn: Klinkhardt, S. 171–189.

Kalthoff, Herbert (2000): „Wunderbar, richtig". Zur Praxis mündlichen Bewertens im Unterricht. In: Zeitschrift für Erziehungswissenschaft 2000, 3, S. 429–446.

Martens, Matthias/Gresch, Helge (2018): Ambivalente Fachlichkeiten. Die (Re)Produktion fachlicher Vorstellungen im Biologieunterricht. In: Martens, Matthias/Rabenstein, Kerstin/Bräu, Karin/Fetzer, Marei/Gresch, Helge/Hardy, Ilonca/Schelle, Carla (Hrsg.) (2018): Ansätze, Erträge, Diskussionen in der empirischen Unterrichtsforschung. Bad Heilbrunn: Klinkhardt, S. 275–289.

Martens, Matthias/Rabenstein, Kerstin/Bräu, Karin/Fetzer, Marei/Gresch, Helge/Hardy, Ilonca/Schelle, Carla (Hrsg.) (2018): Ansätze, Erträge, Diskussionen in der empirischen Unterrichtsforschung. Bad Heilbrunn: Klinkhardt.

Meister, Nina/Hollstein, Oliver (2018): Leistung bewerten. In: Proske, Matthias/Rabenstein, Kerstin (Hrsg.): Kompendium Qualitative Unterrichtsforschung. Unterricht beobachten – beschreiben – rekonstruieren. Bad Heilbrunn: Klinkhardt, S. 123–137.

Naujok, Natascha/Brandt, Birgit/Krummheuer, Götz (2008): Interaktion im Unterricht. In: Helsper, Werner/Böhme, Jeanette (Hrsg.): Handbuch Schulforschung. Wiesbaden: VS Verlag, S. 772–779.

OECD (2019): PISA 2018 Ergebnisse (Band I): Was Schülerinnen und Schüler wissen und können, PISA, wbv Media, Bielefeld. https://doi.org/10.1787/1da50379-de [Zugriff: 06.10.2021].

Proske, Matthias/Rabenstein, Kerstin (Hrsg.) (2018): Kompendium Qualitative Unterrichtsforschung. Unterricht beobachten – beschreiben – rekonstruieren. Bad Heilbrunn: Klinkhardt.

Reh, Sabine (2018): Fachlichkeit, Thematisierungszwang, Interaktionsrituale. Plädoyer für ein neues Verständnis des Themas von Didaktik und Unterrichtsforschung. In: Zeitschrift für Pädagogik 64, 1, S. 61–70.

Ricken, Norbert (2016): Die Macht des pädagogischen Blicks. Erkundungen im Register des Visuellen. In: Schmidt, Frederike/Schulz, Marc/Graßhoff, Günter (Hrsg.): Pädagogische Blicke. Weinheim: Beltz, S. 40–53.

Zaborowski, Katrin Ulrike/Meier, Michael/Breidenstein, Georg (2011): Leistungsbewertung und Unterricht. Ethnografische Studien zur Bewertungspraxis in Gymnasium und Sekundarschule. Wiesbaden: Springer VS.

Theoretische Grundlagen

Beobachten im fachdidaktischen Kontext – aufgabenbezogene Beobachtungen

Heike de Boer

Zusammenfassung

Am Beispiel einer konkreten Beobachtungssituation wird in die Thematik der fachdidaktisch ausgerichteten und prozessbezogenen Beobachtung eingeführt. In Anlehnung an Untersuchungen zu prozessbezogenen Beobachtungsverfahren im Elementarbereich wird die langjährige Tradition dieser Ansätze herausgearbeitet und die Fortsetzung im schulpädagogischen Kontext in ethnografischen oder lernprozessorientierten Beobachtungsverfahren vorgestellt. Dargelegt wird, wie in fachdidaktisch ausgerichteten Beobachtungssituationen eine Annäherung an die Perspektiven der Schüler*innen eingeübt wird und Aneignungsprozesse und Bearbeitungszugänge zur fachlichen Aufgabe herausgearbeitet werden können. Konkrete Kriterien zur Dokumentation von Beobachtungen, die zugleich die Reflexion von Selektivität und Normativität erfordern, werden vorgestellt. Die Konstruktion der Beobachtung durch die beobachtende Person wird diskutiert. Abschließend wird die Bedeutung der Qualität eines Beobachtungsprotokolls für die analytische Rekonstruktion in beispielhaften Schritten aufgezeigt.

H. de Boer (✉)
Fachbereich Bildungswissenschaften, Institut für Grundschulpädagogik, Universität Koblenz-Landau, Campus Koblenz, Koblenz, Deutschland
E-Mail: hdeboer@uni-koblenz.de

H. de Boer et al. (Hrsg.), *Beobachten im fachdidaktischen Kontext,*
Edition Fachdidaktiken, https://doi.org/10.1007/978-3-658-35355-1_2

1 Einleitung: Mikroprozesse beobachten

Raffael zeichnet das Auge

Freie Arbeit in einer altersgemischten Grundschulklasse: Der neunjährige Raffael sitzt dicht gebeugt über einem weißen Blatt Papier. Neben ihm liegen alle seine Buntstifte nach Farben sortiert auf dem Tisch sowie ein großes Radiergummi. Vor ihm steht eine Karteikarte in DIN-A5-Größe, auf der das menschliche Auge mit seinen Bestandteilen abgebildet und beschriftet ist (Abb. 1). Die Aufgabe lautet: Zeichne das Auge ab und beschrifte es. Raffael zeichnet orientiert an der Karteikarte auf seinem Papier das Auge nach. Sein Blick wandert zwischen Karteikarte und seinem Blatt hin und her. Er fokussiert ein einzelnes Detail auf der Karteikarte, tastet mit seinem Blick die Form des Auges auf der Karteikarte ab, bleibt am Sehnerv hängen und liest sich, leise die Lippen mit bewegend, den Begriff „Sehnerv" vor. Dann richtet sich sein Blick auf seine Buntstifte und er wählt ein kräftiges Gelb aus. Damit zeichnet er den Sehnerv auf seinem Blatt gelb und ebenso das dazugehörige Beschriftungsfeld. Sein Bild sieht fertig aus: Die verschiedenen Bestandteile des Auges sind farbig dargestellt und in kleinen Beschriftungskästchen gekennzeichnet. Zu erkennen sind die verschiedenen Hautschichten: Lederhaut, Aderhaut, Netzhaut, Regenbogenhaut, Hornhaut und Bindehaut, genauso wie Linse, Ringmuskel, Sehnerv, Augenmuskel, oberes und unteres Augenlid, Pupille, Glaskörper, gelber und blinder Fleck. Doch Raffael greift zum Radiergummi. Er radiert das Kästchen für die Beschriftung des Sehnervs und auch die einzelne Beschriftung weg. Dann schreibt er erneut in die Linien des Kästchens. Sobald er eine Linie überschrieben hat, radiert er das ganze Wort samt Kästchen wieder weg. Das macht er dreimal hintereinander. Seine Tischgruppen-Nachbar*innen haben längst ihre Aufgaben erledigt. Ihre Augen sehen verglichen mit Raffaels Zeichnung sehr viel minimalistischer aus, die verschiedenen Hautschichten sind oft nicht im Detail zu erkennen und die Beschriftungen gehen in großen Buchstaben quer übers Blatt. Ich schaue Raffael noch eine Weile zu und frage ihn dann: „Warum radierst du immer wieder die Beschriftung weg?" Er antwortet mir: „Ich möchte, dass meine Zeichnung genauso schön aussieht wie die auf der Karteikarte." In dem Moment kommt die Lehrerin dazu und flüstert mir ins Ohr: „Raffael ist immer so leicht ablenkbar und braucht deswegen länger."

(Beobachtung: Heike de Boer)

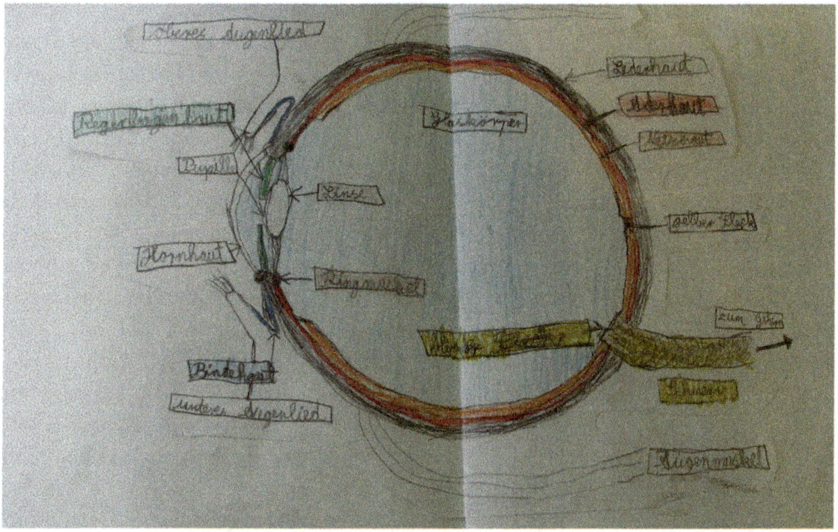

Abb. 1 Skizze von Raffaels Auge (© Heike de Boer)

Die Beobachtung von Schüler*innen im Unterricht ist wesentlicher Bestandteil der alltäglichen Unterrichtsarbeit von Lehrkräften und kann wichtige Erkenntnisse darüber liefern, wie sich Schüler*innen im Unterricht Aufgaben aneignen, welche Lösungswege und welche Vorgehensweisen sie im Bearbeitungsprozess wählen. Der detailgenaue Blick fokussiert unterrichtliche Mikroprozesse und ermöglicht dadurch eine Annäherung an die Perspektive der Schüler*innen. Anschließend daran kann herausgearbeitet werden, welche Aspekte aus Schüler*innensicht im Aufgabenbearbeitungsprozess Relevanz erhalten. Im obigen Fallbeispiel hat sich Raffael das Ziel gesetzt, dass sein skizziertes Auge dem auf der Karteikarte möglichst ähnlich werden soll. Seiner Skizze lässt sich der Blick für das Detail und die Genauigkeit in der Ausführung ansehen; die verschiedenen Hautschichten des Auges sind zu erkennen, genauso wie die verschiedenen Muskeln und Nerven. Die Beschriftung erfolgt nicht frei, sondern so, dass jeder Begriff in ein Kästchen gesetzt und mit einer Linie verbunden wird, die den Beschriftungsort kennzeichnet.

Raffael ist eine genaue Zeichnung gelungen, der eine präzise Dokumentation des menschlichen Auges zugrunde liegt. Während ich wirklich verblüfft über den Genauigkeitsgrad der Zeichnung und erstaunt über seine Geduld und seine Ausdauer bin, fällt der Lehrerin etwas ganz Anderes auf. Sie interessiert sich im gleichen Moment weniger für das „Wie“ der Aufgabenbearbeitung als dafür, dass Raffael viel mehr Zeit benötigt als die anderen Kinder. In ihrem Fokus liegt Raffaels langsames Bearbeitungstempo, vor allem im Vergleich zu den anderen Kindern. Sie sieht ihre Annahme bestätigt, dass er leicht ablenkbar ist und findet in dieser Feststellung eine Erklärung dafür, dass er noch nicht fertig ist. Die Perspektive der Lehrerin, die Raffael Tag für Tag im Unterricht erlebt, geht vermutlich auf viele kleine Beobachtungssequenzen zurück, in denen sie ihren Schüler Raffael wiederholt als langsam erlebt. Nun gibt es verschiedene Gründe, warum Kinder in der Schule Aufgaben langsam bearbeiten, z. B. weil sie sich den Inhalt sukzessive erschließen, oder weil sie Schwierigkeiten bei der Umsetzung haben, oder weil sie mit ganz anderen Dingen beschäftigt sind, oder auch, weil sie sehr genau arbeiten – und sicher gibt es noch viele weitere Gründe. Raffael ist in dieser Sequenz nicht abgelenkt. Er spricht mit niemandem, bzw. nur ganz kurz mit mir, als er mir meine Frage beantwortet. Raffael zeichnet detailgenau, fast übergenau. Er wird nicht fertig, weil sein Ergebnis ihn einfach nicht zufriedenstellt und vor seinem eigenen hohen Anspruch keinen Bestand hat.

Menschliche Beobachtungen sind häufig kategorial ausgerichtet. „Die Einordnung und Kategorisierung unserer Umgebung hilft uns Menschen dabei, Muster zu erkennen, schnelle Entscheidungen zu treffen und zu reagieren“ (Gümüsay 2020: 134) und zugleich werden aus den Kategorien „Käfige“, wenn eine konstruierte Kategorie zu dem Glauben führt, „einen anderen Menschen in seiner ganzen Komplexität abschließend verstanden zu haben“ (Gümüsay 2020: 134).

In dem einführenden Beispiel werden zugleich die Chance und auch die Herausforderungen deutlich, die mit der prozessbezogenen Aufgabenbeobachtung verbunden sind. Die Chance liegt darin, besser verstehen zu können, wie Schüler*innen als eigensinnige Akteur*innen unterrichtliche Aufgaben in sehr vielfältigen Formen bearbeiten, modifizieren und konstruieren; möglicherweise oft auch in Differenz zu den Vorstellungen der Lehrkräfte. Die prozessbezogene Beobachtung und ihre analytische Rekonstruktion ermöglichen es, Aneignungsprozesse zu erkennen und aufzudecken, hinter vorschnelle Kategorien zu schauen und differente Bearbeitungswege unterschiedlicher Schüler*innen für den Unterricht fruchtbar zu machen. Doch darin liegt zugleich auch eine Herausforderung, wie das Fallbeispiel zeigt. Denn „normalerweise erkennen wir nicht, dass unsere Annahmen die Natur unserer Beobachtungen beeinflussen. Aber die Annahmen beeinflussen die Art, wie wir Dinge sehen, wie wir sie erfahren und infolgedessen, was wir tun wollen. In gewisser Weise sehen wir durch unsere Annahmen. Man könnte auch sagen, dass die Annahmen in gewisser Weise ein Beobachter sind“ (Bohm 2019^{4}: 134).

Das Zitat von Bohm illustriert, dass jede Beobachtung durch die beobachtende Person ‚gemacht' und durch ihre Annahmen strukturiert ist. Das ist im dargestellten Beispiel gut zu erkennen. Beobachtungen können aus diesem Grund nicht objektiv sein und sie verraten mitunter mehr über die Erwartungen der beobachtenden Person als über die beobachtete Situation, im Fallbeispiel ist es z. B. die Erwartung der Lehrerin, dass die Aufgabe zügig gelöst wird.

2 Prozessorientierte Beobachtungsverfahren

Im Unterrichtsalltag wird zwar beobachtet, aber meistens zufällig und wenig systematisch. Eine geplante und prozessorientierte Beobachtung findet noch zu selten statt. Anders stellt sich die Situation im Kindergarten dar. Dort kommen seit vielen Jahren unterschiedliche Beobachtungsverfahren zum Einsatz (vgl. z. B. Laewen et al. 2011; Cloos und Schulz 2011; Leu et al. 2007). So wurde am Deutschen Jugendinstitut anschließend an die auf die Neuseeländerin Margaret Carr (2001) zurückgehenden Lern- und Bildungsgeschichten ein Instrumentarium entwickelt, das für die Fortbildung von Erzieher*innen eingesetzt wird (vgl. Leu et al. 2007). Es enthält kurze Videosequenzen, die zum Üben von Beobachtungen genutzt werden können, und Beispiele, wie mit den Beobachtungen Lern- und Bildungsgeschichten geschrieben werden können, die Kindern eine Rückmeldung zu ihren Kompetenzen und Ressourcen geben und Ansätze für nächste Entwicklungsschritte formulieren. Urban et al. (2015) haben diese als „prozessorientierte Verfahren der Bildungsdokumentation in inklusiven Settings" zusammengefassten Ansätze evaluiert (Urban et al. 2015: 343). Eine der Untersuchungsfragen fokussierte, „ob prozessorientierte Verfahren der Bildungsdokumentation zu einer nicht-etikettierenden und stärkenorientierten pädagogischen Begleitung, Anregung und Förderung" (Urban et al. 2015: 343) von Kindern beitragen und konnte dies einerseits bestätigen; andererseits arbeitete die Forschungsgruppe heraus, dass die untersuchten Bildungsdokumentationen eng mit den Erwartungen der Erzieher*innen an die Kinder als Lernende und zu Fördernde verknüpft waren (vgl. Urban et al. 2015: 343). Eingelassen in die Beobachtungsdokumentationen waren dementsprechend Informationen darüber, was die Erzieher*innen als ‚beobachtungswürdig' im Sinne von entwicklungsrelevant empfanden (vgl. Urban et al. 2015: 344).

Auf eine so gut dokumentierte und evaluierte prozessorientierte Beobachtungspraxis lässt sich im schulischen Kontext nicht zurückblicken. Doch wird z. B. die teilnehmende Beobachtung im Unterricht im Zuge des forschenden Lernens im Praxissemester und in Lernwerkstätten zunehmend eingesetzt (vgl. Schweitzer

2019; Paseka und Kuckuck 2020; Breidenstein et al. 2020a, b). Ein anderer Weg wurde in Rheinland-Pfalz an der Universität Koblenz eingeschlagen. Da es dort kein Praxissemester gibt, wurde ein curricular verankertes Teilmodul etabliert, in dem Studierende systematisch in das Verfahren der prozessorientierten Beobachtung auf der Basis von mehreren Videobeobachtungen eingeführt werden. Zu drei kurzen Beobachtungen werden Beobachtungsprotokolle verschriftlicht, zu denen alle Studierenden von geschulten Tutor*innen individuelles Feedback erhalten. Eine Evaluation, in der 500 Protokolle von 100 Studierenden hinsichtlich etikettierender und zuschreibender Beobachtungsformulierungen untersucht wurden, konnte sichtbar machen, dass zuschreibende Formulierungen im Laufe des Semesters vom ersten zum letzten Protokoll deutlich abgenommen haben (vgl. Braß i. V.).

Dass der „sehende Blick" der Professionalisierung bedarf, konstatieren auch Gottuk et al. Sie verbinden in ihrem 2019 erschienenen Band das „Sehen lernen" mit dem „Sehen verlernen". Denn, so die Autor*innen, um Sehen neu lernen zu können, müssen alte Sehgewohnheiten und Deutungsroutinen wieder verlernt werden (vgl. Gottuk et al. 2019: 13).

Es lohnt sich demzufolge, prozessorientierte Beobachtungsverfahren in der Lehrer*innenbildung grundzulegen und den beobachtenden Blick und die Sprache, mit der das Gesehene dokumentiert wird, zu professionalisieren (vgl. Merklinger in diesem Band).

3 Mit Beobachtungsdokumenten die Perspektive der Schüler*innen rekonstruieren

Beobachtungen, die wie oben beschrieben in unterschiedlichen Lehrer*innenbildungskontexten zum Einsatz kommen, werden als wissenschaftliches Beobachtungsverfahren grundgelegt zum „[...] Erfassen, Festhalten und Deuten sinnlich wahrnehmbaren Verhaltens zum Zeitpunkt seines Geschehens" (Atteslander 2010: 73). Beobachten wird verstanden als gerichteter und zweckbestimmter Vorgang, der einem Erkenntnisgewinn dient, sich systematischer Verfahren zur Erfassung und Dokumentation des Beobachteten bedient und diese der diskursiven Auseinandersetzung zugänglich macht (vgl. Atteslander 2010: 73).

Beobachtungen geht in der Regel ein gezieltes Informationsinteresse voraus; zugleich sind mit diesem Interesse grundlegende und explizite Vorannahmen verbunden, die die Ergebnisse des Beobachtungsprozesses mehrfach beeinflussen (vgl. auch Urban et al. 2015: 343). Denn schon die zugrunde gelegte Fragestellung fokussiert den Blick. Wenn sich die beobachtende Person wie die Lehrerin im obigen Beispiel dafür interessiert, „wann Raffael abgelenkt ist", wird sie etwas über Raffaels Ablenkung erfahren und nicht etwa über sein detailgenaues Zeichnen und Beschriften. Im schulischen Kontext ist die beobachtende Lehrperson oft zugleich auch Handelnde. Anders als in einem experimentellen Labor interagiert die beobachtende Person mit der beobachteten Person oder den Personen. Es entsteht eine wechselseitige Beziehung, die von den Erwartungen an und den Vermutungen der Lehrperson über die Schüler*innen gesteuert wird, genauso wie durch die Erwartungen der Schüler*in an die Lehrperson. Brophy/Good stellten bereits 1976 fest:

> „Die Erwartungen und Vermutungen, die der Lehrer im Hinblick auf das Leistungsvermögen verschiedener Kinder hat, beeinflussen seine Interaktionen mit diesen Schülern, die sich entsprechend der durch die Interaktion vermittelten Erwartungen so verhalten, dass die Erwartungen des Lehrers bestätigt werden." (Brophy und Good 1976: 8)

Die individuellen Wertmaßstäbe, die Lehrkräfte bezogen auf das unterrichtliche Handeln haben, genauso wie ihre Unsicherheiten, Vorlieben, Ängste etc. sind dementsprechend bedeutende Aspekte, die eine Wirkung auf die Interaktion mit Schüler*innen haben – und darauf, wie die Lehrkraft sie beobachtet. Dieses Beziehungsgefüge muss als bedeutsame Einflussgröße bei der Beobachtung einzelner Schüler*innen mitgedacht werden. „Beobachten ist Wahrnehmen. Wahrnehmen ist Interpretation. Die Interpretation ist eine Ko-Konstruktion" (Beck und Scholz 2000: 151) der beteiligten Interakteur*innen. Eine zentrale Voraussetzung für die Beobachtung liegt dementsprechend darin, dass sich handelnde Pädagog*innen ihre eigene Einflussnahme bewusst machen und diese im Beobachtungsprozess reflektieren.

Wie kann dies gelingen? Zum einen lassen sich beobachtete Situationen, in denen einzelne Schüler*innen als ‚abgelenkt' wahrgenommen werden, daraufhin befragen, inwiefern sich eine beobachtete Schüler*in anders verhält als erwartet. Die empfundene Ablenkung oder Abweichung von den eigenen Vorstellungen kann als Motiv für einen eigenen Aufmerksamkeitsfokus gewertet werden und auf implizite Annahmen und Erwartungen der Beobachter*in aufmerksam machen (vgl. de Boer 2012a: 218 ff.; Lehmann-Rommel 2012: 132 ff.). In der oben geschilderten Beobachtungssituation ist es z. B. die Erwartung, dass alle Schüler*innen ihre Aufgaben zügig bearbeiten. Die beobachtete Abweichung von dieser Erwartung führt zu der Hypothese der Lehrkraft, dass der Schüler leicht ablenkbar ist. Werden Erwartungshaltungen im Prozess der Selbstreflexion erkannt und „in der Schwebe gehalten", kann eine vertiefende Beobachtung im weiteren Verlauf dazu beitragen, auf eigene Vorurteile und versteckte Stereotype aufmerksam zu werden und diese zu hinterfragen. In der Situation mit Raffael könnte das bedeuten, dass dem Urteil „leicht ablenkbar“ eine Beobachtung folgt, die dazu beitragen kann, besser zu verstehen, was die Gründe für die lange Bearbeitungszeit sind. Auf diese Weise kann eine *Annäherung* an die Perspektive von Raffael stattfinden. Honig, Lange und Leu (1999) machen in ihren frühen Überlegungen zur Methodologie der Kindheitsforschung allerdings darauf aufmerksam, dass die Rekonstruktion der Perspektiven von Kindern und Jugendlichen immer nur eine Annäherung sein kann (vgl. auch Heinzel 2012). Sie verweisen auf die Paradoxie, dass der Versuch, als Forscher*innen etwas über Kinder erfahren zu wollen, immer damit verknüpft sei, an eine Perspektive anknüpfen zu wollen, die man erst noch kennen lernen möchte (vgl. Honig et al. 1999: 21).

Perspektiven, die Schüler*innen und Erwachsene auf den schulischen Alltag einnehmen, unterscheiden sich und sind durch generationale Ordnungen geprägt (vgl. Bühler-Niederberger 2020: 256; Heinzel 2012: 183). Während Lehrende an einem problemlosen, zielgerichteten und ökonomischen Ablauf ihrer intendierten Handlungen und an der Sicherung des Erkannten und dessen Durchsetzung bei den Beteiligten interessiert sind, vollziehen Schüler*innen ihre Aufgaben eben auch mit Pragmatismus (vgl. auch Breidenstein 2006: 19) und manchmal mit eigensinnigen Zielsetzungen (wie z. B. Raffael, der so genau und detailliert wie auf der Karteikarte zeichnen möchte). „Das von Kindern erbrachte Verhalten ist immer schon eine Reaktion auf ein Verhalten, das von ihnen erwartet wird, resp. auf die Erwartung, die sie vermuten“ (Bühler-Niedernberger 2020: 258). Bühler-Niedernberger spricht von „sozialen Alleskönnern“ (Bühler-Niedernberger 2020: 256), die auf das Aufspüren von Regeln aller Art eingestellt sind, Anforderungen von sozialen Situationen rasch begreifen und in den verschiedensten Kontexten kooperieren und funktionieren (vgl. Bühler-Niedernberger 2020: 256). Beobachtungen im unterrichtlichen Kontext können in diesem Sinne auch aufdecken, welche unterrichtlichen Erwartungen Schüler*innen vermuten.

4 Ethnografische Beobachtungen versus aufgabenbezogene Lernprozessbeobachtungen

Schulisches Lernen folgt meistens nicht linear dem Lehren, sondern führt zu unvorhersehbaren Dynamiken, die dann in den Blick geraten können, wenn die Prozessperspektive eingenommen wird. Da Lehrkräfte nicht wissen können, wie Lehrinhalte, die sie anbieten, von Schüler*innen aufgenommen und verarbeitet werden, tragen Beobachtungen dazu bei, durch den Blick auf die Handlungen und Äußerungen der Schüler*innen, die Prozesslogik und die Dynamik im Unterricht besser zu verstehen. Wissenschaftliche Beobachtungen unterscheiden sich von zufälligen Wahrnehmungen, weil sie zielgerichtet und theoriegeleitet sind und zu einer aktiven Aneignung sozialer Wirklichkeit führen. Dazu bedarf es für den schulischen Unterricht der Kenntnis von Verfahren, mit deren Hilfe Beobachtungen und Dokumentationen von Schüler*innenhandlungen vorgenommen werden können.

In den letzten Jahrzehnten haben sich zahlreiche ethnografische Studien anhand von teilnehmenden Beobachtungen der Alltagspraxis von Unterricht genähert (vgl. z. B. Breidenstein und Rademacher 2017; Bennewitz und Hecht 2017; Reh et al. 2015; Eckermann 2017; Lange 2017). Mit der Maxime, jedes Phänomen so zu betrachten, als würde es gerade erst erzeugt, wird der Fokus der teilnehmenden Beobachtung in diesem Prozess auf den Vollzug und die Prozesshaftigkeit verschiedener Situationen gelenkt. Die Teilnahme im Feld ist dabei eine grundlegende Voraussetzung. Die Forscher*in ist mit allen Sinnen als Teilnehmer*in in die Beobachtungssituation involviert. Der Blick auf den Prozess des Hervorbringens sozialer Wirklichkeit, auf das „doing being", wird als methodisches Moment der Verlangsamung des Verstehens genutzt (vgl. Sacks 1984). Es entsteht ein Beobachtungsprotokoll im Sinne einer „dichten Beschreibung", in das auch die persönlichen Eindrücke der Forscher*in genauso wie analytische Verdichtungen aufgenommen werden.

> Z. B. „Rebekka steht vorn an der Tafel, druckst herum, sie ist sehr leise, ich verstehe hier hinten nichts. Es dauert lange, wohl eine Minute oder so, Frau Stern lässt ihr und sich und uns allen Zeit. Stockend und leise erzählt sie was zur Fortpflanzung der Fische. D. h. eigentlich erzählt sie nicht. Sondern sie beantwortet mit einzelnen Begriffen die Fragen der Lehrerin." (Breidenstein 2012: 35)

Im Beobachtungsprotokoll geraten alltagskulturelle Praktiken in den Forschungsfokus. Es entsteht die Frage, wie Schüler*innen ihre soziale Welt in Interaktionen herstellen und interpretativ reproduzieren. Dabei können fachdidaktische Situationen in den Blick geraten, in denen Praktiken rekonstruiert werden (vgl. Breidenstein und Rademacher 2017), das muss aber nicht so sein. Eine wesentliche Herausforderung für Ethnograf*innen besteht darin, mittels reflexiver und methodisch kontrollierter Strategien eine künstliche Fremdheit oder Befremdung gegenüber der eigenen Kultur (vgl. Schulz 2014: 227) sowie eine Offenheit im Forschungsprozess zu erzeugen. Den ‚Eigensinn' oder die eigene Ordnung des untersuchten Feldes herauszupräparieren, erfordert dabei die Ko-Präsenz der Forscher*innen und ihre sinnliche Unmittelbarkeit im Feld (vgl. Breidenstein et al. 2020^3: 32).

Anders als die der Ethnografie zu Grunde liegende teilnehmende Beobachtung fokussiert die *Lernprozessbeobachtung* aufgabenbezogene Interaktionen von Schüler*innen im Unterricht (vgl. de Boer 2015; 2012b). Damit wird ein Fokus gesetzt, der Handlungen von Schüler*innen in den Blick nimmt, in denen sie konkrete fachdidaktische Aufgaben bearbeiten. In diesem Band geht es um die Beobachtung von Unterrichtsszenen, die videografiert wurden, um Analysen daran anzuschließen, mit denen rekonstruiert wird, wie die fachliche Aufgabe in der Interaktion ko-konstruktiv bearbeitet und hergestellt wird. Der Blick richtet sich folglich darauf, was die Schüler*innen aus der vorgegebenen Aufgabe ‚machen', wie sie die jeweilige Aufgabe deuten, im interaktiven Austausch bearbeiten und herstellen, welche Praktiken der Aufgabenbearbeitung sie vollziehen. Praktiken werden in Anlehnung an Reh et al.[1] (2015) „als Einheiten einer Folge zeitlich nacheinander beobachtbarer, unterschiedlicher körperlicher und – in jeweils zu bestimmender Verkopplung – sprachlicher Aktivitäten" verstanden (Reh et al. 2015: 44). Zugleich geht es auch darum, auf der Basis einer videobasierten Fallarbeit die Entwicklung pädagogischer Professionalität anzustoßen (vgl. Merklinger in diesem Band; Last und Merklinger 2019; de Boer 2012c).

Gefragt wird zunächst danach, wie die Schüler*innen sich konkreten Aufgabenstellungen handelnd nähern, wie sie sich sprachlich äußern und dabei aufgabenbezogene Vorstellungen und Wissen (in Ko-Konstruktion mit anderen) produzieren. In einem zweiten Schritt erfolgt die Rekonstruktion ihrer Praktiken und die Frage danach, welche Wissenskonstruktionen sichtbar werden. Grundlage dafür ist die Beobachtung und schriftliche Dokumentation videografierter Unterrichtssequenzen in einem Beobachtungsprotokoll.

5 Lernprozesse beobachten

Die aufgabenbezogene Lernprozessbeobachtung fokussiert gezielt unterrichtliche Mikroprozesse, die an den Bearbeitungsprozess fachdidaktischer Aufgaben gebunden sind – das können, müssen aber keine Situationen sein, in denen Lernen stattfindet (vgl. de Boer 2012b: 68).

Was Lernen ist und wie es geschieht, wird im wissenschaftlichen Diskurs in Abhängigkeit vom erkenntnistheoretischen Interesse unterschiedlich aufgefasst.

[1] Reh et al. (2015) differenzieren Praktiken anknüpfend an Schatzki (2001) aus „als verkörperte, materiell vermittelte Anordnungen menschlicher Tätigkeiten, die von einem geteilten praktischen Wissen (‚practical understanding') organisiert werden" (Reh et al. 2015: 36). Praktiken verlaufen oft routinisiert, das in ihnen eingelagerte Wissen lässt sich von den Akteur*innen nicht ohne weiteres explizieren.

Lässt sich Lernen überhaupt beobachten? Prange (2012) hält das Lerngeschehen für nicht beobachtbar, sondern es seien nur Bemühungen und das Resultat zu sehen. Er entwirft das Zeigen als Grundoperation des Unterrichts, in der die Welt in der Form des Zeigens in kommunikativen Handlungen zur Darstellung kommt (vgl. Prange 2012: 85). Naujok/Krummheuer (1999) untersuchen die interaktive Herstellung von Bedeutung in Lernprozessen und verstehen Lernen als kommunikativen und kollektiven Akt der gemeinsamen Bedeutungsaushandlung. Auch Miller konstatiert, dass eine soziale Gruppe zwar nur lernen könne, wenn der Einzelne dazu in der Lage sei, doch dass die einzelne Person Neues lernen könne, wenn ihre Lernprozesse eine „integrative Komponente eines sozialen Interaktionsprozesses darstellen" (Miller 1986: 5). Während Miller und Krummheuer et al. (2005) den Fokus auf das Aushandeln von Bedeutungen legen, betont Meyer-Drawe, dass Lernen vor allem bedeutet, Erfahrungen zu machen und dabei auch den Blick auf Irritationen oder Widerstände zu lenken (vgl. Meyer-Drawe 2008: 15). Situationen zu beobachten und zu dokumentieren, die Lernprozesse auslösen können, heißt demzufolge, Handlungen von Schüler*innen mit Dingen und miteinander anzuschauen, Gesten des Zeigens in den Blick zu nehmen, schwierige oder herausfordernde Erfahrungen sowie den Rückgriff auf Sprache, Symbole, Gestik und Mimik zu beobachten und genau zu beschreiben (vgl. de Boer 2012b: 68). Die schriftliche Darstellung des Beobachteten wird zur Herausforderung für das genaue Beschreiben und Ausdifferenzieren von Handlungen, für die Darstellung des Beobachtbaren und Beschreibbaren (vgl. Merklinger in diesem Band; de Boer und Merklinger 2014).

Beobachtungen, die wie im vorliegenden Beitrag an der Dokumentation von aufgabenbezogenen Bearbeitungsprozessen interessiert sind, werden hier deswegen als *„aufgabenbezogene Lernprozessbeobachtungen"* bezeichnet. Wohlwissend, dass Lernen an sich, wie dargestellt, nicht beobachtet werden kann, sondern nur die Veränderungsprozesse oder die kleinen Schritte zwischen „Nichtkönnen" und „Können", wird die pädagogische Frage fokussiert, wie Bearbeitungsprozesse bezogen auf konkrete Aufgaben und zugrunde gelegte Artefakte hergestellt werden und im besten Fall Lernen auslösen können. Damit richtet sich der Blick gezielt auf aufgabenbezogene und/oder soziale Situationen. Anders als die ethnografische Beobachtung (s. o.), die durch die Ausführlichkeit des Geschriebenen sowie durch dessen analytische Verdichtung und Durchdringung (vgl. Breidenstein 2012: 33) gekennzeichnet ist, werden aufgabenbezogene Lernprozesse im Beobachtungsprotokoll zunächst detailgenau und aufgabenbezogen beschrieben. Erst im nächsten, gesonderten Schritt folgt die analytische Durchdringung und Rekonstruktion. Diese Trennung von Beschreiben und Analysieren erfolgt, um Sensibilität für sprachliche Formulierungen und Aufmerksamkeit für eigene Zuschreibungen und kategoriale Festschreibungen zu erzeugen.

Lernprozesse werden in diesem Sinne verstanden als sozial situierte, interaktiv hergestellte, durch spezifische Artefakte gerahmte und sinnhaft strukturierte Auseinandersetzungsprozesse mit fachlichen Gegenständen/Aufgaben, die Fehler, Krisen und Umwege einschließen.

Im Beobachtungsprotokoll findet die Dokumentation dieses Prozesses statt und ermöglicht eine verstehende Annäherung, wohlwissend, dass nicht in jeder beobachteten Situation ein Lernprozess rekonstruiert werden kann (vgl. de Boer 2012b: 68). Der Fokus richtet sich dezidiert auf die Aneignungsseite des Unterrichts und die Annäherung an die Perspektive der Schüler*innen als Lernende.

6 Aufgabenbezogene Beobachtungen dokumentieren

Beobachtungsprotokolle zu aufgabenbezogenen Lernprozessen erfordern somit einerseits die detailgenaue Darstellung der beobachteten Interaktionen, ohne dass subjektive Zuschreibungen oder Kategorisierungen in das Protokoll aufgenommen werden. Andererseits fokussiert das dokumentierte Schreibprodukt die aufgabenorientierten Handlungen. Ein in diesem Kontext angefertigtes Protokoll bedarf deswegen der genauen Beschreibung der Ausgangssituation, der Aufgabenstellung und der Artefakte, die dabei verwendet werden.

> „Ausgangssituation: Freie Arbeit in einer altersgemischten Grundschulklasse: Der neunjährige Raffael sitzt dicht gebeugt über einem weißen Blatt Papier. Neben ihm liegen alle seine Buntstifte nach Farben sortiert auf dem Tisch sowie ein großes Radiergummi. Vor ihm steht eine Karteikarte in DIN-A5- Größe, auf der das menschliche Auge mit seinen Bestandteilen abgebildet und beschriftet ist. Die Aufgabe lautet: Zeichne das Auge ab und beschrifte es. Raffael zeichnet orientiert an der Karteikarte auf seinem Papier das Auge nach. An dieser Stelle beginnt die nachfolgende Beobachtung."

Zum einen ist die konkrete Aufgabe bedeutend, mit der sich das Kind im Beobachtungsbeispiel auseinandersetzt; zum anderen die Fragestellung für die Beobachtungssituation. In diesem Fall ist das die Frage: *Wie zeichnet Raffael das Auge von der Karteikarte ab und beschriftet es?*

Der so eingenommene Fokus ermöglicht es, in der Beobachtung zwischen wichtigen und unwichtigen Aspekten zu unterscheiden. Zum Beispiel ist es bezogen auf die Aufgabe weder nötig, die gesamte Raumeinrichtung zu beschreiben, noch die Farben und Muster der Kleidung der Kinder; wichtig hingegen sind Raffaels detaillierte Handlungen und auch die konkreten sprachlichen Äußerungen.

Die Aufgabe, die bearbeitet wird, und die spezifische Fragestellung der Beobachter*in setzen folglich den entscheidenden Fokus, die den Beobachtungs- und den Schreibprozess strukturiert.

Jedes Beobachtungsprotokoll ist dementsprechend durch folgende Merkmale gekennzeichnet (vgl. de Boer 2012b: 77):

- Das Protokoll enthält im ‚Protokollkopf' deskriptive Informationen (Datum, Ort, Dauer der Beobachtung, Name der protokollierenden Person).
- Der Beobachtung geht eine Fragestellung,
- die Beschreibung der Ausgangssituation, die Dokumentation der Aufgabe, der verwendeten Artefakte und der an der Situation beteiligten Personen voraus.
- Es folgt die detailgenaue Beschreibung der Handlungen, sodass eine außenstehende Person den Verlauf des Geschehens nachvollziehen kann:
  - Sprachliche Äußerungen werden nach Möglichkeit im originalen Wortlaut wiedergegeben.
  - Gestik und Mimik werden beschrieben.
  - Alle für das Verständnis notwendigen Kontextinformationen* werden gegeben.
  - Zeitspannen werden nicht zusammengefasst (oft, häufig, mehrmals) und nach Möglichkeit genau entfaltet.
- Beobachtungsbeschreibungen enthalten immer auch Deutungen.
  - Diese werden durch relationale Formulierungen kenntlich gemacht (z.B. möglicherweise, vielleicht, ...). Von Wertungen und Festschreibungen wird Abstand genommen.
  - Die eigene Subjektivität wird sprachlich sichtbar gemacht (z.B. wirkt auf mich, macht den Eindruck, ich vermute). (vgl. die Kriterien für das Beobachten und Schreiben von Beobachtungsprotokollen in de Boer 2012b: 77)

* Wichtig ist, dass neben den sprachlichen Äußerungen auch die weiteren Handlungen beschrieben werden. Was tun die Protagonist*innen, während sie sprechen, welche Gesten nehmen sie vor, welche Artefakte werden benutzt?

Rückmeldungen von Studierenden zum Schreibprozess zeigen, dass nicht nur die Beobachtung, sondern auch die schriftliche Darstellung des Beobachteten zur Herausforderung an das genaue Beschreiben und Ausdifferenzieren von Handlungen wird (vgl. de Boer und Merklinger 2014; vgl. Merklinger in diesem Band).

Im Prozess des Verschriftlichens findet auch eine Distanzierung und Befremdung des Beobachteten statt. Die notwendige Beschreibung des Beobachteten beim Formulieren des Beobachtungsprotokolls kann dazu führen, dass die beobachtende Person die eigene Wahrnehmung hinterfragt: Was habe ich eigentlich gesehen? Was war mit den in Stichpunkten festgehaltenen Notizen gemeint? Denn das Beobachtete wird aus der Erinnerung heraus, also im Nachhinein, auf der Basis von Stichpunkten verschriftlicht.

Die sprachliche Beschreibung des zuvor Beobachteten ist dementsprechend nicht einfach eine Übersetzung der Aspekte des Beobachteten, die von der beobachtenden Person als ‚beschreibend' eingeordnet werden. Schließlich geht der Transformationsprozess des Schreibens, der Transformationsprozess vom Gedanken zur geschriebenen Sprache, mit der Herausforderung einher, Worte und Formulierungen zu finden, die das Beobachtete angemessen in Sprache fassen (siehe Merklinger in diesem Band; vgl. de Boer und Merklinger 2014: 162 ff.). Beobachtungen und Verschriftlichungen produzieren so Differenzen, die einen reflexiv-kritischen Umgang durch die beobachtende Person erfordern.

6.1 Selektivität und Normativität

> „Durch das Verfassen der Protokolle nach dem Sichten der Videos ist mir bewusst geworden, wie oft man nicht nur mangelhaft zuhört, während man seine eigenen Gedanken verfolgt. (…) Es war überraschend zu sehen, wie schnell man in wertende, analytische oder vernetzende Formulierungen fällt, für die jedoch kein Anhaltspunkt außer die eigene Erwartungshaltung vorhanden ist." (Lara König 2018, studentische Abschlussreflexion im Beobachtungsjournal)

Diese schriftliche Äußerung stammt aus der Gesamtreflexion einer Studentin, die im Wintersemester 2018/2019 an einem Seminar zur Beobachtung sachunterrichtlicher Situationen teilgenommen hat und ihre Erfahrungen abschließend resümiert. Sichtbar wird, dass mit dem wiederholten Beobachten und Dokumentieren von Videoszenen verschiedene Herausforderungen verknüpft sind. Die intensive Auseinandersetzung mit kurzen Videosequenzen erfordert ein hohes Maß an Aufmerksamkeit und Konzentration, auch auf die Sprechhandlungen der Schüler*innen. ‚Mangelhaftes Zuhören' erschwert z. B. die Verschriftlichung der sprachlichen Äußerungen und führt zur Selektion der Handlungen und zur Reduktion der Genauigkeit der Darstellung. So erzeugt das Weglassen von Handlungen Fokussierungen, die einen Einfluss auf die Abbildung der beobachteten Situation haben, genauso wie „wertende, analytische oder vernetzende Formulierungen". Es macht einen Unterschied, ob die Äußerungen eines Kindes als ‚unverständlich' beschrieben werden oder ob genau dokumentiert wird, was das Kind im Wortlaut gesagt hat.

So schreibt die Studentin weiter:

> „Während ich im ersten Protokoll davon ausging, indirekte Zitate und Paraphrasen seien zureichend, so merkte ich beim Analysieren schnell, wie wichtig der genaue Wortlaut ist." (Lara König 2018, studentische Abschlussreflexion im Beobachtungsjournal)

Paraphrasierte Äußerungen können zwar inhaltlich Aufschluss geben, sind aber zu wenig aussagekräftig, wenn die sprachlichen Äußerungen der Kinder analysiert werden sollen, um ihre Wissenskonstruktionen zu rekonstruieren, oder aber wenn es um die Rekonstruktion der Bedeutungsaushandlung geht.

> Raffael und die Beobachterin sprechen darüber, warum Raffael radiert.

Diese Formulierung paraphrasiert die Situation, ohne den Wortlaut zu dokumentieren. Erst der genaue Wortlaut der Interaktion ermöglicht, Raffaels Vorgehensweise zu verstehen:

> Ich schaue Raffael noch eine Weile zu und frage ihn dann: „Warum radierst du immer wieder die Beschriftung weg?" Er antwortet mir: „Ich möchte, dass meine Zeichnung genauso schön aussieht wie die auf der Karteikarte." (Ausschnitt aus Beobachtung von Heike de Boer)

Dieser zweite Ausschnitt enthält, anders als der vorhergehende, Anteile wörtlicher Rede und ermöglicht im analytischen Prozess eine genauere Rekonstruktion. Durch die konkrete sprachliche Äußerung wird nachvollziehbar, welche Intention Raffaels Handlung zu Grunde liegt. Die Dokumentation der Originalaussagen ermöglicht einen präziseren Blick auf die Situation und darauf, welche Vorstellungen Raffael im Hinblick auf die Umsetzung der sachunterrichtlichen Aufgabe „Das Auge abzeichnen" hat.

Beobachtungs-, Schreib- und Analyseprozess sind eng miteinander verzahnt und bauen aufeinander auf.

- Die Fragestellung für die Beobachtung führt erstens zur Selektion des Wahrgenommenen;
- zweitens zur gezielten Fokussierung des Beobachteten und
- drittens zur schriftlichen Ausformulierung des Beobachteten, das während des Schreibprozesses einen weiteren Selektionsprozess durchläuft.

Aus diesen Gründen führt auch eine gemeinsam beobachtete Beobachtungssituation trotzdem zu unterschiedlichen Schreibprodukten.

Beobachtungen können niemals objektiv sein und sind immer eine Konstruktion der beobachtenden Person und führen zu der Erkenntnis, dass auch etwas gemeinsam Beobachtetes (bei Raffael und dem Auge von der Beobachterin und der Lehrerin) unterschiedlich aufgenommen, gefiltert und in Sprache gefasst werden kann.

6.2 Beobachtungsprotokolle analysieren

Der Zusammenhang von fachdidaktischem Wissen und der Wahrnehmung und Rezeption von Unterricht ist verschiedentlich belegt (vgl. Sunder et al. 2016; Blomberg et al. 2011). Sunder et al. unterscheiden in Anlehnung an Sherin und van Es (2009) und Seidel et al. (2011) zwischen zwei Formen professioneller Wahrnehmung:

- selective attention bzw. noticing als Prozess der Fokussierung,
- knowledge-based reasoning als Verarbeitung von Ereignissen unter theoriebasiertem Rückgriff auf Fachwissen (vgl. Sunder et al. 2016: 1).

Beide Faktoren werden durch fachliches Vorwissen beeinflusst und steuern die Wahrnehmung, so Sunder et al. (vgl. Sunder et al. 2016: 2). Bezogen auf das oben verwendete Beispiel erhält die detailgenaue Zeichnung und Beschriftung des Auges vor dem Hintergrund des eigenen biologischen Wissens über das Auge eine besondere Bedeutung; d. h. in der Beobachtung werden die Details besser wahrgenommen, für die es auch fachliches Hintergrundwissen gibt. Also: Auch das Fachwissen der beobachtenden Person konstruiert das Beobachtete mit. Auf der anderen Seite konnte Braß (i. V.) nachweisen, dass eine zu starke fachliche Orientierung in der Beobachtung dazu führen kann, dass die Beobachtung ergebnisorientiert erfolgt und auf „richtiges fachliches Handeln" überprüft wird (Braß i. V.). Hier besteht folglich eine Spannung: Die Anwendung von Fachwissen in der Beobachtung kann einerseits dazu beitragen, dass das Beobachtete fachbezogen ausdifferenziert wird und sprachlich präziser beschrieben werden kann als ohne fachliche Kenntnisse. Andererseits kann die Fokussierung auf bestimmte und erwartete fachliche Ergebnisse den beobachtenden Blick auch wieder einengen und dazu führen, dass die Handlungen im Prozess aus dem Blick geraten.

Darüber hinaus konnten Steffensky et al. (2015) zeigen, dass die professionelle Wahrnehmung naturwissenschaftlicher Unterrichtssituationen nicht allein durch Fachwissen, sondern auch durch pädagogisches Wissen bestimmt wird. Ein Beispiel dafür ist die Frage, ob nach Defiziten gesucht wird oder ob eine Orientierung an Potentialen besteht, die jeder Handlung aus der Perspektive der Akteur*innen Sinn zuschreibt und nach subjektiven Ressourcen und Wissenskonstruktionen fragt (vgl. Steffensky et al. 2015).

Entsprechend des hier dokumentierten Ansatzes stehen demzufolge drei Fragen für die Analyse von Beobachtungsprotokollen im Zentrum:

1. Mit welchen konkreten Handlungen eignen sich die beobachteten Personen die jeweilige Aufgabe an?
2. Wie äußern sich die beteiligten Personen im interaktiven Austausch: Auf welche Formulierungen greifen sie zurück? Welche Mimik und Gestik sind zu erkennen?
3. Welche phänomenbezogenen Vorstellungen, Wissenskonstruktionen oder auch Erwartungen der Schüler*innen an ihre eigene Ausführung lassen sich rekonstruieren?

Bezogen auf das in diesem Beitrag zugrunde gelegte Beispiel würde eine schlichte und zusammenfassende Beobachtung, z. B.

> „Raffael zeichnet ein Auge und beschriftet es.",

Raffaels Bemühen nicht dokumentieren und keine Grundlage dafür bieten, seinen Aneignungsprozess und seine gegenstandsbezogenen Vorstellungen und Wissenskonstruktionen sichtbar zu machen. Eine detaillierte Dokumentation der Situation bietet dagegen Möglichkeiten, einen vertieften Einblick in seinen Bearbeitungsprozess zu gewinnen:

Ausschnitt Beobachtungsprotokoll: Raffael zeichnet das Auge

> (…) Raffael zeichnet orientiert an der Karteikarte auf seinem Papier das Auge nach. Sein Blick wandert zwischen Karteikarte und seinem Blatt hin und her. Er fokussiert ein einzelnes Detail auf der Karteikarte, tastet mit seinem Blick die Form des Auges auf der Karteikarte ab, bleibt am Sehnerv hängen und liest sich, leise die Lippen mit bewegend, den Begriff „Sehnerv" vor. Dann richtet sich sein Blick auf seine Buntstifte und er wählt ein kräftiges Gelb aus und zeichnet damit den Sehnerv auf seinem Blatt gelb und ebenso das

dazugehörige Beschriftungsfeld. Sein Bild sieht fertig aus: Die verschiedenen Bestandteile des Auges sind farbig dargestellt und in kleinen Beschriftungskästchen gekennzeichnet. Zu erkennen sind die verschiedenen Hautschichten: Lederhaut, Aderhaut, Netzhaut, Regenbogenhaut, Hornhaut und Bindehaut, genauso wie Linse, Ringmuskel, Sehnerv, Augenmuskel, oberes und unteres Augenlied, Pupille, Glaskörper, gelber und blinder Fleck. Doch Raffael greift zum Radiergummi. Er radiert das Kästchen für die Beschriftung des Sehnervs und auch die einzelne Beschriftung weg. Dann schreibt er erneut in die Linien des Kästchens. Sobald er eine Linie überschrieben hat, radiert er das ganze Wort samt Kästchen wieder weg. Das macht er dreimal hintereinander. Seine Tischgruppen-Nachbar*innen haben längst ihre Aufgaben erledigt. Ihre Augen sehen verglichen mit Raffaels Zeichnung sehr viel minimalistischer aus, die verschiedenen Hautschichten sind oft nicht im Detail zu erkennen und die Beschriftungen gehen in großen Buchstaben quer übers Blatt.[2] (...) (Beobachtung: Heike de Boer)

An diesem Ausschnitt lässt sich rekonstruieren, wie der beobachtete Schüler beim Zeichnen des Auges vorgeht, wie er um die originalgetreue Darstellung bemüht ist, der er mit Radieren und Verbessern gerecht werden möchte. Die Aufgabe scheint für ihn nur dann angemessen gelöst zu sein, wenn sein gezeichnetes Auge dem auf der Karteikarte maximal nahekommt. Es ist eine fast wissenschaftliche Genauigkeit, die Raffael hier anlegt. Es darf keine Ungenauigkeiten im Bild oder bei der Beschriftung geben. Seine gegenstandsbezogene Vorstellung von der Darstellung des Auges lässt keine Abweichungen vom Vorbild zu und ist Ausdruck seiner hohen Erwartung an sein Endprodukt, das identisch mit der Vorlage sein soll. Sein Anspruch führt dazu, dass sein Bild nicht fertig wird und er in immer neuen Schleifen Verbesserungen vornimmt. Durch die Beobachtung wird erkennbar, dass Raffael detailgenau, geduldig und ausdauernd an seiner Aufgabe arbeitet. Auf der Ebene der dokumentierten Beobachtung zeigt sich, dass der Grad der Detailgenauigkeit der Beobachtung und Dokumentation eine wichtige Grundlage für die Tiefe der Analyse bildet und für die Möglichkeit, Einblick in die Potentiale des Schülers, in seinen Arbeitsprozess und eine Annäherung an seine Perspektive als lernender Schüler zu erhalten.

[2] Für ein weiteres Beispiel siehe de Boer 2019: 241 ff.

7 Fazit

Die Beobachtung und Dokumentation von Bearbeitungsprozessen fachlicher Aufgaben rücken die Vollzugslogik der Bearbeitung in den Mittelpunkt der Betrachtung und damit die Konstruktionen und Ko-Konstruktionen, die von den Schüler*innen hergestellt werden. Dabei bildet die Dokumentation der Beobachtung immer nur einen Ausschnitt des Beobachteten ab. Unterschiedliche Personen, die die gleiche Situation beobachtet haben, werden je nach Beobachtungsfokus und -fragestellung zu unterschiedlichen Beobachtungsprodukten und Schlüssen kommen.

Die Beobachtung, Dokumentation sowie fach- und sprachbezogene Analyse führen zu Erkenntnissen, die vielfältigen Nutzen haben:

- Herausgearbeitet werden kann, wie und in welcher Form und mit welchen Praktiken sich Schüler*innen Aufgaben aneignen,
- wie sie die zu bearbeitende Aufgabe in der Interaktion hervorbringen und auch ‚eigensinnig' deuten,
- wie sich die Bearbeitung der ko-konstruierten Aufgabe manchmal auch different zu der Vorstellung der Lehrkraft verhält.
- Die Rekonstruktion ermöglicht eine Annäherung an die Perspektive der Schüler*innen
- und macht sichtbar, wie vielfältig und komplex das Vorwissen von Schüler*innen ist, das in die Aufgabenbearbeitung einfließt.
- Im Prozess der Beobachtung und Dokumentation zeigt sich die „Konstruktion" des Beobachteten durch die jeweilige Perspektive der Beobachter*in.
- Beobachtungen können nicht „objektiv" oder „neutral" sein und ermöglichen nur eine subjektive Annäherung an das Beobachtete.
- Die Dokumentation von Beobachtungen trägt dazu bei, sensibel für die sprachliche Differenz von Zuschreibung und Beschreibung zu werden und zu lernen, eine beobachtete Situation für eine außenstehende Person detailgenau beschreiben zu können.

Die Auseinandersetzung mit der Perspektive der Schüler*innen durch die Beobachtung fachdidaktischer Aufgabenbearbeitungen trägt damit im Besonderen dazu bei, allen Praktiken der Schüler*innen generell Sinn zu unterstellen und die Vollzugslogik ihrer Handlungen herauszuarbeiten. Herauspräparieren lässt sich, wie Schüler*innen den fachlichen Gegenstand interaktiv ko-konstruieren und mitgestalten – ein bislang vernachlässigtes und zu wenig untersuchtes Forschungsfeld (vgl. Breidenstein und Tyagunova 2020: 201 ff.).

Der Frage, wie die Bearbeitung fachlicher Aufgaben im Zusammenspiel von Aufgabenstellung, Materialität, flankierendem Lehrer*innenhandeln und Schüler*inneninteraktionen hergestellt wird, wird in der fachdidaktischen Forschung aktuell noch zu wenig Beachtung geschenkt. Die Rekonstruktion dieses komplexen Zusammenspiels trägt dazu bei, eigensinnige Bearbeitungsweisen und -wege von Schüler*innen nachzuvollziehen und fachdidaktische Planungen besser daran ausrichten zu können.

Literatur

Atteslander, Peter (2010): Methoden der empirischen Sozialforschung. 13. Aufl. Berlin: Erich Schmidt.

Beck, Gertrud/Scholz, Gerold (2000): Teilnehmende Beobachtung von Grundschulkindern. In: Heinzel, Frederike (Hrsg.): Methoden der Kindheitsforschung. Weinheim und München: Juventa-Verlag, S. 147–170.

Bennewitz, Hedda/Hecht, Michael (2017): Doing Privacy. Kreisgespräche in der Sekundarstufe 1. In: Budde, Jürgen/Bittner, Martin/Bossen, Andrea/Rißler, Georg (Hrsg.): Konturen praxistheoretischer Erziehungswissenschaft. Weinheim und Basel: Beltz Juventa, S. 173–193.

de Boer, Heike (2019): Forschungsorientiert Lernen durch Beobachten, Dokumentieren und Analysieren sachunterrichtlicher Szenen. In: Schiefner-Rohs, Mandy/Favella, Gianpiero/Herrmann, Ann-Christin (Hrsg.): Forschungsnahes Lehren und Lernen in der Lehrer*innenbildung. Berlin (u. a.): Peter Lang, S. 229–246.

de Boer, Heike (2015): Beobachten lernen – Lernen Beobachten: phasenübergreifendes Professionalisieren für inklusive Praxis. In: Urban, Michael/Schulz, Marc/Meser, Kapriel/Thoms, Sören (2015): Inklusion und Übergang. Bad Heilbrunn: Klinkhard Verlag.

de Boer, Heike (2012a): Der Blick auf sich selbst. In: de Boer, Heike/Reh, Sabine (Hrsg.): Beobachtung der Schule – Beobachten lernen. Wiesbaden: Springer VS Verlag, S. 215–225.

de Boer, Heike (2012b): Pädagogische Beobachtung. In: de Boer, Heike/Reh, Sabine (Hrsg.): Beobachten in der Schule – Beobachten lernen. Wiesbaden: Springer VS Verlag, S. 65–80.

de Boer, Heike (2012c): Beobachtung und Professionalisierung. In: de Boer, Heike/Reh, Sabine (Hrsg.): Beobachten in der Schule – Beobachten lernen. Wiesbaden: Springer VS Verlag, S. 301–310.

de Boer, Heike/Merklinger, Daniela (2014): Grenzen erfahren – Grenzen erweitern. Beobachten lernen in der Lehrerbildung. In: Lohfeld, Wiebke/Schittler, Susanne (Hrsg.): Grenzverhältnisse. Perspektiven auf Bildung in Schule und Theater. Weinheim: Juventa, S. 156–176.

Bohm, David (2019[4]): Der Dialog. Das offene Gespräch am Ende der Diskussion. Stuttgart: Klett-Cotta.

Braß, Benjamin (i. V.): Professionalisierung durch Beobachtung und Reflexion. Im Oktober 2020 als Dissertation angenommen (Universität Koblenz-Landau, Campus Koblenz).

Breidenstein, Georg (2012): Ethnografisches Beobachten. In: de Boer, Heike/Reh, Sabine (Hrsg.): Beobachtung in der Schule – Beobachten lernen. Wiesbaden: Springer VS Verlag, S. 27–44.

Breidenstein, Georg (2006): Teilnahme am Unterricht. Ethnographische Studien zum Schülerjob. Wiesbaden: Springer VS.

Breidenstein, Georg/Rademacher, Sandra (2017): Individualisierung und Kontrolle. Empirische Studien zum geöffneten Unterricht in der Grundschule. Wiesbaden: Springer VS.

Breidenstein, Georg/Tyagunova, Tanya (2020): Praxeologische und didaktische Perspektiven auf schulischen Unterricht. In: Kotthoff, Helga/Heller, Vivien (Hrsg.): Ethnografien und Interaktionsanalysen im schulischen Feld. Diskursive Praktiken und Passungen interdisziplinär. Tübingen: Narr Francke Attempto, S. 197–219.

Breidenstein, Georg/Hirschauer, Stefan/Kalthoff, Herbert/Nieswand, Boris (2020): Ethnografie. Die Praxis der Feldforschung. 3. Auflage. München: UVK Verlag.

Breidenstein, Georg/Leuthold-Wergin, Anca/Siebholz, Susanne (2020b): „Unterrichtsstörungen". *Fall*stricke kasuistischer Lehrer*innenbildung. Fabel-Lamla, Melanie/Kunze, Katharina/Moldenhauer, Anna/Rabenstein, Kerstin (Hrsg.): Kasuistik-Lehrer*innenbildung -Inklusion. Empirische und theoretische Verhältnisbestimmungen. Bad Heilbrunn: Klinkhardt, S. 137–153

Brophy, Jere E./Good, Thomas L. (1976): Die Lehrer-Schüler-Interaktion. Das Wechselspiel von Erwarten, Verhalten und Erfahren im Klassenzimmer. München (u. a.): Urban & Schwarzenberg.

Bühler-Niedernberger, Doris (2020): Lebensphase Kindheit. 2. Auflage. München: Juventa.

Carr, Margret (2001): Assessment in Early Childhood Settings. Learning stories. London (u. a.): SAGE Publications.

Cloos, Peter/Schulz, Marc (Hrsg.) (2011): Kindliches Tun beobachten und dokumentieren. Weinheim und Basel: Juventa, S. 33–49.

Eckermann, Thorsten (2017): Kinder und ihre Peers beim kooperativen Lernen. Differenz bearbeiten – Unterschiede herstellen. Wiesbaden: VS Verlag für Sozialwissenschaften.

Gottuck, Susanne/Grünheid, Irina/Mecheril, Paul/Wolter, Jan (Hrsg.) (2019): Sehen lernen und verlernen: Perspektiven Pädagogischer Professionalisierung. Wiesbaden: Springer VS

Gümüsay, Kybra (2020): Sprache und Sein. Berlin: Hanser Verlag.

Heinzel, Friederike (2012): Der Blick auf Kinder. In: de Boer, Heike/Reh, Sabine (Hrsg.): Beobachtung in der Schule – Beobachten lernen. Wiesbaden: Springer VS Verlag, S. 173–188

Honig, Michael-Sebastian/Lange, Andreas/Leu, Hans Rudolf (1999): Eigenart und Fremdheit. Kindheitsforschung und das Problem der Differenz von Kindern und Erwachsenen. In: Honig, Michael-Sebastian/Lange, Andreas/Leu, Hans Rudolf (Hrsg.): Aus der Perspektive von Kindern? Zur Methodologie der Kindheitsforschung. Weinheim/München: Juventa, S. 9–32.

Krummheuer, Götz/Fetzer, Marei (2005): Der Alltag im Mathematikunterricht. Beobachten – Verstehen – Gestalten. München (u. a.): Elsevier, Spektrum.

Laewen, Hans-Joachim/Andres, Beate/Hédervári-Heller, Eva (2011): Die ersten Tage. Ein Modell zur Eingewöhnung in Krippe und Tagespflege. 7. überarbeitete Auflage. Berlin (u. a.).: Cornelsen Skriptor.

Lange, Jochen (2017): Schulische Materialität. Empirische Studien zur Bildungswirtschaft. Berlin/Boston: De Gruyter Oldenburg.

Last, Sandra/Merklinger, Daniela (2019): Ergebnisbericht des Teilprojektes ALaDim-Deutsch (Aufgabenbezogene Lernprozessbeobachtung als Diagnosemöglichkeit im Deutschunterricht). Unveröffentlichter Ergebnisbericht.

Lehmann-Rommel, Roswitha (2012): Bewerten als Zugang zum Beobachten. In: de Boer, Heike/Reh, Sabine (Hrsg.): Beobachtung in der Schule – Beobachten lernen. Wiesbaden: Springer VS Verlag, S. 131–150.

Leu, Hans Rudolf/Flämig, Katja/Frankenstein, Yvonne/Schneider, Kornelia/Schweiger, Martina (2007): Bildungs- und Lerngeschichten. Bildungsprozesse in früher Kindheit beobachten, dokumentieren und unterstützen. Weimar, Berlin: Verlag das Netz.

Meyer-Drawe, Käthe (2008): Diskurse des Lernens. München: Fink Verlag.

Miller, Max (1986): Kollektive Lernprozesse. Studien zur Grundlegung einer soziologischen Lerntheorie. Frankfurt am Main: Suhrkamp.

Naujok, Natascha/Krummheuer, Götz (1999): Grundlagen und Beispiele Interpretativer Unterrichtsforschung. Opladen: Leske und Budrich 1999.

Paseka, Angelika/Kuckuck, Katharina (2020): Arbeiten an fremden Fällen aus der inklusiven Unterrichtspraxis. Explorative Ergebnisse zur Entwicklung von Reflexionsbreite und Reflexionstiefe. In: Fabel-Lamla, Melanie/Kunze, Katharina/Moldenhauer, Anna/Rabenstein, Kerstin (Hrsg.): Kasuistik – Lehrer*innenbildung – Inklusion. Empirische und theoretische Verhältnisbestimmungen. Bad Heilbrunn: Klinkhardt, S. 245–259.

Prange, Klaus (2012): Die Zeigestruktur der Erziehung. 2. Auflage. Paderborn, München, Wien, Zürich: Schöningh.

Reh, Sabine/Fritzsche, Bettina/Idel, Till-Sebastian/Rabenstein, Kerstin (Hrsg.) (2015): Lernkulturen: Rekonstruktion pädagogischer Praktiken an Ganztagsschulen. Wiesbaden: Springer VS.

Sacks, Harvey (1984): "On doing "being ordinary"". In Structures of Social Action: Studies in Conversation Analysis (Atkinson, Maxwell, J./ Heritage, John eds.), Cambridge, U.K., Cambridge University Press, pp. 413–429.

Schatzki Theodore/Karin Knorr-Cetina/von Savigny, Eike (2001): The Practice Turn in Contemporary Theory. London: Routledge.

Schulz, Marc (2014): Ethnografische Beobachtung. In: Tillmann, Angela/Fleischer, Sandra/Hugger, Kai-Uwe (Hrsg.): Handbuch Kinder und Medien. Wiesbaden: Springer VS, S. 225–235.

Schweitzer, Julia (2019): Beobachtung für (angehende) Lehrer*innen. Ein Lernvideo zu Grundlagen der Methode. In: DiMawe – Die Materialwerkstatt, 1 (1), S. 39–45. https://doi.org/10.4119/dima we-1540 [Zugriff: 27.06.21].

Seidel, Tina/Stürmer, Kathleen/Blomberg, Geraldine/Kobarg, Mareike/Schwindt, Katharina (2011): Teacher learning from analysis of videotaped classrooms situations: Does it make a difference whether teachers observe their own teaching or that of others? Teaching and Teacher education, 27, S. 259–267.

Sherin, Miriam Gamoran/van Es, Elizabeth A. (2009): Effects of video club participation on teachers´ professional vision. Journal of teacher education, 60 (1), S. 20–37.

Steffensky, Mirjam/Gold, Bernadette/Holodynski, Manfred/Möller, Kornelia (2015): Erratum to: Professional vision of classroom management and learning support science classrooms – does professional vision differ across general and content specific classrooms interactions? International Journal of Science and Mathematics education, 13, S. 351–368.

Sunder, Cornelia/Todorova, Maria/Möller, Kornelia (2016): Kann die professionelle Unterrichtswahrnehmung von Sachunterrichtsstudierenden trainiert werden? – Konzeption und Erprobung einer Intervention mit Videos aus dem naturwissenschaftlichen Grundschulunterricht. In: Zeitschrift für Didaktik der Naturwissenschaften 22 (1), S. 1–12.

Urban, Michael/Schulz, Marc/Meser, Kapriel/Thoms, Sören (2015): Inklusion und Übergang. Bad Heilbrunn: Klinkhardt.

Beobachtungsprotokolle schreiben: Anforderungen und Stolperstellen

Daniela Merklinger

Zusammenfassung

Das Schreiben von Beobachtungsprotokollen stellt hohe Anforderungen an Beobachter*innen und insbesondere an Lehramtsstudierende, die das Beobachten erlernen. Dazu gehört nicht nur, zu entscheiden, was aus der Vielfalt des Gesehenen unter dem gewählten Beobachtungsfokus für das Protokoll relevant ist. Auch der Prozess der Verschriftlichung selbst, von der Feldnotiz hin zum ausformulierten Beobachtungsprotokoll, stellt Anforderungen, die vor dem Hintergrund der Schreibforschung kontextualisiert und in ihrer Komplexität entfaltet werden. Am Beispiel eines Beobachtungsprotokolls zu einer Vorlesesituation werden acht Stolperstellen vorgestellt, die sich beim Schreiben der ersten Beobachtungsprotokolle in der langjährigen Arbeit mit Studierenden als typisch erwiesen haben. Zudem wird aus fachdidaktischer Perspektive herausgearbeitet, welchen Unterschied das Aussparen relevanter Informationen im Beobachtungsprotokoll für die Rekonstruktion aufgabenbezogener Zugänge von Schüler*innen macht.

D. Merklinger (✉)
Institut für deutsche Sprache und Literatur, Pädagogische Hochschule Ludwigsburg, Ludwigsburg, Deutschland
E-Mail: Daniela.merklinger@ph-ludwigsburg.de

H. de Boer et al. (Hrsg.), *Beobachten im fachdidaktischen Kontext,*
Edition Fachdidaktiken, https://doi.org/10.1007/978-3-658-35355-1_3

1 Einleitung

> Es entstand [beim Schreiben von Beobachtungsprotokollen, D.M.] eine doppelte Herausforderung: Meine Gedanken als Deutung des Wahrgenommenen zu erkennen und zugleich zu versuchen, eben diese Deutungen zu minimieren bzw. zu objektivieren – in dem Wissen, dass jede Wahrnehmung Deutungen enthält. Obwohl ich schon viele Texte verfasst habe und mich grundsätzlich des Schreibens mächtig fühle, blieb mein Stift zunächst still.
>
> […]
>
> Beim Schreiben kommt es auf sehr feine Nuancen an. Ein ‚scheinbar' ist schnell geschrieben, und um sprachlich zu variieren, wird im nächsten Satz ‚anscheinend' gewählt. Erst im gemeinsamen Gespräch mit der Gruppe wurde mir deutlich, dass es schon diese kleinen Wörter sein können, die eine Situation in ganz anderem Licht erscheinen lassen. In einem Beobachtungsprotokoll nichts hinzuzufügen, nichts wegzulassen und nichts zu verfälschen, ist unmöglich, denn jede Wahrnehmung ist letztlich subjektiv, und trotzdem gilt es eben dieses Unmögliche zu versuchen. Dazu bedarf es einer sehr genauen und durchdachten Wortwahl. Meine Erfahrung ist, dass Beobachtungsprotokolle vom Überarbeiten leben. Immer wieder muss der Beobachter kritisch hinterfragen, ob eine Formulierung beschreibend, wertend oder unpassend ist. Und dabei habe ich mich oft dies gefragt, obwohl wir die Videosequenzen sogar mehrfach gesehen haben: Was habe ich eigentlich gesehen?

Die Zitate sind der Abschlussreflexion einer Studentin entnommen, die ein Bachelor-Seminar zur Professionalisierung der Beobachtungsfähigkeit besucht hat. Sie bringt darin die Begrenztheit der eigenen Wahrnehmung und die Erkenntnis zum Ausdruck, dass ein Beobachtungsprotokoll „letztlich subjektiv" bleibt. Sie reflektiert, dass das Bemühen, ein möglichst deutungsfreies, detailgenaues Beobachtungsprotokoll anzufertigen, die einzige Möglichkeit ist, die beobachtete Situation einzufangen. Es bleibt immer ein Bemühen um das „Unmögliche". Das Bemühen, subjektive Deutungen möglichst gering zu halten, hat bei der Studentin, die sich als geübte Schreiberin fühlt, dazu geführt, dass sich ihr Schreibprozess verlangsamt hat: Ihr Stift blieb „zunächst still". Sie hebt die Bedeutung der genauen Wortwahl für das Schreiben von Beobachtungsprotokollen hervor, und macht deutlich, dass das Überarbeiten für sie ein zentraler Bestandteil des Schreibprozesses ist. Weil sie während des Schreibprozesses immer wieder hinterfragt, ob eine Formulierung beschreibend, wertend oder vielleicht sogar unpassend für den Beobachtungsfokus ist, beginnt sie sich zu fragen, was sie eigentlich gesehen hat, als sie die zugrunde liegende Videosequenz beobachtet hat. Die nachträgliche Verschriftlichung der beobachteten Szene wird für die Studentin zum Medium der Erkenntnis: im Hinblick auf die Begrenztheit der eigenen Wahrnehmung, aber auch im Hinblick auf die Bedeutung der genauen Wortwahl in der Schriftlichkeit, die durch die Vergegenständlichung und die damit verbundene Festschreibung der beobachteten Situation im Medium Schrift zu erklären ist, sowie die Bedeutung, die das Überarbeiten während des Schreibprozesses vor diesem Hintergrund für sie hat.

Der Schreibprozess und die Anforderungen, die aus der schriftlichen Kommunikationssituation resultieren, stellen – neben den Anforderungen an die Professionalisierung der Beobachtungsfähigkeit (vgl. de Boer in diesem Band) – eigene Anforderungen an die Verfasser*innen von Beobachtungsprotokollen (vgl. de Boer und Merklinger 2014). Das gilt insbesondere für Studierende, die beides zeitgleich erlernen und für die auch das Schreiben selbst eine größere Herausforderung darstellen kann als für schreiberfahrene Forscher*innen. So bleibt selbst der Stift der Studentin aus dem Eingangszitat, die sich als geübte Schreiberin versteht, „zunächst still."

Exemplarisch sei hier auf drei Publikationen verwiesen, die das Aufschreiben von Beobachtungen zum Thema machen: Sehr grundlegend diskutiert Stefan Hirschauer (2001) in seinem Beitrag „Ethnographisches Schreiben und die Schweigsamkeit des Sozialen" methodologische Fragen. Sabine Reh (2012) stellt in ihrem Beitrag „Beobachtungen aufschreiben. Zwischen Beobachtungen, Notizen und ‚Re-writing'" als besondere Herausforderung heraus, einerseits entscheiden zu müssen, was aus der Fülle des Gesehenen aufgeschrieben wird, und andererseits zu verstehen, welche Wirkung verschiedene Arten der Darstellung dabei haben. Auch Georg Breidenstein et al. (2020) widmen mehrere Unterkapitel ihres Lehrbuches zur Ethnographie dem Schreiben als einer zentralen Praktik der Datengewinnung (darin insbesondere Abschn. 3.3 und 3.4) und diskutieren grundlegende Herausforderungen ethnographischen Forschens und Beobachtens.

Der vorliegende Beitrag erweitert die ethnographische Perspektive auf das Schreiben von Beobachtungsprotokollen in dreifacher Hinsicht:

- Dargelegt wird, welcher Anspruch sich hinter dem Gedanken verbirgt, das Beobachtete so in Sprache zu fassen, dass jemand, der die Situation nicht miterlebt hat, sich diese beim Lesen vorstellen kann. Darauf kann die Schreibforschung eine Antwort geben, denn der Transformationsprozess des Schreibens ist anspruchsvoll – auch für geübte Schreiber*innen (vgl. Kap. 2).
- Darüber hinaus steht die Gruppe der Studierenden, die sehr unterschiedliche Vorerfahrungen im Bereich des Beobachtens, aber auch des Formulierens schriftsprachlicher Texte haben, im Zentrum des Interesses. Vor dem Hintergrund der Lektüre und inhaltsanalytischen Kodierung unzähliger Beobachtungsprotokolle aus Beobachtungseminaren zu dieser Thematik werden

typische ‚Stolperstellen' herausgearbeitet, die entstehen, wenn Studierende ihre ersten Beobachtungsprotokolle schreiben (vgl. Kap. 4).

- Zudem wird an jeder Stolperstelle aus fachdidaktischer Perspektive herausgearbeitet, welche Folgen das Aussparen von Informationen hat, die für den Beobachtungsfokus relevant sind. Aussparungen können die Möglichkeiten der Rekonstruktion der aufgabenbezogenen Zugänge von Schüler*innen verändern (vgl. Kap. 4).

2 Anforderungen der Schriftlichkeit

2.1 Die ‚zerdehnte Kommunikationssituation der Schriftlichkeit'

Anders als in Situationen der Mündlichkeit, in denen Sprecher*in und Hörer*in einen gemeinsamen Wahrnehmungsraum teilen, ist die Verständnissicherung in der ‚zerdehnten Kommunikationssituation der Schriftlichkeit' (vgl. Ehlich 1994) zu Lasten der Schreiber*in geregelt. Sie ist verantwortlich dafür, alle für das Verständnis wichtigen Informationen explizit zu benennen. Das ist elementar, denn Schreiber*in und Leser*in befinden sich normalerweise an unterschiedlichen Orten und können, anders als in Situationen des mündlichen Sprachgebrauchs, entstehende Fragen nicht miteinander klären.

Durch die Vergegenständlichung der Gedanken auf dem Papier entsteht die Chance und auch die Notwendigkeit, Gedanken bewusster zu formulieren und zu strukturieren, als das beim Sprechen der Fall ist – durch die Möglichkeit der Distanzierung vom Geschriebenen und dadurch, dass die Schreiber*in den entstehenden Text wiederholt betrachten und noch im Prozess der Entstehung überarbeiten kann (zur Rekursivität des Schreibprozesses vgl. Hayes und Flower 1980; „writing is rewriting", Murray 1978: 85). Das Schreiben kann so zu einem Instrument des Denkens werden: „Das Schreiben konstruiert das Denken neu" (Ong 1987: 81).

2.2 Schreiben als Transformationsprozess vom Gedanken zum Wort

Wygotski, für den Schreiben einen Transformationsprozess darstellt, hat in diesem Zusammenhang eine begriffliche Unterscheidung eingeführt, die hilft, die

Anforderungen, die der Prozess der Verschriftlichung an die Schreiber*in stellt, besser zu verstehen: „Der Übergang von der inneren zur äußeren Sprache stellt eine komplizierte dynamische Transformation dar – die Umwandlung einer prädikativen und idiomatischen Sprache in eine syntaktisch gegliederte und anderen verständliche Sprache“ (Wygotski 1964: 350). Die innere Sprache ist dabei ein „Denken in reinen Bedeutungen“ (Wygotski 1964: 350). Wir wissen, was das Thema unserer Gedanken ist, die innere Sprache ist eine maximal verkürzte Sprache. Dabei haben sowohl das Schreiben als auch das Sprechen in dem Modell von Wygotski einen direkten Zugang zur inneren Sprache. Aufgrund der Abstraktion von der Sprechsituation besteht ein Problem für das Schreiben darin, syntaktisch und in den Referenzen das maximal zu entfalten, was in der inneren Sprache ‚verdichtet‘ ist. Denn die geschriebene Sprache ist eine „auf die maximale Verständlichkeit für andere Personen gerichtete Sprache“ (Wygotski 1964: 227 f.). Die innere und die geschriebene Sprache stellen also in Bezug auf sprachliche Explizitheit und Verständlichkeit zwei Pole dar.

Die besondere Herausforderung des Schreibens besteht somit darin, dass die innere Sprache die Voraussetzung für die geschriebene Sprache bildet, und sich somit die am stärksten entfaltete Sprache aus der am stärksten reduzierten entwickelt (vgl. Wygotski 1964: 228; 350). Was Heinrich von Kleist in seinem berühmten Aufsatz ‚Über die allmähliche Verfertigung der Gedanken beim Reden‘ (1810) für die Mündlichkeit entfaltet, gilt für die Schriftlichkeit noch einmal mehr: Epistemische, d. h. Wissen generierende Momente können im Schreibprozess wirksam werden. Der Prozess des Formulierens und die Möglichkeit der Distanzierung, die durch die Vergegenständlichung des Textes auf dem Papier entsteht, können das Denken der Schreiber*in verändern und wirken dabei auf ihre innere Sprache zurück. Der komplizierte Transformationsprozess vom Gedanken zum Wort ist in jeder Beobachtung von Bedeutung, auch wenn die Ethnographie ihn nicht eigens thematisiert. Der Transformationsprozess des Schreibens stellt eine zusätzliche Perspektive auf das dar, was der Ethnograph Hirschauer als „Kern ethnographischer Autorschaft“ bezeichnet: „das Verbalisieren“ (Hirschauer 2001: 437). Damit meint Hirschauer, dass der Ethnograph beim Verfassen von Beobachtungsprotokollen grundsätzlich vor der Herausforderung steht, eine Sprache für „die Schweigsamkeit des Sozialen“ zu finden (Hirschauer 2001: 437) und das Stimmlose, Unaussprechliche, Sprachlose, Unbeschreibliche, Vorsprachliche und sich wortlos Zeigende in Worte zu fassen (vgl. Hirschauer 2001: 437). Der Transformationsprozess des Schreibens ist weiter gefasst, es geht nicht allein darum, die „Schweigsamkeit des Sozialen“ (Hirschauer 2001: 437) in Worte zu fassen, also das, was zwischen Menschen ganz selbstverständlich passiert, in Worte zu fassen. Der Transformationsprozess des Schreibens betrifft die grundlegende Frage, wie der Gedanke aufs Papier kommt – in dem Wissen, dass immer eine Differenz zwischen Gedanke und geschriebenem Wort bestehen bleibt; und zwar unabhängig davon, ob es darum geht, etwas zu verschriftlichen, das vermeintlich einfach in Sprache zu fassen ist, oder nicht.

2.3 Die ‚allmähliche Verfertigung des Beobachteten beim Schreiben'

Was bedeutet die ‚zerdehnte Kommunikationssituation der Schriftlichkeit' (Abschn. 2.1) und das Schreiben als Transformationsprozess (Abschn. 2.2) für das Schreiben von Beobachtungsprotokollen? Jede Versprachlichung enthält Deutungen. Das heißt, das Bemühen um Beschreibung kann immer nur ein Bemühen bleiben, denn die vor diesem Hintergrund erfolgende sprachliche Beschreibung des zuvor Beobachteten ist nicht einfach eine Übersetzung des Beobachteten in eine (möglichst) beschreibende Sprache. Die Herausforderung beim Schreiben besteht darin, Worte und Formulierungen für den Transformationsprozess von der inneren zur geschriebenen Sprache zu finden, die das Beobachtete so darstellen, dass eine fremde Leser*in sich das Geschehen vor dem inneren Auge vorstellen kann. Das ist mehr als eine sprachliche Übersetzungsleistung, sondern eine Denkleistung, die unter dem jeweiligen Beobachtungsfokus Wichtiges von Unwichtigem trennt und das jeweils als wichtig Erachtete begrifflich präzise in Sprache fasst. Das ist insbesondere dann eine Herausforderung, wenn das zu Beschreibende nicht als gesprochenes Wort vorliegt, sondern überhaupt erst in Sprache übersetzt werden muss. So bezeichnet Hirschauer nicht ohne Zufall die Begriffsbildung als Zentrum ethnographischer Empirie (vgl. Hirschauer 2001: 449), die zentral für die „Versprachlichungsanstrengung des Beschreibens" (Hirschauer 2001: 449) ist.

Die ‚allmähliche Verfertigung des Beobachteten beim Schreiben' materialisiert sich zugleich auch im Schreibprozess. So spielt das Überarbeiten beim Schreiben von Beobachtungsprotokollen eine große Rolle („writing is rewriting", Murray 1978: 85). Durch die Streichungen, Löschungen, Umstellungen, die die Schreiber*in am entstehenden Text vornimmt, kann die ‚Gemachtheit' des Textes auf diese Weise zum Spiegel für die ‚Gemachtheit' dessen werden, was der Einzelne meint, beobachtet zu haben, ein Spiegel für die ‚Gemachtheit' der eigenen Wahrnehmung. Das Beobachtungsprotokoll wird im Prozess der Verschriftlichung zum ‚Medium des Denkens'.

2.4 Die Differenz zwischen Text 0 – Text 1 – Text 2

Auch wenn die Beobachter*in ein Beobachtungsprotokoll schreibt, das den Anforderungen einer ‚zerdehnten Kommunikationssituation' entspricht, gibt es eine weitere Herausforderung zu bedenken: Es ist nicht selbstverständlich, dass das, was die Schreiber*in zu Papier bringen möchte, auch das ist, was die Leser*in des Textes versteht. Diesen Gedanken möchte ich vor dem Hintergrund des Modells von Nussbaumer (1993: 64 f.) entfalten, das die kognitiven Instanzen beschreibt, die an der Herstellung von Textsinn beteiligt sind. Nussbaumer bildet die kognitiven Instanzen wie folgt ab: Bei der Textproduktion gibt es einen *Text 0* im Kopf der Produzent*in, einen *Text 1* auf dem Papier und *Text 2* wiederum entsteht im Kopf der Rezipient*in. Text 0 und Text 2 können nie genau übereinstimmen, weil Schreiber*in und Leser*in über andere Vorerfahrungen verfügen, die sich wiederum auf das Verständnis von Text 1 auswirken. Mit anderen Worten: Bei der Produktion und Rezeption von Text 1 steckt sowohl im Kopf der Schreiber*in als auch im Kopf der Leser*in immer mehr und auch anderes, als auf dem Papier geschrieben steht. Und trotzdem ist es unabdingbar, dass sowohl die Schreiber*in als auch die Leser*in den Text 1 auf dem Papier wörtlich nehmen. Die Schreiber*in formuliert ausgehend von ihrem Text 0 einen Text 1. Sie macht dies auch im Hinblick auf den Text 2, der im Kopf der Leser*in als Adressat*in des Textes entsteht – ein Versuch in dem Wissen, dass die Differenz zwischen Text 0 und Text 2 letztlich nie überwunden werden kann.

Die Vergegenständlichung des Geschriebenen auf dem Papier führt dabei zwangsläufig zu einer ‚Festschreibung', einer Erstarrung des beobachteten Prozesses. Das ist einerseits ein Verlust, denn die Komplexität des beobachteten Geschehens kann nie vollständig abgebildet werden. Und doch ist die darin enthaltene Chance groß, denn in der Vergegenständlichung der Schriftzeichen auf dem Papier manifestiert sich gleichsam die Differenz zwischen der Vielschichtigkeit des mit allen Sinnen Erfahrenen und Beobachteten und dem, was überhaupt in Schrift fassbar ist. Die notwendige Festschreibung des Beobachteten beim Formulieren eines Beobachtungsprotokolls kann dazu führen, dass die Beobachter*in die eigene Wahrnehmung als subjektive Konstruktion hinterfragt, so wie die Studentin in ihrer Abschlussreflexion: Was habe ich eigentlich gesehen?

3 ‚Man kann nicht *nicht* deuten'

„Man kann nicht *nicht* kommunizieren" ist eines der fünf zentralen Axiome der Kommunikationstheorie Watzlawiks (2011²). Genauso wenig, wie wir nicht

nicht kommunizieren können, können wir nicht *nicht* deuten, wenn wir ein Beobachtungsprotokoll schreiben. Die Grundlage für jede Beschreibung und jedes Protokoll sind die subjektiven Beobachtungen der beobachtenden Person. Hirschauer spricht für das ethnographische Schreiben von Beobachtungsprotokollen in diesem Zusammenhang von der „Kontamination der Daten mit ihrer interpretativen Analyse" (Hirschauer 2001: 433). Anders als in der Ethnographie wird beim Beobachten im fachdidaktischen Kontext ein stärkeres Augenmerk auf die Trennung von Beschreibung und Deutung gelegt. Die *beschreibende* Komponente steht beim Beobachten im fachdidaktischen Kontext im Vordergrund. Die Deutung ist der zweite Schritt und erfolgt nachgelagert. Wo sie ins Beobachtungsprotokoll eingeht, wird sie sprachlich markiert, um den Verfasser*innen die Subjektivität der eigenen Beobachtung stärker ins Bewusstsein zu rufen (vgl. de Boer in diesem Band).

Trotzdem ist jede Dokumentation eines Beobachtungsprozesses, auch der beschreibende Anteil, durch individuelle Einstellungen, Erfahrungen, Alltagstheorien und kulturelle Kontexte immer schon inhaltlich strukturiert. Jede Übertragung des Beobachteten ins Schriftliche enthält also Deutungen, die auch auf implizitem Wissen und für selbstverständlich Gehaltenem beruhen, das nicht ohne Weiteres abrufbar ist. Diese Interpretationen sind auch notwendig, um sich im Alltag zurechtzufinden, und sie strukturieren unser alltägliches Handeln. Mit Blick auf die Professionalisierung von Lehrkräften ist wichtig, sich der Subjektivität der eigenen Wahrnehmung und deren Interpretation immer wieder bewusst zu werden und zu reflektieren, *denn letztlich kann jede Lehrperson stets nur feststellen, wie sie eine Schüler*in in einer bestimmten Situation wahrnimmt, und nicht, wie eine Schüler*in (grundsätzlich) ist.*

Das Schreiben von Beobachtungsprotokollen ist eine Möglichkeit, auf die eigenen subjektiven Prägungen und die Grenzen der eigenen Perspektive aufmerksam zu werden (vgl. ausführlich de Boer 2012a; de Boer und Merklinger 2014; Merklinger in diesem Band). Dann liegt in eben dieser subjektiven Prägung auch eine große Chance, die die Ethnographie als Mittel zur Erkenntnis nutzt: Denn die „Affekte des Beobachters" sind „ein wichtiger Monitor, auf dem affektive Prozesse des Feldes sichtbar werden können, jedenfalls dann, wenn der Beobachter nicht bei der Behauptung eigener Gefühle stehen bleibt. Also nicht: So, wie ich es erlebt habe, war es. Sondern: Wie war das Ereignis beschaffen, so dass es dies bei mir ausgelöst hat?" (Breidenstein et al. 2020: 121).

Vor dem Hintergrund der Anforderungen der Schriftlichkeit und der Subjektivität und Begrenztheit der eigenen Beobachtungsperspektive wird nachfolgend anhand eines Beobachtungsprotokolls beispielhaft dargestellt, welche Stolperstellen für Studierende beim Verfassen solcher Protokolle entstehen.

4 Ein Beobachtungsprotokoll als Beispiel: „Ob die Tigerin die Pfeilspitze entfernt bekommt?"

Die folgende Situation entstand im April während einer Beobachtung in einer dritten Klasse. Die Lehrerin führt ein Vorlesegespräch zum Bilderbuch ‚Der Tigerprinz' von Chen Jianghong (2005)[1]. Die hier dokumentierte Situation setzt ein, als die Lehrerin das Bilderbuch zu Ende vorgelesen hat. Während des Rezeptionsprozesses fanden wiederholt Sequenzen statt, die auf literarisches Lernen und eine kollektive Herstellung von Bedeutung im Gespräch ausgelegt waren. Im Anschluss an dieses Vorlesegespräch haben die Kinder die Möglichkeit, zu äußern, worüber sie gerade nachdenken. Zu einem kurzen Ausschnitt, der mir im Gespräch aufgrund der Interaktionsdichte, aber auch aufgrund der Frage, die ein Schüler (und nicht wie im Unterricht sonst oft die Lehrer*in) stellt, aufgefallen ist, schreibe ich am gleichen Tag das nachfolgende Beobachtungsprotokoll.

„Ob die Tigerin die Pfeilspitze entfernt bekommt?"
Jo richtet sich kerzengerade auf seinem Stuhl auf: „Was mich jetzt noch interessieren würde, ob die Tigerin die Pfeilspitze entfernt bekommt. Oder ob nicht." Die Lehrerin sieht Jo an, lacht, und wirkt überrascht. Nach einer kurzen Pause sagt sie: „Ich habe das Buch ehrlich gesagt immer so gelesen, dass Wen die Pfeilspitze an der Stelle, wo er probiert, sie rauszuziehen, das auch macht. Ich hab' mich das eigentlich noch nie gefragt." Die Aufmerksamkeit in der Lerngruppe scheint zu steigen. Einige Kinder richten sich auf ihrem Stuhl auf. Die meisten Blicke der Schüler*innen sind auf die Lehrerin gerichtet, einige auf Jo. Lehrerin: „Ich bin da jetzt erst durch

---

[1] In dem Bilderbuch ‚Der Tigerprinz' von Chen Jianghong (2005) verwüstet eine wilde Tigermutter Dörfer und tötet Menschen, denn ihre Jungen sind von Jägern getötet worden. Auf Rat einer Wahrsagerin schickt der König des Landes seinen kleinen Sohn Wen in das Tigerreich, um den Zorn der Tigerin zu besänftigen. Der Plan geht auf, ihr Mutterinstinkt ist geweckt und sie bringt Wen alles bei, was kleine Tiger können und wissen müssen. Eine gefährliche Situation entsteht, als Wen eine Pfeilspitze aus dem Fell der Tigermutter entfernen will. Für einen kurzen Moment ist sie durch den Schmerz an ihre Tiger-Babies erinnert, doch sie erkennt in den Augen von Wen die Furcht in den Augen ihrer Kinder wieder.

Viele Jahre später schickt der König seine Truppen aus, um nach Wen zu suchen. Als diese die Tigerin finden und angreifen wollen, stellt Wen sich schützend vor seine „Tigermutter". Die Wiedersehensfreude zwischen Wen und seinen Eltern ist groß. Er kehrt zurück in den Palast und besucht die Tigermutter fortan einmal im Jahr. Als er selbst König ist, bringt er seinen Erstgeborenen zur Tigermutter, damit er, genau wie er selbst, von ihr lernen kann, ein guter König zu sein.

euch aufmerksam drauf geworden, dass das Buch das eigentlich nicht sagt." Einige Kinder lächeln leicht, Jo wirkt nachdenklich. Die Lehrerin blättert zurück zu der entsprechenden Seite im Bilderbuch und dreht das Buch so, dass alle die Seite sehen können.

Bilal, der nah an der Lehrerin sitzt, lehnt sich nach vorn, sieht ins Buch und sagt: „Man sieht das auf den Bildern auch nicht, weil da sieht nichts nach ner Pfeilspitze aus." Die Lehrerin dreht das Buch zu sich, schaut hinein, nickt dann und sagt: „Ich kann nochmal vorlesen. Da steht: Eines Tages, als er die Tigerin streichelt, entdeckt er in ihrem Fell eine Pfeilspitze. Bei dieser Berührung zuckt sie zusammen und brüllt vor Schmerz auf." Sie schaut in die Runde, dreht das Buch wieder so, dass die Schüler*innen das Bild sehen können. Lara sagt leise: „Man weiß es nicht." Sie schaut zur Lehrerin, dann zu Jo. Jo runzelt die Stirn; er scheint noch nicht ganz überzeugt.

Jo und Emily, die genau wie Jo in der Nähe der Lehrerin sitzt, stehen auf und sehen sich die Bilderbuchseite aus der Nähe an. Johanna kommt von weiter hinten im Stuhlkreis dazu. Emily: „Man kann es nicht sehen." Jo, Emily und Johanna setzen sich wieder auf ihre Plätze. Lehrerin: „Ich hab wirklich immer gedacht, Wen zieht die Pfeilspitze an der Stelle raus. Aber das bleibt offen." Es ist ca. 30 s still im Raum. Man kann eine Stecknadel fallen hören. Johannas Blick scheint ins Leere zu gehen, dann sagt sie in die Stille hinein: „Aber weißt du was, Jo? So, wie Wen sich um die Tigerin kümmert, glaub ich, dass er sie rausgezogen hat." Ihre Stimme wirkt nachdrücklich. Jo sieht sie an, nickt und lächelt. Chrissi, die auch relativ weit vorn sitzt, dreht sich nach vorn und schaut die Bilderbuchseite an, die die Lehrerin immer noch für die Kinder sichtbar aufgeschlagen hat: „Aber wo ist denn die Pfeilspitze?" Sie sieht erst zur Lehrerin, dann dreht sie sich zu Johanna um. Emily sagt: „Vielleicht sieht man's nicht, weil das hintere ab ist und das NUR die Spitze ist." Chrissi nickt. Die Lehrerin sagt: „Ja, das würde ich auch sagen. Also ich weiß auch keine Antwort auf deine Frage, Jo. Aber die Tigerin sieht ja ganz zufrieden aus, ich denke, wie Johanna gesagt hat, dass Wen die Pfeilspitze rausgezogen hat." Jo nickt und scheint einverstanden mit dieser Antwort.

5 Wie ist das Beobachtungsprotokoll entstanden?

Entsteht die Beobachtung unmittelbar im schulischen Feld, wie in dieser Situation, wird von der teilnehmenden Beobachtung gesprochen (vgl. auch de Boer in diesem Band). Bei einer Beobachtung, die an die Teilnahme im Feld gekoppelt ist, handelt es sich in der Regel um komplexe und dynamische Situationen, in der eine Vielzahl von Handlungen parallel geschehen und in ihrer Gleichzeitigkeit nicht simultan erfasst und aufgeschrieben werden können. In diesen Situationen sind erste Feldnotizen in Form von Stichworten sinnvoll. Doch wie lässt sich die Komplexität der beobachteten Handlung, in der die Wahrnehmung der Atmosphäre der Situation, von Bewegung und von Sprachhandlungen parallel geschieht und die Beobachter*in zeitgleich immer auch eigene Deutungen vornimmt, gut mit Notizen festhalten?

5.1 Von den Feldnotizen zum Beobachtungsprotokoll

In Anlehnung an Argyris empfiehlt sich eine Tabelle anzulegen, die mit einer linken und einer rechten Spalte arbeitet (vgl. ausführlicher zum Anfertigen von Feldnotizen Reh 2012: 119–124; ein Beispiel gibt de Boer 2012a: 221). Diese Zweiteilung ist hilfreich, um schon während der teilnehmenden Beobachtung auf den Unterschied zwischen dem, was sicht- und hörbar ist, und den eigenen subjektiven Eindrücken und Empfindungen aufmerksam zu sein. Die Fragestellung der Beobachtung ist ein erster Filter, durch den das Beobachtete einen Fokus erhält. Auf dieser Basis wird aus der Vielfalt des Wahrnehmbaren in der Situation ausgewählt, was relevant erscheint und dementsprechend als Feldnotiz festgehalten wird. Der Ausgangspunkt dieser Beobachtung ist die fachdidaktisch relevante Frage: *Wie nähern sich Drittklässlerinnen dem Bilderbuch ‚Der Tigerprinz' im Vorlesegespräch?* Mit diesem Fokus wurden Notizen während der teilnehmenden Beobachtung gemacht.

Der besseren Lesbarkeit halber ist hier ein Auszug aus dem Handschriftlichen abgetippt (und von unverständlichen Abkürzungen der Autorin bereinigt). Der besseren Übersichtlichkeit halber wurden zudem Zeilen eingefügt. Folgende Feldnotizen sind entstanden:

Beobachtete (Gesprächs-)Handlungen		Subjektiver Eindruck
Jo: Was mich noch interessieren würde: Ob die T. die Pfeilsp. entfernt bekommt. Oder nicht.		Toll!!! Schülerfrage. Sitzt kerzengerade.
L: Ich hab das so gelesen, dass Wen das macht. Ich hab mich das ehrlich gesagt noch nie gefragt. Ich bin da jetzt erst durch euch aufmerksam geworden, dass das Buch das eigentlich nicht sagt.	Kinder richten sich auf Stühlen auf. Kinder grinsen.	L ist überrascht über die Frage!!! Hab mich das selbst auch noch nicht gefragt. Ehrliche Reaktion. Stille. ‚Stecknadel' fallen hören. Aufmerksamkeit der Kinder hoch.
Lehrerin blättert im Buch zurück, zeigt Bild		L lässt sich auf Frage ein; stellt Beteiligung her
Bilal, sitzt vorn, schaut ins Buch Bilal (vorn): Man sieht das auf den Bildern nicht, weil da sieht nichts nach ner Pfeilspitze aus.		
L schaut selbst ins Buch. Nickt.		L will sich vergewissern. Wirkt ernsthaft an den Meinungen der Kinder interessiert. Überprüft nicht, sondern will verstehen.
L: Ich kann nochmal vorlesen. Eines Tages … brüllt vor Schmerz auf.		
L blickt in Runde		Stellt Beteiligung her.
Lara: Man weiß es nicht		nachdenklich

Zusätzlich zu den Feldnotizen lag in diesem Fall eine Tonaufnahme vor. Die Notizen dienen als Erinnerungsstütze, und das Protokoll wurde zeitnah geschrieben, denn je kürzer der zeitliche Abstand, desto einfacher ist es, sich die beobachtete Situation in Erinnerung zu rufen. In einem ersten Schritt wurde auf der Basis der Notizen ein erstes, ausformuliertes Protokoll angefertigt. Dabei empfiehlt es sich, die wörtliche Rede zunächst so aufzuschreiben, wie sie in den Notizen festgehalten wurde. Danach ist es hilfreich, die Tonaufnahme des Gesprächs anzuhören und das Geschriebene zu ergänzen. Vor dem inneren Auge entstehen aus der Erinnerung heraus während des Formulierens meist mehr Details, als in der Tabelle notiert sind, sodass das ausformulierte Beobachtungsprotokoll bei einer *teilnehmenden Beobachtung* eine Gratwanderung ist zwischen dem, was in der Situation beobachtet wurde, und dem, woran sich die Beobachter*in während des Schreibprozesses im Nachhinein erinnert. Feldnotizen stehen „in einem komplexen Verhältnis zu den Erinnerungen" (Breidenstein et al. 2020: 101). Sie haben eine doppelte Funktion, denn sie bilden „eine Brücke zu einem Horizont von Erfahrungen, die nicht verschriftlicht wurden, aber auch ohne die Verschriftlichung nicht abrufbar wären" (Breidenstein et al. 2020: 101).

Beobachtungen, denen wie bei der Aufgabenbezogenen Lernprozessbeobachtung ein Video zugrunde liegt, ermöglichen es, die Erinnerung durch wiederholtes Ansehen des Videos zu überprüfen. Im Fall einer teilnehmenden Beobachtung ohne Videodokumentation gibt es diese Möglichkeit nicht. Das ist ein

Grund, weshalb in Lehrer*innenbildungskontexten an Universitäten (z. B. in Koblenz) in Seminaren zur Professionalisierung der Beobachtungsfähigkeit und der beschreibenden Sprache häufig zunächst Videosequenzen zugrunde gelegt werden. Besonders in den Bundesländern, in denen das Praxissemester etabliert ist und mit dem forschenden Lernen verbunden wird, wird die teilnehmende Beobachtung im Feld des Praktikums eingesetzt. Im Fall des vorliegenden Protokolls gab es eine Tonaufnahme, die im zweiten Schritt angehört wurde. Zum Beispiel durch die Lautstärke und Intonation der Sprecher*innen oder durch die Art der Nebengeräusche bzw. durch absolute Stille konnten einzelne Aspekte der Atmosphäre im Raum transportiert werden – und auf diese Weise bei der Beobachter*in, die am Unterricht teilgenommen hat, in der Vorstellung reaktiviert werden.

5.2 Beobachtungsprotokolle schreiben: Kriterien und Stolperstellen

Für das Formulieren des Beobachtungsprotokolls wurden die Kriterien verwendet, die Heike de Boer für das Formulieren von aufgabenbezogenen Beobachtungsprotokollen aufgestellt hat (vgl. de Boer 2012b: 70–77; de Boer in diesem Band). Neben den deskriptiven Informationen (Datum, Ort, Dauer der Beobachtung, Name der protokollierenden Person, Alter und Anzahl der beobachteten Personen), der Dokumentation der Aufgabe und der Artefakte, die verwendet werden, liegt jeder Beobachtung eine Fragestellung zugrunde, die es offen zu legen gilt, genauso wie eine Beschreibung der Ausgangssituation. Hier soll es nachfolgend darum gehen, die Kriterien, die den Detaillierungsgrad der Beschreibung betreffen, am Beispiel des vorliegenden Protokolls zu illustrieren und entsprechende Stolperstellen zu identifizieren, die bei Studierenden immer wieder zu beobachten sind. Dies hat die inhaltsanalytische Auswertung studentischer Beobachtungsprotokolle gezeigt. Der dem Beobachtungsprotokoll zugrunde liegende fachdidaktische Beobachtungsfokus ist: *Wie nähern sich Drittklässler*innen dem Bilderbuch ‚Der Tigerprinz' im Vorlesegespräch?*

5.2.1 Handlungen detailgenau beschreiben

Wie entsteht nun aus den dokumentierten Stichworten ein Beobachtungsprotokoll, das so detailliert ist, dass es auch einer fremden Person, die die Situation nicht beobachtet hat, ermöglicht, den Inhalt zu verstehen und die oben formulierte Fragestellung *(Wie nähern sich Drittklässler*innen dem Bilderbuch ‚Der*

Tigerprinz' im Vorlesegespräch?) zu bearbeiten? Die oben dokumentierte Situation fängt einen besonderen Moment ein, der durch die Frage eines Schülers, die spannungsgeladene Atmosphäre und eine hohe Beteilung der Schüler*innen gekennzeichnet ist. Im Folgenden werden nun Ausschnitte des abgedruckten Protokolls Abschnitt für Abschnitt aufgefächert und hinsichtlich der Funktion der dokumentierten Details erläutert.

Lehrerin: „Ich bin da jetzt erst durch euch aufmerksam drauf geworden, dass das Buch das eigentlich nicht sagt." Einige Kinder lächeln leicht, Jo wirkt nachdenklich. Die Lehrerin blättert zurück zu der entsprechenden Seite im Bilderbuch und dreht das Buch so, dass alle die Seite sehen können. Bilal, der nah an der Lehrerin sitzt, lehnt sich nach vorn, sieht ins Buch und sagt: „Man sieht das auf den Bildern auch nicht, weil da sieht nichts nach ner Pfeilspitze aus."

Warum die hier dokumentierten Details im Hinblick auf den fachdidaktischen Beobachtungsfokus von Bedeutung sind, wird nachfolgend an ausgewählten Formulierungen illustriert.

a) „Jo wirkt nachdenklich": Die Nachdenklichkeit ist eine Deutung, die als solche durch ‚wirkt' gekennzeichnet ist. Offen bleibt, was sich dahinter verbirgt, zwei denkbare Möglichkeiten sind diese: Vielleicht ist seine Frage für ihn noch nicht fertig beantwortet, vielleicht denkt er noch über die vorausgegangene Äußerung seiner Lehrerin nach.
b) „Die Lehrerin blättert zurück zu der entsprechenden Seite im Bilderbuch und dreht das Buch so, dass alle die Seite sehen können": Diese Beschreibung ist in mehrfacher Hinsicht für den fachdidaktischen Beobachtungsfokus relevant: Durch das Zurückblättern wird deutlich, dass eine genaue Betrachtung von Bild und Text Hinweise für die Beantwortung von Jos Frage geben kann. Dass die Lehrerin das Bilderbuch so dreht, dass zunächst die Kinder die Bilder gut sehen können und nicht sie selbst, ermöglicht den Kindern nicht nur Teilhabe, sondern signalisiert ihnen, dass sie gemeinsam eine Antwort finden können.
c) „Bilal, der nah an der Lehrerin sitzt, lehnt sich nach vorn, sieht ins Buch und sagt": Bilals Handlungen zeigen, dass er sich die Seite im Bilderbuch genau ansehen, vielleicht auch den Text lesen möchte.
d) „Man sieht das auf den Bildern auch nicht, weil da sieht nichts nach ner Pfeilspitze aus.": Die Referenz auf das Bild in seiner Antwort zeigt, dass er das Bild betrachtet hat. Ob er auch gelesen hat, bleibt offen.

Stolperstelle I: Wichtige Handlungen weglassen

In dem nachfolgenden Protokollausschnitt fehlen wichtige Handlungsschritte, um zu zeigen, wie sich dadurch der Blick und das Verständnis für das Geschriebene ändert. Das Protokoll ist im Wesentlichen auf die Darstellung der wörtlichen Rede beschränkt.

> Lehrerin: „Ich bin da jetzt erst durch euch aufmerksam drauf geworden, dass das Buch das eigentlich nicht sagt.“ ~~Einige Kinder lächeln leicht, Jo wirkt nachdenklich. Die Lehrerin blättert zurück zu der entsprechenden Seite im Bilderbuch und dreht das Buch so, dass alle die Seite sehen können.~~ Bilal~~, der nah an der Lehrerin sitzt, lehnt sich nach vorn, sieht ins Buch und sagt~~: „Man sieht das auf den Bildern auch nicht, weil da sieht nichts nach ner Pfeilspitze aus.“

Eine Reduktion des Protokolls auf die Redebeiträge verkürzt die Ebene der beobachteten Handlungen elementar. Ohne die Darstellung von Bewegungshandlungen der Schüler*innen und der Lehrerin (und auch ohne Mimik und Gestik), werden wichtige Aspekte der Beobachtung, die in fachdidaktischer Hinsicht von Bedeutung sind, nicht deutlich (siehe a–c).

Stolperstelle II: Wichtige Handlungen zusammenfassen

Wenn Handlungen zusammengefasst werden, fehlen Informationen, die für das Verständnis und auch für die Analyse der beobachteten Situation wichtig sind.

> Lehrerin: „Ich bin da jetzt erst durch euch aufmerksam drauf geworden, dass das Buch das eigentlich nicht sagt.“ Die Lehrerin blättert im Buch. ~~Einige Kinder lächeln leicht, Jo wirkt nachdenklich. Die Lehrerin blättert zurück zu der entsprechenden Seite im Bilderbuch und dreht das Buch so, dass alle die Seite sehen können.~~ Bilal~~, der nah an der Lehrerin sitzt, lehnt sich nach vorn, sieht ins Buch und sagt~~: „Man sieht das auf den Bildern auch nicht, weil da sieht nichts nach ner Pfeilspitze aus.“

Das vorliegende Protokoll dokumentiert im Gegensatz zu dem vorherigen zwar die Handlung, dass die Lehrerin im Buch blättert. Allerdings bleibt unklar, ob sie eine bestimmte Seite ansteuert. Zudem bleibt offen, ob sie den Schüler*innen das Bilderbuch zeigt. Bilals Antwort kann ein Hinweis darauf sein, dass er das Buch sieht. Er könnte sich aber auch vor dem Hintergrund seiner Erinnerung äußern. Somit werden auch hier Aspekt a-c nicht deutlich, bei d bleibt die Referenz ungewiss (siehe oben).

Stolperstelle III: Unwichtige Handlungen (zu) detailgenau beschreiben
Die detailgenaue Beschreibung der Bewegungen verstellt in dem nachfolgenden Beispiel den Blick auf die beobachtete Situation.

> Lehrerin: „Ich bin da jetzt erst durch euch aufmerksam drauf geworden, dass das Buch das eigentlich nicht sagt.“ Einige Kinder lächeln leicht, Jo wirkt nachdenklich. Er bewegt sein linkes Bein, lehnt sich auf dem Stuhl nach hinten und streckt beide Beine nach vorne aus. Er fasst mit der linken Hand an sein linkes Ohr. Die Lehrerin lehnt sich auf ihrem Stuhl leicht nach hinten und hebt das Buch etwas höher. Es rutscht ihr leicht aus der linken Hand. Sie fängt es gerade noch auf. Sie blättert zurück zu der entsprechenden Seite im Bilderbuch und dreht das Buch so, dass alle die Seite sehen können.

Für die Fragestellung ist nicht wichtig, was Jo mit seinen Beinen oder seiner Hand macht. Genau so wenig ist die detaillierte Körperhaltung der Lehrerin für die Fragestellung von Interesse oder die Art, wie sie das Buch in der Hand hält und fast fallen lässt, bevor sie zu der gesuchten Seite im Bilderbuch zurückblättert. Hier zeigt sich, wie der Beobachtungsfokus die Situation konstruiert und (im besten Fall) zur Unterscheidung von Wichtigem und Unwichtigem führt.

Stolperstelle IV: Kausalitäten herstellen
Wenn es um die Beschreibung von Handlungen geht, ist immer dann Vorsicht geboten, wenn mit diesen Handlungen Kausalitäten verbunden sind, wie das nachfolgende Beispiel zeigt, denn jede Kausalität ist eine Deutung der Beobachter*in.

> Lehrerin: „Ich bin da jetzt erst durch euch aufmerksam drauf geworden, dass das Buch das eigentlich nicht sagt.“ Einige Kinder lächeln leicht, Jo wirkt nachdenklich. Die Lehrerin blättert zurück zu der entsprechenden Seite im Bilderbuch und dreht das Buch zur Gruppe, damit alle Schüler*innen gut sehen können ~~so, dass alle die Seite sehen können.~~ Bilal, der nah an der Lehrerin sitzt, lehnt sich nach vorn, um besser zu sehen, ~~sieht ins Buch~~ und sagt: „Man sieht das auf den Bildern auch nicht, weil da sieht nichts nach ner Pfeilspitze aus.“

Dass die Lehrerin das Buch zur Gruppe dreht, damit alle Schüler*innen gut sehen können, ist nicht sichtbar und die Beobachter*in kann auch nicht sehen, warum Bilal sich nach vorne lehnt – vielleicht ist es auch einfach nur die angenehmere Sitzposition für ihn.

Stolperstelle V: Handlungen benennen, die nicht erfolgen

Wird in einem Protokoll etwas dokumentiert, was nicht geschieht, sagt das mehr über die Erwartungen, die die Protokollant*in an das Verhalten der beteiligten Personen hat, als über die beobachtete Situation aus.

> Lehrerin: „Ich bin da jetzt erst durch euch aufmerksam drauf geworden, dass das Buch das eigentlich nicht sagt." Einige Kinder lächeln leicht, Jo wirkt nachdenklich, sagt aber nichts. Die Lehrerin blättert zurück zu der entsprechenden Seite im Bilderbuch und dreht das Buch so, dass alle die Seite sehen können. Bilal, der nah an der Lehrerin sitzt, lehnt sich nach vorn, sieht ins Buch und sagt: „Man sieht das auf den Bildern auch nicht, weil da sieht nichts nach ner Pfeilspitze aus." Er sieht Jo dabei nicht an.

Indem die Beobachter*in schreibt, dass Jo nichts sagt, dies auch noch durch ein adversatives ‚aber' hervorhebt, macht sie deutlich, dass sie erwartet hat, dass Jo etwas sagt. Dass Jo an dieser Stelle nicht spricht, kommt allein dadurch zum Ausdruck, dass keine wörtliche Rede protokolliert ist. Dass Bilal Jo nicht ansieht, als er spricht, ist ebenso Ausdruck der Erwartung der Beobachter*in.

5.2.2 Wörtliche Rede protokollieren

Die wörtliche Redewiedergabe ist nicht nur die genaueste Möglichkeit, das Gesagte zu dokumentieren, sondern ermöglicht auch – je nach Beobachtungsfokus –, den Wortlaut des Gesagten in die Analyse einzubeziehen.

> Lehrerin: „Ich hab wirklich immer gedacht, Wen zieht die Pfeilspitze an der Stelle raus. Aber das bleibt offen." Es ist ca. 30 Sekunden still im Raum. Man kann eine Stecknadel fallen hören. Johannas Blick scheint ins Leere zu gehen, dann sagt sie in die Stille hinein: **„Aber weißt du was, Jo? So, wie Wen sich um die Tigerin kümmert, glaub ich, dass er sie rausgezogen hat."** Ihre Stimme wirkt nachdrücklich. Jo sieht sie an, nickt und lächelt.

Weshalb die hier dokumentierte wörtliche Rede im Hinblick auf den fachdidaktischen Beobachtungsfokus von Bedeutung ist, wird nachfolgend an Johannas Äußerung illustriert.

a) Die Lehrerin sagt, dass offen bleibt, ob Wen die Pfeilspitze aus dem Fell der Tigerin herauszieht, d. h. es gibt verschiedene Deutungsmöglichkeiten. Johanna äußert daraufhin ihre Gedanken.
b) Sie adressiert Jo, der durch seine Frage ursprünglich den Anstoß zu dem Gedankenaustausch gegeben hat, direkt und stellt so eine gewisse Verbindlichkeit und auch Aufmerksamkeit her, bevor sie ihren eigentlichen Gedanken äußert. Das ist wichtig, weil sichtbar wird, dass es in dieser Lerngruppe Situationen gibt, in denen die Kinder miteinander ins Gespräch kommen und einander direkt adressieren.
c) Ihre sprachliche Formulierung verweist auf eine Interpretationsleistung, in der nicht nur Figurenverstehen, sondern auch die Reflexion von Figurenverhalten als Aspekte literarischen Lernens zum Ausdruck kommen.
d) Dabei macht sie durch die Verwendung von „ich glaube" als Sprachform für Ungewissheit deutlich, dass es sich um ihre Deutung handelt.
e) Nicht nur im Hinblick auf Aspekte literarischen Lernens, sondern auch auf sprachlicher Ebene ist ihre Äußerung kompakt und komplex zugleich.

Stolperstelle VI: Wörtliche Rede indirekt wiedergeben und zusammenfassen
Wird wörtliche Rede indirekt wiedergegeben, entstehen oft Zusammenfassungen, in die Interpretationen der Beobachter*in einfließen (und zwar mehr als bei direkter Redewiedergabe, wenngleich auch eine Transkription nicht einfach eine ‚1:1-Übersetzung' des Gesagten darstellt, sondern auch Interpretationen enthält, wenn auch weniger).

> Lehrerin: „Ich hab wirklich immer gedacht, Wen zieht die Pfeilspitze an der Stelle raus. Aber das bleibt offen." Es ist ca. 30 Sekunden still im Raum. Man kann eine Stecknadel fallen hören. Johannas Blick scheint ins Leere zu gehen, dann sagt sie in die Stille hinein, dass Wen die Pfeilspitze ihrer Ansicht nach herausgezogen hat, denn Wen hat sich gut um die Tigerin gekümmert.~~: „Aber weißt du was, Jo? So, wie Wen sich um die Tigerin kümmert, glaub ich, dass er sie rausgezogen hat."~~ Ihre Stimme wirkt nachdrücklich. Jo sieht sie an, nickt und lächelt.

Durch die indirekte Redewiedergabe entsteht hier eine Zusammenfassung (siehe Unterstreichung), aus der weiterhin hervorgeht, dass Johanna ihre Deutungsmöglichkeit äußert (a). Bestehen bleibt auf der Basis dieser Protokollversion auch die Möglichkeit, zu schließen, dass Johanna eine Vorstellung von den Figuren entwickelt hat und ihr Verhalten reflektiert. Doch wie sie das genau macht, geht verloren (c). Allerdings muss sich die Leser*in darauf verlassen, dass die Protokollant*in das Gesagte angemessen wiedergibt.

Alle weiteren Möglichkeiten für eine anschließende fachdidaktische Analyse gehen an dieser Stelle durch die indirekte Redewiedergabe verloren:

b) Der Fragecharakter und die direkte Ansprache von Jo.
d) An die Stelle von ‚ich glaube' als Sprachform für Ungewissheit tritt die eher distanzierend wirkende Formulierung ‚ihrer Ansicht nach'.
e) Die Möglichkeit, einen Einblick in die sprachliche Ebene des Gesagten zu nehmen.

5.2.3 Die eigene Subjektivität sprachlich explizit machen

Wenn die Beobachter*in subjektive Deutungen in das Beobachtungsprotokoll aufnimmt, ist es wichtig, dass sie dies bewusst entscheidet und auch sprachlich explizit macht (vgl. de Boer in diesem Band).

- Einige Kinder lächeln leicht, Jo wirkt nachdenklich.
- Jo runzelt die Stirn; er scheint noch nicht ganz überzeugt.
- Johannas Blick scheint ins Leere zu gehen, dann sagt sie in die Stille hinein:
- Ihre Stimme wirkt nachdrücklich. Jo sieht sie an, nickt und lächelt.

In allen vier Beispielsätzen aus dem obigen Protokoll markiert die Beobachterin durch den Gebrauch von ‚wirkt' und ‚scheint', dass sie eine subjektive Deutung des Beobachteten vornimmt. Im zweiten Beispielsatz lässt sich die Deutung, dass Jo noch nicht ganz überzeugt ist, – anders als in den anderen Beispielen – auf die Mimik und damit auf etwas Beschreib- und Beobachtbares zurückführen: ein Stirnrunzeln.

Die Nachdenklichkeit von Johannas ‚Blick ins Leere' bleibt ein Stück weit unbestimmt und der Vorstellung jedes Einzelnen überlassen; genauso die Nachdrücklichkeit in Johannas Stimme. Am unbestimmtesten bleibt, woran die

Beobachterin die Nachdenklichkeit von Jo festmacht. Das steht nicht im Widerspruch zu der Genauigkeit von Beobachtungsprotokollen, denn es würde den Lesefluss und damit auch das Verständnis der Leser*in erschweren, wenn alle Anzeichen, die darauf hindeuten, dass Jo nachdenklich wirkt, benannt würden (z. B. Jo zieht seine rechte Augenbraue leicht nach oben, seine Lippen sind leicht aufeinander gepresst und er hat eine kleine Falte auf der Stirn; er wirkt nachdenklich). *Viel wichtiger ist, sich beim Schreiben des Protokolls darüber bewusst zu sein, dass das, was man schreibt, eine subjektive Deutung ist, denn weder Nachdenklichkeit, noch Überzeugung, ein ‚leerer' Blick oder Nachdrücklichkeit lassen sich beobachten.* Das gilt genauso für Ablenkung, Konzentration oder Langeweile. Trotzdem sind solche Eindrücke wichtig, um sich die beobachtete Situation auch mit zeitlichem Abstand vorstellen zu können – und die in der Situation vorgenommenen Deutungen im Formulieren des Beobachtungsprotokolls auch zu hinterfragen. Dies führt zur nächsten Stolperstelle: Wertungen und Zuschreibungen.

Stolperstelle VII: Wertungen und Zuschreibungen vornehmen

Wenn innere Zustände, Gedanken oder Gefühle der Beobachteten thematisiert werden, ist es wichtig, sich als Beobachter*in im Feld, aber auch als Schreiber*in eines Beobachtungsprotokolls darüber im Klaren zu sein, dass dies Interpretationen sind.

- Einige Kinder lächeln leicht, Jo ist ~~wirkt~~ nachdenklich.
- Jo runzelt die Stirn; er ist ~~scheint~~ noch nicht ganz überzeugt.
- Johannas Blick geht ~~scheint~~ ins Leere ~~zu gehen~~, dann sagt sie in die Stille hinein:
- Ihre Stimme ist ~~wirkt~~ nachdrücklich. Jo sieht sie an, nickt und lächelt.

Wird formuliert, dass Jo nachdenklich oder noch nicht ganz überzeugt ist, oder dass Johannas Blick ins Leere geht und ihre Stimme nachdrücklich ist, dann wird die Gedanken- und Gefühlswelt der beobachteten Schüler*innen bewertet. Die Intentionen und Gefühle werden ihnen zugeschrieben, obwohl die Beobachter*in nicht sicher sein kann, ob Jo wirklich nachdenklich oder noch nicht ganz überzeugt ist. Vielleicht ist er auch angestrengt, weil er eigentlich eine kurze Antwort auf seine Frage hören wollte.

Etwas anders verhält es sich vielleicht mit dem ‚Blick ins Leere'. Niemand außer Johanna kann wissen, wohin ihr Blick gerichtet ist. Diese Unbestimmtheit bringt die Redewendung zum Ausdruck. Der ‚Blick in die Leere' kann auch nicht ins Leere gehen. Vielleicht fixiert sie auch etwas, von dem die Beobachter*in nicht weiß. Ein ‚Blick ins Leere' lässt sich sehr unterschiedlich interpretieren: als Ablenkung, mangelnde Konzentration, Gedankenverlorenheit, angestrengtes Nachdenken, Konzentration. Dann stünde im Beobachtungsprotokoll vielleicht:

- Johanna~~s Blick scheint ins Leere zu gehen~~ ist konzentriert, dann sagt sie in die Stille hinein:
- Johanna~~s Blick scheint ins Leere zu gehen~~ denkt angestrengt nach, dann sagt sie in die Stille hinein:

Und auch dies ist eine denkbare Möglichkeit:

Johanna~~s Blick scheint ins Leere zu gehen~~ ist abgelenkt, dann sagt sie überraschend in die Stille hinein:

Wenn subjektive Deutungen nicht sprachlich kenntlich gemacht werden, wird aus einer Deutung eine Zuschreibung, die eine Aussage darüber macht, wie ein Kind ist und nicht, wie ein Kind in einer bestimmten Situation vielleicht auf eine beobachtende Person wirkt. Solche Zuschreibungen können zu Festschreibungen werden, wenn Kinder unter dieser Perspektive dann auch zukünftig betrachtet werden und z. B. zu der „konzentrierten Schülerin" werden. Die Johanna, die „konzentriert" ist und „angestrengt nachdenkt", ist eine völlig andere Schülerin als die Johanna, die – zur Überraschung der Beobachter*in – eine Äußerung tätigt, die das Gespräch voranbringt, obwohl sie davor abgelenkt ist. Eine solche Zuschreibung sagt mehr über die Beobachter*in und die normativen Vorstellungen aus, die die Beobachter*in an das Verhalten von Schüler*innen im Unterricht hat, als über die Schülerin Johanna.

5.2.4 Mimik und Gestik beschreiben

Mimik und Gestik werden im Alltag meist unmittelbar gedeutet. Diese Deutung erfolgt selten bewusst. In einem Beobachtungsprotokoll ist es deswegen sinnvoll, Beschreibung und Deutung voneinander zu trennen.

- Jo runzelt die Stirn; er scheint noch nicht ganz überzeugt.
- Ihre Stimme wirkt nachdrücklich. Jo sieht sie an, nickt und lächelt.

Jos Stirnrunzeln, das die Beobachter*in in seiner Mimik so deutet, dass er noch nicht ganz überzeugt von dem zu sein scheint, was er hört, gibt der Leser*in des Protokolls einen Anhaltspunkt, wie der Eindruck bei der Beobachter*in entstanden ist. Zum Verständnis der Situation ist diese Information nicht zwingend notwendig, aber sie unterstützt die konkrete Vorstellung von der Situation.

Anders verhält es sich in dem zweiten Beispielsatz. Wird das Nicken als Geste der Zustimmung nicht im Beobachtungsprotokoll notiert, würde diese Information fehlen, da Jo sich an der Stelle auch nicht verbal äußert. Im Zusammenhang mit dem Nicken kann auch das Lächeln als Zeichen der Zustimmung verstanden werden. Würde im Protokoll alternativ stehen: Jo sieht sie an; er scheint Johanna zuzustimmen, bleibt offen, wie die Beobachter*in darauf kommt. Die Situation lässt durch die kurze Beschreibung von Gestik und Mimik ein konkreteres Bild in der Vorstellung entstehen.

Stolperstelle VIII: Übergeneralisierung des Beschreibens: Darf man ‚lächeln' schreiben?

In dem Bemühen, in Beobachtungsprotokollen eine möglichst beschreibende Sprache zu verwenden und subjektive Deutungen als solche sprachlich kenntlich zu machen, kommt es nicht nur zu der Frage, was wir wirklich sehen können (vgl. auch die Reflexion der Studentin am Anfang dieses Beitrags), sondern immer wieder auch zu Übergeneralisierungen. So entsteht bei Studierenden immer wieder die Frage, ob ein Satz wie der nachfolgende zu viele Deutungen enthält. Das mag auf den ersten Blick überraschen.

Jo sieht sie an, nickt und lächelt.

Kann beobachtet werden, ob Jo Johanna tatsächlich ansieht, oder ob er seinen Kopf lediglich in Richtung Johanna dreht, die gerade gesprochen hat? Ist nicht auch schon das „Nicken" eine Deutung? Schließlich kann nur beobachtet werden, dass Jo den Kopf zweimal Richtung Brust und wieder nach oben bewegt. Ähnlich verhält es sich mit dem Lächeln, denn sichtbar ist nur, dass sich Jos Mundwinkel leicht nach oben bewegen. Daraus resultieren dann Beschreibungen in Protokollen, die mit dieser zu vergleichen sind:

> Jo dreht seinen Kopf in Richtung von Johanna. Er bewegt seinen Kopf zweimal Richtung Brust und wieder nach oben und bewegt seine Mundwinkel leicht nach oben ~~sieht sie an, nickt und lächelt.~~

Das führt dann wiederum zu der Frage, ob denn ‚leicht nach oben' für eine Beschreibung geeignet ist, denn was mit ‚leicht' gemeint ist, ist auch wieder eine Interpretation der Beobachter*in. Andere Begriffe, die im alltäglichen Sprachgebrauch normalerweise nicht hinterfragt werden, sind z. B. das *Suchen* und *Finden* von passenden Karten beim Memory-Spiel: Sucht ein Kind tatsächlich eine passende Karte und findet es dementsprechend auch eine, oder hat es einfach Glück, wenn es eine passende Karte aufdeckt? Oder der Gebrauch des Begriffs *Lesen:* Weiß man wirklich, ob ein Kind liest, wenn es nicht laut liest? Wenn es leise liest: Woher weiß man, ob es nicht einfach auf den Text schaut, ohne zu lesen, wenn es im Anschluss keine Handlung oder Äußerung gibt, die darauf schließen lässt, dass das Kind gelesen hat? Und: Ist Lautieren auch Lesen?

Sich Fragen wie diese zu stellen, ist hilfreich, um sensibler dafür zu werden, wie sehr sich Beschreiben und Deuten vermischen, wenn wir Sprache gebrauchen. Dass die sehr ausführliche Beschreibung den Blick auf die für den Beobachtungsfokus wesentlichen Informationen eher verstellt als erhellt, zeigt das obige Beispiel. Die ursprüngliche Formulierung transportiert in sieben Wörtern Wesentliches, die zweite Version umfasst mehr als dreimal so viele Wörter und ist in der Vorstellung viel schwerer nachvollziehbar. Eine Form der Dokumentation, die das ‚Nicht-deuten-Wollen' übergeneralisiert, ist somit nicht funktional für ein Beobachtungsprotokoll, das – wie in diesem Beispiel – die fachdidaktische Frage verfolgt, wie Kinder sich dem Bilderbuch ‚Der Tigerprinz' im gemeinsamen Vorlesegespräch nähern.

5.3 Die Atmosphäre der Beobachtungssituation einfangen

Die bisher aufgeführten Anforderungen an das Scheiben von Beobachtungsprotokollen machen deutlich, dass es darum geht, die beobachtete Situation möglichst detailgenau in einer beschreibenden Sprache ohne Zuschreibungen, Raffungen oder Auslassungen so zu dokumentieren, dass sie alle Informationen enthält, die für den jeweiligen Beobachtungsfokus relevant sind. Zugleich sollte dabei ein wichtiger Aspekt nicht aus dem Auge verloren werden: Es geht beim Schreiben eines Beobachtungsprotokolls nicht darum, ein ‚klinisch reines' Schriftstück zu produzieren, dem jeglicher Hauch von Leben fehlt. Vielmehr geht es darum, ähnlich wie in ethnographischen Protokollen, nicht nur den Verstand, sondern auch die Sinne der Leser*innen anzusprechen (vgl. Breidenstein et al. 2020: 122). Darum ist es wichtig, dass subjektive Deutungen enthalten sind, denn sie geben der Leser*in Orientierung, wie die Beobachter*in das Gesehene aufgefasst hat. Diese werden in der Regel als solche sprachlich markiert (z. B. durch *wirkt, scheint*). Zugleich gibt es in jeder Beobachtungssituation eine Reihe atmosphärischer Aspekte, die der direkten Beobachtung nicht zugänglich sind. Ein Beispiel dafür ist folgende Stelle im Beobachtungsprotokoll:

> Lehrerin: „Ich hab wirklich immer gedacht, Wen zieht die Pfeilspitze an der Stelle raus. Aber das bleibt offen." Es ist ca. 30 s still im Raum. **Man kann eine Stecknadel fallen hören.** Johannas Blick scheint ins Leere zu gehen, dann sagt sie in die Stille hinein: „Aber weißt du was, Jo? So, wie Wen sich um die Tigerin kümmert, glaub ich, dass er sie rausgezogen hat."

Die 30-sekündige Stille im Raum ist eine Möglichkeit, die Situation zu beschreiben. Die Gesprächsatmosphäre rückt durch die Redewendung „Man kann eine Stecknadel fallen hören" jedoch viel unmittelbarer an die Leser*in heran, denn sie spricht die Gefühlsebene an: Jede*r, der oder die so etwas schon erlebt hat, kann sich diese Atmosphäre vorstellen. Die Unmittelbarkeit der metaphorischen Sprache geht verloren, wenn die Protokollant*in die Subjektivität an dieser Stelle sprachlich markiert (z. B.: *Es ist so* oder *es kommt mir so vor, als könne man eine Stecknadel fallen hören*). Ähnlich ist es mit der Metapher ‚kerzengerade' am Anfang des Protokolls:

> Jo richtet sich **kerzengerade** auf seinem Stuhl auf: „Was mich jetzt noch interessieren würde, ob die Tigerin die Pfeilspitze entfernt bekommt. Oder ob nicht."

Die Vorstellung der Situation intensiviert sich, das Protokoll involviert die Leser*in auf diese Weise, aktiviert eigene Erfahrungen und Gefühle. Die nähere Bestimmung der Körperhaltung als ‚kerzengerade' unterstreicht die Relevanz, die diese Frage für Jo zu haben scheint, mehr, als die Formulierung: „Jo richtet sich auf seinem Stuhl auf." Das soll kein Argument dafür sein, in jedem Protokoll Gebrauch von metaphorischer Sprache zu machen. Aber wenn sie sparsam gebraucht wird, kann sie eine kraftvolle Wirkung haben. Dass dem immer eine subjektive Deutung der Beobachter*in vorausgeht, bedarf dabei keiner gesonderten sprachlichen Markierung.

Die ‚dichte' Atmosphäre einer beobachteten Situation wird für die Leser*in nur dann erfahrbar, wenn die Beobachter*in ihre persönlichen Eindrücke dort, wo sie für das Verstehen der Gesamtsituation von Bedeutung erscheinen, auch versprachlicht.[2] Dieser Aspekt trifft auf Beobachtungssituationen, die in teilnehmender Beobachtung entstanden sind, noch ausgeprägter zu als auf Videobeobachtungen, in denen die Atmosphäre über das Medium Film transportiert wird.

Dabei gilt grundsätzlich, dass subjektive Deutungen im Beobachtungsprotokoll sprachlich kenntlich gemacht werden, z. B. *die Lehrerin wirkt überrascht; die Aufmerksamkeit schein zu steigen* (vgl. Abschnitt 5.2.3. Metaphern tragen die Ebene der subjektiven Deutung im Rahmen der Textsorte ‚Beobachtungsprotokoll' m. E. per se in sich.

6 Beobachtungsprotokolle schreiben: ein Versuch der Perspektiverweiterung

Das Schreiben von Beobachtungsprotokollen, das in der Ethnographie vor allem unter der Perspektive der Versprachlichung des Nichtsprachlichen[3] diskutiert wird (vgl. Breidenstein et al. 2020: 40), erfährt im Rahmen des vorliegenden Beitrags eine dreifache Erweiterung:

[2] Hier besteht eine begriffliche Nähe zur ‚dichten Beschreibung', die v. a. mit dem Ethnologen Clifford Geertz (1987) verbunden ist. Kennzeichnend für die ‚dichte Beschreibung' ist eine Verschränkung aus Beschreibung und Deutung im Beobachtungsprotokoll, mit dem Ziel, in der Analyse latente Sinnstrukturen im beobachteten Feld aufzudecken, d. h. auch das Nicht-Sagbare zu verstehen. Was die Beobachtung im fachdidaktischen Kontext unterscheidet, ist, dass es hier nicht darum geht, ein Feld zunehmend in seiner Komplexität zu verstehen. Im Fokus steht vielmehr die Rekonstruktion aufgabenbezogener Bearbeitungsprozesse. Insofern enthalten die Beobachtungsprotokolle deutlich mehr beschreibende als deutende Anteile und die Beobachter*in steht mehr im Hintergrund, als das bei ethnologischen oder auch ethnographischen Beobachtungen der Fall ist.

[3] „Die besondere Bedeutung des Schreibens in der Ethnographie liegt jedoch darin, dass im schreibenden Beobachten zugleich eine sprachliche Erschließung von Phänomenen stattfindet, die noch gar nicht in sprachlicher Form vorliegen, sondern erst durch die Beschreibungen zur Sprache gebracht werden" (Breidenstein et al. 2020: 40).

1. Eine Erweiterung um die Herausforderungen, die die *Anforderungen der Schriftlichkeit* mit sich bringen. So wird vor dem Hintergrund ausgewählter Forschungsansätze zur Schriftlichkeit ausdifferenziert und neu kontextualisiert, welcher zusätzliche Anspruch mit der Erschließung von Phänomenen, die „erst durch die Beschreibungen zur Sprache gebracht werden" (Breidenstein et al. 2020: 40), verbunden ist: Der Transformationsprozess von einer maximal verkürzten, inneren Sprache, hin zu einer auf Verständlichkeit für eine fremde Leser*in ausgerichtete Sprache, die syntaktisch und begrifflich maximal entfaltet ist (vgl. Wygotski 1964). Damit eine Beobachtung in einem detaillierten Beobachtungsprotokoll mündet, ist mit Wygotski eine maximale Entfaltung auf syntaktischer wie begrifflicher Ebene erforderlich. D. h., es findet beim Schreiben von Beobachtungsprotokollen eine doppelte Erschließung statt: Es geht darum, detailgenau zu beobachten. Und es geht darum, das Beobachtete im Beobachtungsprotokoll in eine begrifflich und syntaktisch maximal entfaltete Sprache zu übersetzen. Beides ist eng miteinander verbunden.
2. Eine Erweiterung um *typische Stolperstellen von Studierenden* beim Schreiben ihrer ersten Beobachtungsprotokolle. Auf der Basis von Beobachtungsprotokollen, die Bachelor-Studierende im Rahmen von Seminaren zum Beobachten und zur Professionalisierung der beschreibenden Sprache verfasst haben, ergab die inhaltsanalytische Auswertung acht typische Stolperstellen:

Beobachtungskriterien und mögliche Stolperstellen	
Kriterium:	**Handlungen detailgenau beschreiben**
I:	Wichtige Handlungen weglassen
II:	Wichtige Handlungen zusammenfassen
III:	Unwichtige Handlungen (zu) detailgenau beschreiben
IV:	Kausalitäten herstellen
V:	Handlungen benennen, die *nicht* erfolgen
Kriterium:	**Wörtliche Rede protokollieren**
VI:	Wörtliche Rede indirekt wiedergeben und zusammenfassen
Kriterium:	**Die eigene Subjektivität sprachlich explizit machen**
VII:	Wertungen und Zuschreibungen vornehmen
Kriterium:	**Mimik und Gestik beschreiben**
VIII:	Übergeneralisierung des Beschreibens: Darf man ‚lächeln' schreiben?

Die Illustration dieser Stolperstellen anhand beispielhafter Formulierungen, die wiederholt bei Studierenden zu beobachten sind, gibt einen Einblick in die

Herausforderungen, die mit dem Erwerbsprozess des Schreibens von Beobachtungsprotokollen verbunden sind. Sie sind auch von den Schreiberfahrungen der Beobachter*innen beeinflusst. Um diese komplexen Herausforderungen in der Gegenüberstellung von Selbst- und Fremdwahrnehmung und der Sensibilisierung für die eigenen blinden Flecke zugänglich zu machen, beschreibt de Boer (2019), wie geschulte Studierende diesen Reflexionsprozess durch ihr externes Peer-Feedback zu Beobachtungsprotokollen unterstützen können. Zugleich stellt die Illustration der Stolperstellen für alle, die sich damit auseinandersetzen, wie detaillierte Beobachtungsprotokolle in beschreibender Sprache verfasst werden können, eine zusätzliche Möglichkeit der Orientierung dar.

3. Eine Erweiterung um *fachdidaktische Bezüge*. So wird für die einzelnen Stolperstellen beispielhaft gezeigt, welche Auswirkungen eine unter dem jeweiligen Beobachtungskriterium unzureichende Dokumentation des Beobachteten für die Rekonstruktion der Zugänge der Schüler*innen zum fachlichen Gegenstand hat. Nur, wenn die fachdidaktisch relevanten Handlungen, Äußerungen und der Umgang mit dem Material auch Eingang in das Beobachtungsprotokoll finden, ist eine Rekonstruktion der aufgabenbezogenen Zugänge der Schüler*innen möglich. Dann lassen sich die aus der Beobachtung resultierenden Rekonstruktionen auch für didaktische Anschlussüberlegungen und damit für unterrichtliche Kontexte fruchtbar machen.

Literatur

de Boer, Heike (2019): Forschungsorientiert Lernen durch beobachten, Dokumentieren und Analysieren sachunterrichtlicher Szenen. In: Schiefner-Rohs, Mandy/Favella, Gianpiero/Herrmann, Ann-Christin (Hrsg.): Forschungsnahes Lehren und Lernen in der Lehrer*innenbildung. Berlin u.a.: Peter Lang, S. 229–246.

de Boer, Heike (2012a): Der Blick auf sich selbst. In: de Boer, Heike/Reh, Sabine (Hrsg.): Beobachten in der Schule – Beobachten lernen. Wiesbaden: VS Verlag, S. 215–225.

de Boer, Heike (2012b): Pädagogische Beobachtung. In: de Boer, Heike/Reh, Sabine (Hrsg.): Beobachten in der Schule – Beobachten lernen. Wiesbaden: VS Verlag für Sozialwissenschaften, S. 65–84.

de Boer, Heike/Merklinger, Daniela (2014): Grenzen erfahren – Grenzen erweitern. Beobachten lernen in der Lehrerbildung. In: Lohfeld, Wiebke/Schittler, Susanne (Hrsg.): Grenzverhältnisse. Perspektiven auf Bildung in Schule und Theater. Weinheim: Juventa, S. 156–176.

Breidenstein, Georg/Hirschauer, Stefan/Kalthoff, Herbert/Nieswand, Boris (2020): Ethnografie. Die Praxis der Feldforschung. 3. Auflage. Konstanz: UTB.

Ehlich, Konrad (1994): Funktion und Struktur schriftlicher Kommunikation. In: Günther, Hartmut/Ludwig, Otto (Hrsg.): Schrift und Schriftlichkeit. Ein interdisziplinäres Handbuch internationaler Forschung. 1. Halbband. Berlin: de Gruyter Verlag, S. 18–41.

Geertz, Clifford (1987): Dichte Beschreibung. Beiträge zum Verstehen kultureller Systeme. Frankfurt: Suhrkamp [zuerst 1973].

Hayes, James/Flower, Linda (1980): Identifying the organisation of writing process. In: Gregg, Lee W./Steinberger, Erwin R. (Eds.): Cognitive processes in writing. Hillsdale, New Jersey: Erlbaum, S. 3–30.

Hirschauer, Stefan (2001): Ethnographisches Schreiben und die Schweigsamkeit des Sozialen. Zu einer Methodologie der Beschreibung. In: Zeitschrift für Soziologie 30, S. 429–451.

Jianghong, Chen (2005): Der Tigerprinz. Frankfurt: Moritz Verlag.

von Kleist, Heinrich (1810): Über die allmähliche Verfertigung der Gedanken beim Reden. In: Kleists Werke in zwei Bänden, Erster Band. Berlin, Weimar 1980: Aufbau-Verlag.

Murray, Donald M. (1978): Internal Revision: A Process of Discovery. In: Cooper, Charles R./Odell, Lee (Eds.): Research on Composing: Points of Departure. Urbana, IL: National Council of Teachers of English, S. 85–103.

Nussbaumer, Markus (1993): Textbegriff und Textanalyse. In: Eisenberg, Peter/Klotz, Peter (Hrsg.): Sprache gebrauchen – Sprachwissen erwerben. Stuttgart: Klett, S. 63–84.

Ong, Walter (1987): Oralität und Literalität. Die Technologisierung des Wortes. Opladen: Westdeutscher Verlag.

Reh, Sabine (2012): Beobachtungen aufschreiben: Zwischen Beobachtungen, Notizen und „Re-writing". In: de Boer, Heike/Reh, Sabine (Hrsg.): Beobachten in der Schule – Beobachten lernen. Wiesbaden: Springer VS, S. 115–129.

Watzlawik, Paul (2011^2): Man kann nicht nicht kommunizieren. Das Lesebuch. Herausgegeben und mit einem Vorwort versehen von Trude Trunk. Bern: Verlag Hans Huber.

Wygotski, Lew Semjonowitsch (1964): Denken und Sprechen. Berlin: Akademie Verlag.

Mikroprozesse in der Fachdidaktik – Aufgabenbearbeitungen als komplexe Ko-Konstruktionen

Heike de Boer und Sandra Last

Zusammenfassung

In diesem Beitrag wird zunächst der Prozessbegriff diskutiert, im weiteren Verlauf als Mikroprozess fokussiert und auf diagnostische Handlungen bezogen. Zugrunde gelegt werden Beobachtungsprotokolle und daran anschließende Rekonstruktionen aufgabenbezogener Bearbeitungen. Diese Vorgehensweise wird darüber hinaus im Kontext der Bedeutung von Fachdidaktik, Fachwissenschaft und Aufgabenkonstruktion dargestellt und mündet in der Ausdifferenzierung von Praktiken der Aufgabenbearbeitung als komplexe Ko-Konstruktionen.

1 Was bedeutet Prozessorientierung?

Mit der aufgabenbezogenen Lernprozessbeobachtung wird in diesem Band eine prozessbezogene Perspektive auf das Beobachten eingenommen. Der Fokus liegt auf Beobachtungen im fachdidaktischen Kontext. Auf der Basis von Beobachtungsprotokollen werden Bearbeitungsprozesse von Aufgaben rekonstruiert. In der Rekonstruktion werden mittels dokumentierter verbaler und nonverbaler

H. de Boer
Fachbereich Bildungswissenschaften, Institut für Grundschulpädagogik, Universität Koblenz-Landau, Campus Koblenz, Koblenz, Deutschland
E-Mail: hdeboer@uni-koblenz.de

S. Last (✉)
Pädagogische Hochschule Ludwigsburg, Institut für deutsche Sprache und Literatur, Ludwigsburg, Deutschland
E-Mail: sandra.last@ph-ludwigsburg.de

H. de Boer et al. (Hrsg.), *Beobachten im fachdidaktischen Kontext,*
Edition Fachdidaktiken, https://doi.org/10.1007/978-3-658-35355-1_4

Handlungen, die Schüler*innen miteinander und mit der entsprechenden Aufgabe vollziehen, der Bearbeitungsprozess und die situative Dynamik analysiert. Herausgearbeitet werden Wissenskonstruktionen und Wissens-Ko-Konstruktionen, die die Perspektiven der Schüler*innen auf den fachlichen Gegenstand zeigen und für die Konzeption von fachdidaktischen Anschlussaufgaben fruchtbar sein können.

Prozess – Eine begriffliche Annäherung[1]

Der Ursprung des Wortes *Prozess* wird im aktuellen Duden auf das lateinische „Processus" zurückgeführt, was fortschreiten, Fortgang oder Verlauf bedeutet, ein „sich über eine gewisse Zeit erstreckende[r] Vorgang, bei dem etwas [allmählich] entsteht, sich herausbildet" (Dudenredaktion o. J.)[2]. Dieser Definition folgend, findet ein Prozess in einem bestimmten zeitlichen Rahmen statt und im Zuge dessen wird etwas hervorgebracht.

Ähnlich verhält es sich mit dem Begriff *Lernprozess:* Ein „Prozess, bei dem jemand durch Erfahrungen, Erleben usw. Einsichten gewinnt, Zusammenhänge begreift […]" (Dudenredaktion o. J.)[3]. Im Lexikon Pädagogik findet sich ein ähnliches Verständnis: „Aus pädagogisch-didaktischer Sicht bezeichnet der [Lernprozess] Phasen, Stufen und Stationen, die ein Individuum während des Lernens […] durchläuft. In einem [Lernprozess] können sich Phasen der aktiven Erarbeitung des Lernstoffs und Phasen der inneren Verarbeitung des Lernstoffs abwechseln" (Tenorth und Tippelt 2007: 481).

In beiden Definitionen wird die individuumsbezogene Seite des Lernens im Sinne einer *Veränderung zwischen zwei Zeitpunkten* fokussiert. Der Prozess liegt insofern zwischen diesen Zeitpunkten. Jedoch gibt es unterschiedliche Ansichten zur Dauer des zeitlichen Vorgangs, in dem etwas allmählich entsteht.

Der Prozess als Langzeitverlauf

Pädagogisch-psychologisch geprägte Diskurse verstehen den Begriff *Prozess* folgendermaßen: „[…] ein Prozess [kann] nur durch eine Folge nacheinander abfolgender Messvorgänge erfasst werden […]. Der einzelne Messvorgang unterscheidet sich prinzipiell nicht von dem, der in der sogenannten Ergebnisdiagnostik üblich ist" (Ingenkamp und Lissmann 2008: 32 f.).

---

[1] Für eine ausführliche begriffliche Annäherung vgl. die Dissertationsstudie von Sandra Last „Interaktive Aufgabenbearbeitung im sprachlichen Anfangsunterricht" (Arbeitstitel) (vgl. Last i. V.).

[2] https://www.duden.de/rechtschreibung/Prozess [Zugriff: 10.05.22].

[3] https://www.duden.de/rechtschreibung/Lernprozess [Zugriff: 10.05.22].

Mit der Dokumentation von Lernprozessen sind folglich messbare Lernergebnisse über einen Zeitraum (z. B. von mehreren Wochen oder Monaten) hinweg gemeint, die auf einen Leistungszugewinn untersucht werden.

Der Prozess als Mikroprozess
Außen vor bleibt aus dieser Perspektive die interaktive Komponente von Lernen, die sich durch die kollektive Herstellung von Bedeutung auszeichnet (vgl. de Boer 2012: 68; de Boer 2015: 18 f.). Hier wird der Prozess als Mikroprozess verstanden.

Prozesse als Mikroprozess zu begreifen bedeutet, Handlungen, die im Unterricht stattfinden, während eines sehr begrenzten zeitlichen Verlaufs in den Blick zu nehmen und im Vollzug des Unterrichtsgeschehens (vgl. z. B. Breidenstein und Rademacher 2017) oder bezogen auf den Bearbeitungsprozess konkreter Aufgaben (vgl. z. B. de Boer 2012; de Boer et al. 2015) zu betrachten. Mit *Prozess* ist eine kurze Zeitspanne von wenigen Minuten gemeint, in der sich das Unterrichtsgeschehen in aufeinander bezogenen Handlungen und Äußerungen ereignet. Mikroprozesse rücken nicht die Langfristigkeit oder Stabilität von Handlungen in den Vordergrund, sondern die Dynamik der jeweiligen Situation, in der sie geschehen. Durch die Betrachtung von Mikroprozessen lässt sich fokussieren, *wie* Schüler*innen durch die Verflochtenheit von Äußerungen und Handlungen zu ihren Ergebnissen gelangen (vgl. de Boer et al. 2015: 249).

Der größte Unterschied zwischen dem Prozess als Langzeitverlauf und dem Prozess als Mikroprozess liegt im Bezugspunkt der *Prozessierung*. Denn es stehen sich eine statische, an Lernergebnissen orientierte Perspektive und eine dynamische, an der Prozessierung von Handlungen und Äußerungen orientierte Perspektive gegenüber. Ein Mikroprozess bezieht sich dabei auf den Akt des *Hervorbringens*. In den Blick rückt dabei, *wie* genau etwas allmählich entsteht.

2 Mikroprozesse beobachten und diagnostizieren

Der Unterschied dieser verschiedenen Perspektiven auf *Prozesse* spiegelt sich ebenso in typischen Aufgabenfeldern wider, die das Handeln von Lehrkräften im schulischen Kontext kennzeichnen: Einerseits gilt es, *Lernprozesse anzustoßen* und *Bildungsprozesse zu initiieren;* andererseits müssen *Lernergebnisse dokumentiert, Leistungen bewertet* und Bildungsabschlüsse zugeteilt werden. Beide Aufgaben stehen in einem spannungsreichen Verhältnis zueinander und münden in Widersprüche (vgl. z. B. Helsper 2016: 115; Breidenstein 2018: 316 f.).

Dieses Spannungsverhältnis zeigt sich z. B. auch im Fallbeispiel von Raffael (de Boer in diesem Band), dessen Anspruch an eine möglichst detailgetreue und genaue Abbildung des menschlichen Auges der Intention der Lehrerin, der es um ein schnelles und ökonomisches Bearbeiten des Lerninhaltes geht, entgegensteht. Die Lehrerin konzentriert sich vielmehr auf das Arbeitsprodukt und bewertet Raffaels Leistung im Vergleich zur Leistung der Mitschüler*innen als zu langsam. Zugleich bezieht sie sich auf ihre Erfahrungswerte, die sie mit Raffaels Arbeitstempo über einen Prozess (als lange Zeitspanne) gesammelt hat.

Für die Bewertung von Leistungen werden besonders Ergebnisse fokussiert und es interessiert *WAS* (und wie viel) die Schüler*innen (wie schnell) erarbeitet haben. Dies ist dann der Fall, wenn z. B. Arbeitsblätter oder Hausaufgaben kontrolliert werden und es um richtige oder falsche Ergebnisse geht. Diese Perspektive liefert allerdings keine Kenntnisse darüber, *WIE* Schüler*innen zu ihrem Ergebnis gelangt sind.

Die Initiierung und Beobachtung von Lernprozessen bietet hier eine wichtige Grundlage, um auch Bearbeitungsprozesse erfassen und beurteilen zu können. Der Blick auf den aufgabenbezogenen Bearbeitungsprozess ermöglicht, die einzelnen Handlungsschritte im Detail zu erfassen. Diese Perspektive fokussiert die Frage, *WIE* Schüler*innen vorgehen und trägt dazu bei, neue Erkenntnisse über unterschiedliche Zugänge zu erhalten. Im Kontext aktueller Diskussionen zum Thema Leistungserfassung wird aus diesem Grund gefordert, eine engere Verzahnung von Prozess- und Ergebnisperspektiven vorzunehmen (vgl. Jürgens 2021: 6 f.).

Pädagogische Diagnostik

Der Begriff „pädagogische Diagnostik“ wurde 1968 erstmals von Ingenkamp in Anlehnung an eine medizinische und psychologische Diagnostik vorgeschlagen (vgl. Ingenkamp und Lissmann 2008: 12). Mittlerweile kann er als Sammelbegriff verstanden werden, der sowohl von Psycholog*innen, Grundschulpädagog*innen, Fachdidaktiker*innen als auch von Förderpädagog*innen mit je unterschiedlichen Bedeutungsnuancen genutzt wird.

Verzeichnen lässt sich einerseits ein stärker an psychologischen Standards ausgerichteter Diskurs der pädagogischen Diagnostik, in dem eine engere Verbindung zum (Schul-) Leistungs- und Kompetenzbegriff zugrunde gelegt wird (vgl. Ingenkamp und Lissmann 2008; Hesse und Latzko 2017). In Abgrenzung dazu zeigen sich andererseits weitere Diskurse, die den Fokus auf Leistungen in Lernprozessen richten (z. B. Schiefele et al. 2019: 29).

Zur Orientierung im Feld der pädagogischen Diagnostik kann die Unterscheidung drei zentraler Ebenen hilfreich sein: Die *Gegenstandsebene*, die *methodische Ebene* und die *Zielebene* (vgl. Aufschnaiter et al. 2015: 742). Dementsprechend kann pädagogische Diagnostik auf der Gegenstandsebene Lernergebnisse erfassen und vergleichen oder Lernprozesse verstehen und nachvollziehen. Daran angepasst werden unterschiedliche Methoden – standardisierte, formelle Verfahren oder qualitative und semiformelle Verfahren – eingesetzt. Auf der Zielebene wird unterschieden, ob es z. B. um die Begründung von Selektionsentscheidungen, die Legitimation von Förderressourcen oder um die Gestaltung der Lernumgebung geht (vgl. Aufschnaiter et al. 2015: 742).◄

Demzufolge wird die Lernprozessbeobachtung mit einem Verständnis von Diagnostik verbunden, dessen zentraler Gegenstand auf die *Beobachtung*, die *Beschreibung* und das *verstehende Nachvollziehen* der Lernprozesse von Schüler*innen bezogen ist (vgl. Schiefele et al. 2019: 29). Damit sind diagnostische Handlungen gemeint, die sich auf die beobachtbaren Bearbeitungsprozesse und deren Beschreibung beziehen (vgl. de Boer in diesem Band). Dies kann nie losgelöst vom Unterrichtskontext, also den initiierten Lehr-Lernkontexten gedacht werden, weswegen die Verbindung von prozessbezogenen, diagnostischen und (fach-) didaktischen Überlegungen notwendig ist.

Grundlegend für solche fachdidaktisch ausgerichteten, pädagogisch-diagnostischen Handlungen ist ein zweischrittiges Vorgehen: Im ersten Schritt erfolgt die Beobachtung und Dokumentation ausgewählter Sequenzen und im zweiten Schritt die Rekonstruktion und das *Nachvollziehen* der Schüler*innenhandlungen. Dazu gehört die Bereitschaft, mitzudenken, dass die Handlungen für Schüler*innen aus ihrer Sicht immer einen Sinn ergeben, der sich der Erwachsenenperspektive zunächst entziehen kann (vgl. Heinzel 2012: 179 f.). Combe und Gebhardt formulieren zutreffend: „Ein tieferes Verstehen würde […] der oft anzutreffenden, schnellen Vereindeutigung eines Sachverhalts und der Suche nach einer einzig richtigen Lösung entgegenarbeiten" (Combe und Gebhard 2012: 10).

In diesem Sinne wird der Diagnostikbegriff hier folgendermaßen gefüllt: Perspektiven, Handlungen und Zugänge von Schüler*innen werden in aufgabenbezogenen *Mikroprozessen* fokussiert, durch die Rekonstruktion einem tieferen Verstehen zugänglich und für diagnostische Überlegungen fruchtbar gemacht.

Mikroprozessorientierte Diagnostik

Unter einer *mikroprozessorientierten Diagnostik* wird die Rekonstruktion und das verstehende Nachvollziehen der Handlungen von Schüler*innen auf Basis der dokumentierten aufgabenbezogenen Lernprozessbeobachtung verstanden.◄

3 Fachdidaktische Perspektive

Eine an Mikroprozessen orientierte Diagnostik, die darauf ausgerichtet ist, die aufgabenbezogene Aneignung zu verstehen, bewegt sich zugleich im Feld von Fachwissen und von Fachdidaktik.

> Welches Vorwissen benötigen Kinder eigentlich, um die Frage „Wie kommt der Honig in die Blumen?“ zu beantworten? Und welches Wissen benötigen wir als Erwachsene, um die Bearbeitung dieser Aufgabe durch Schüler*innen verstehen und gegebenenfalls weiterführend unterstützen zu können? (Auszug aus einer studentischen Seminarreflexion)

Diese Fragen stellt sich eine Studentin in der Abschlussreflexion im Kontext ihres Beobachtungsjournals und berührt damit die zentrale Frage nach relevantem Fachwissen von Lehrkräften, in diesem Fall zukünftigen Lehrkräften. Doch was ist unter Fachwissen, was unter Fachdidaktik zu verstehen?

Die Fachwissenschaft wird durch „fachinterne und fachübergreifende Merkmale von Fachlichkeit“ bestimmt, deren Fachlichkeit[4] „spezifische wissenschaftstheoretische und wissenschaftsmethodische Kategorien“ inhärent sind (Bayrhuber et al. 2018: 45). Die Bezeichnung *Fachwissenschaft* ist in diesem Sinne auf die Bedeutung als Bezugswissenschaft für ein Schulfach zurückzuführen (vgl. Bayrhuber et al. 2018: 45).

Ein Beispiel: Übertragen auf das Unterrichtsfach Sachunterricht, handelt es sich um mehrere Bezugsfachwissenschaften, die einerseits die unterschiedlichen, einzelnen fachlichen Dimensionen des Sachunterrichts vertreten

[4] Fachlichkeit ist, so Reh (2018: 194), „also ein bestimmter Modus der Organisation eines Wissens und des Umgangs mit ihm, eine bestimmte, ‚Wissenspraxis‘, die im Sortieren, Ordnen, Vereinheitlichen und Verknüpfen von Wissen in Wissensbeständen und in Abgrenzung gegenüber anderen besteht“. Deswegen kann Fachlichkeit „nicht mit Inhalten und Konzepten universitärer Disziplinen gleichgesetzt werden, sondern kennzeichnet die jeweils sortierenden Wissenspraktiken in den unterschiedlichen Institutionen“ (Reh 2018: 194).

(naturwissenschaftlich-technische, gesellschaftswissenschaftliche, räumliche und zeitliche Dimensionen) und damit eine vieldimensionale fachliche Struktur aufweisen. Andererseits wird der Sachunterricht auch und besonders durch die perspektivenübergreifenden und vernetzenden Zugangsweisen elementar geprägt (vgl. GDSU 2013: 34).

Was bedeutet das nun für die Fachdidaktik? Fachdidaktiken nehmen die *Objektebene* der zugehörigen *Fachwissenschaften* in den Blick genauso wie die „Fachspezifik des Lehrens und Lernens auf der ‚Prozessebene'" (Bayrhuber et. al. 2018: 46). Für den Sachunterricht bedeutet dies, dass die Erschließung des fachlichen Gegenstandes im Spannungsfeld

- von dimensional ausgerichteter Perspektivenspezifik und Perspektivenvernetzung sowie
- von Vorstellungen der Schüler*innen und sachlichen/fachlichen Grundlagen betrachtet wird.

Diese Pole werden wechselseitig aufeinander bezogen (vgl. GDSU 2013: 34 ff.). Für eine weitere und nähere Bestimmung des didaktischen Handelns unterscheiden Bayrhuber et. al. (2018) vier Schritte[5]:

1. Auswahl von fachdisziplinärem Wissen und Zielen,
2. Reduktion der Komplexität von disziplinärem Wissen und Kompetenzen,
3. Anpassung und Übertragung des Reduktionsergebnisses in Instruktions- und Erwerbsprozesse und
4. Überprüfung im Unterricht (vgl. Bayrhuber et.al. 2018: 46).

Ein bekanntes Prinzip, mit dem eine Auswahl und Reduktion im Sinne der ersten beiden Punkte, hier wieder bezogen auf das Beispiel Sachunterricht, erfolgt, findet sich z. B. in dem auf Wagenschein zurückgehenden „exemplarischen Lehren" (Wagenschein 1999: 27). Damit Unterricht fachlich nicht überladen wird, bedarf es Auswahlprinzipien und der Beschränkung auf das Wesentliche (vgl. Wagenschein 1999: 30). Wagenschein empfiehlt, Phänomene so auszuwählen, dass im Einzelnen das Allgemeine enthalten ist (vgl. Wagenschein 1999: 32) und zugleich

[5] Die vier Schritte kristallisiert die Autorengruppe „vor dem Hintergrund empirischer Analysen von Determinanten fachlichen Lernens als auch theoretischer Analysen und auf der Basis von Bildungstheorie und fachwissenschaftlicher sowie fachdidaktischer Forschung" heraus (vgl. Bayrhuber et.al 2018: 46).

fundamentale Erfahrungen möglich werden. So nennt Wagenschein beispielsweise für die physikalischen Erhaltungssätze exemplarisch das „Verschwinden des Mondes“ (Wagenschein 1999: 23), der dennoch nie ganz verschwunden ist.

Die unter Punkt 3 genannte Transformation des Auswahl- und Reduktionsprozesses in Instruktions- und Erwerbsprozesse erfordert eine weitere Modellierung der fachlichen Lerngegenstände. Dazu gehört die Berücksichtigung der unterschiedlichen Lernvoraussetzungen der Schüler*innen genauso wie die Entwicklung unterschiedlicher Aufgabenformate.

4 Aufgabenformate und Ko-Konstruktionsprozesse des fachlichen Gegenstandes

Kleinknecht (2019) definiert Aufgaben in Anlehnung an Jordan et al. (2006) „allgemein als Aufforderung oder Angebot zum Denken und Handeln“, die Ziele und Inhalte des Unterrichts auf einer didaktischen Mikroebene konkretisieren und auf einer didaktischen Makroebene beim Einsatz mehrerer Aufgaben z. B. die Frage der ansteigenden Komplexität nach sich ziehen (Kleinknecht 2019: 3).

In dieser Skizze (Abb. 1) differenzieren Bohl und Kleinknecht (2009) die unterschiedlichen Schritte des didaktischen Handelns, die zum Einsatz von Aufgaben im Unterricht von Bedeutung sind und heben hervor, dass nicht nur die Qualität der Aufgabe für den Lernerfolg grundlegend ist, sondern auch die Art und Weise, wie Lehrkräfte den Bearbeitungsprozess begleiten, unterstützen und mit Schüler*innen gemeinsam reflektieren.

Hier deutet sich bereits an, dass ein gelingender Aufgabenbearbeitungsprozess von verschiedenen Aspekten abhängt und als Ko-Konstruktionsprozess verschiedener Faktoren betrachtet werden kann.

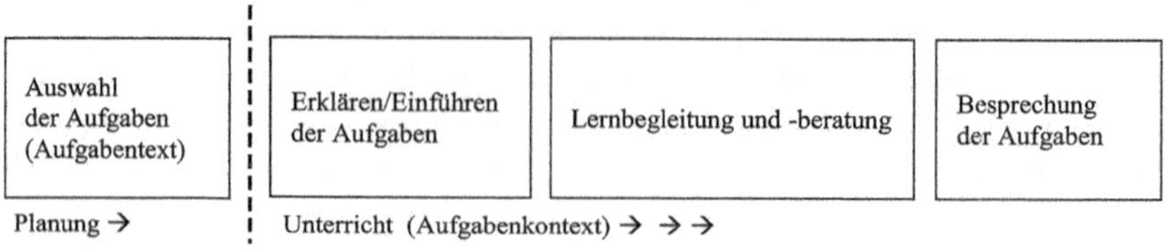

Abb. 1 Facetten der Aufgabenkultur aus Perspektive der Lehrkraft, angelehnt an Bohl und Kleinknecht (2009) (Kleinknecht 2019: 4). (© Springer Nature License (5203740706118))

Bereits der erste in der Skizze (Abb. 1) dargelegte Schritt, die Auswahl der Aufgaben und des Aufgabentextes, ist folgenreich für alle weiteren Schritte und schafft oder verhindert gute Voraussetzungen für den Bearbeitungsprozess. Hier sei erneut auf den Sachunterricht verwiesen. Adamina entwickelt das *Fünfeck der Aufgabenkultur,* indem er fünf konkrete Eckpfeiler und vier allgemeine Aspekte bestimmt, die lernförderlich sein können und ein Bedingungsgefüge abbilden (vgl. Adamina 2013: 3; vgl. auch Schomaker und Tänzer 2020: 246 ff.). Für die Konzeption guter Lernaufgaben ist zu berücksichtigen, so Adamina (2013), dass sie

- an Erfahrungen und Vorwissen der Schüler*innen anknüpfen (Situierung und Kontext),
- verschiedene Zugangsweisen, Lösungswege und Darstellungsformen zulassen (Vielfalt),
- Selbständigkeit und Zusammenarbeit im Dialog fördern (Eigenständigkeit und Zusammenarbeit),
- die Aufgaben entsprechend ihres geplanten Einsatzes in unterschiedlichen Phasen variieren und
- zum Aufbau und zur Erweiterung bestehender Vorstellungen und Konzepte führen (Kompetenzförderung) (vgl. Adamina 2013: 119).

Zu den allgemeineren Aspekten zählt er die Berücksichtigung von Komplexität und Mehrdimensionalität von Aufgaben sowie der Möglichkeit, im Team zusammenzuarbeiten (vgl. Adamina 2013: 119).

Aus seinen Überlegungen entwickelt Adamina (vgl. 2013: 120 ff.), ähnlich auch Tulodziecki et al. (2017) ein normatives Gerüst für die Konzeption guter Aufgaben.

Ob sich eine als gut deklarierte Aufgabe im Praxistest tatsächlich bewährt, so Kleinknecht (2019: 5), wird empirisch über das Konstrukt der kognitiven Aktivierung, einer von drei wichtigen Qualitätsdimension für guten Unterricht, erhoben. Die Zusammenschau unterschiedlicher Studien verweist in diesem Kontext darauf, dass sowohl der Konstruktion herausfordernder Aufgaben als auch dem kognitiv-aktivierenden Lehrer*innenhandeln eine große Bedeutung zukommt (vgl. Kleinknecht 2019: 10).

In diesem Kontext lässt sich von einer Ko-Konstruktion der Aufgabe sprechen, in der unterschiedliche Faktoren zusammenwirken. Reh (2018) konstatiert hierzu,

> „was genau eine Aufgabe ‚ist', hängt wohl ab von dem, was sich im Unterricht mit Aufgaben und Erwartungen, mit Interaktionsritualen im Unterricht einer Klasse als gemeinsames Verständnis von Aufgaben zu einer gegebenen Zeit herausbildet" (Reh 2018: 67).

Diese Lesart von Aufgaben verweist darauf, dass die Aufgabenbearbeitung in ein situatives, dynamisches und kollektives Interaktionsgeschehen eingebettet ist, das in seiner Komplexität der Berücksichtigung bedarf und nicht allein über die Evaluation der *kognitiven Aktivierung* erfasst werden kann.

Aufgabenbearbeitung als komplexe Ko-Konstruktion

Für die Beobachtung von Aufgabenbearbeitungsprozessen bieten sich Lernaufgaben an, die durch das von Adamina (2013) (s. Kap. 4 in diesem Beitrag) illustrierte Bedingungsgefüge gekennzeichnet sind. Bedeutsam wird in diesem Kontext, wie sich die interaktive Aushandlung der fachlichen Aufgabenbearbeitung zwischen den Beteiligten und unter Rückgriff eingesetzter unterrichtlicher Artefakte vollzieht und in welchen Praktiken[6] sie sich zeigt. Der Aushandlungsprozess kann sich zwischen Schüler*innen, zwischen Schüler*in und Lehrer*in sowie zwischen Schüler*in und Material/formulierter Aufgabe vollziehen. Die Frage, wie die Bearbeitung fachlicher Aufgaben im Zusammenspiel von *Aufgabenformat, Materialität der Aufgabe, flankierendem Lehrer*innenhandeln und Schüler*inneninteraktionen* hergestellt wird, ist damit virulent. In den *Prozess* der Aufgabenbearbeitung wirkt neben den beteiligten Personen hinein, wie die Aufgabe illustriert und formuliert ist, im Falle materialgesteuerter Aufgaben, wie die Materialität beschaffen ist. Genauso wirkt das von Adamina (2013) (s. Kap. 4 in diesem Beitrag) formulierte Bedingungsgefüge.◄

Das Ergebnis einer bearbeiteten Lernaufgabe ist dementsprechend nicht allein auf das Schüler*innenhandeln zurückzuführen, sondern auf einen dahinterliegenden komplexen Ko-Konstruktionsprozess.

Bonnet (2019) reflektiert diesen Prozess im Kontext des Englischunterrichts und verweist auf die Bedeutung der Sachantinomie (vgl. Helsper 2016: 119), die die „Spannung zwischen einer Orientierung an der Sache, verstanden als dem im Rahmen der jeweiligen Fachlichkeit konstruierten Unterrichtsgegenstand, und der Orientierung an der Person mit ihren diesen Gegenstand ggf. ganz anders konstituierenden Sinnkonstruktionen“ (Bonnet 2019: 167) bezeichnet.

[6] Reh et al. (2015) verstehen Praktiken anknüpfend an Schatzki (2001) „als verkörperte, materiell vermittelte Anordnungen menschlicher Tätigkeiten, die von einem geteilten praktischen Wissen (‚practical understanding‘) organisiert werden“ (Reh et al.: 2015: 36). Praktiken verlaufen oft routiniert, das in ihnen eingelagerte Wissen ist oft implizit und lässt sich von den Akteur*innen nicht ohne weiteres explizieren (vgl. Reh et al. 2015: 36).

Beide Pole bedürfen gleichermaßen der Berücksichtigung, damit fachliche Bildungsprozesse als Verstehensprozesse ermöglicht werden (vgl. Bonnet 2019: 167; vgl. auch Merklinger b in diesem Band). Bonnet expliziert in diesem Kontext vier Herausforderungen für Lehrkräfte. Sie benötigen:

1. Wissen über die entsprechende Fachlogik, im Sinne einer reflektierten Fachlichkeit,
2. die Fähigkeit, die Kommunikation über den fachlichen Gegenstand interaktiv zu unterstützen,
3. die Fähigkeit, Sinnüberschüsse nicht abzublocken und Konstruktionen von Gewissheiten über eindeutig erscheinende fachdisziplinäre Sinnstrukturen zu vermeiden und
4. die Sensibilität für Überdidaktisierungen und Trivialisierung des fachlichen Gegenstandes, die zum Verschwinden der „Sache selbst" führen können (vgl. Bonnet 2019: 168).

Bonnet plädiert dafür, die Aneignungsprozesse der Lernenden und ihre Eigensinnigkeit anzuerkennen (vgl. Bonnet 2019: 174), nicht zuletzt auch, um sensibel auf fruchtbare Momente im Bildungsprozess reagieren zu können und „die Routine kleinschrittiger Durchprozessierungslogik zu verlassen" (Bonnet 2019: 169).

5 Fazit oder: Eigendynamik und Eigensinn in Aufgabenbearbeitungsprozessen

Die Sensibilität auch für die *Prozessqualität* von Aufgabenbearbeitungen erhält mit den vorangegangenen Überlegungen eine herausragende Bedeutung.

In diesem Band finden sich zahlreiche Fallbeispiele, an denen sichtbar wird, wie sich die Schüler*innen im Prozess der Aufgabenbearbeitung den fachlichen Gegenstand aneignen und dabei eigensinnige Deutungen vornehmen. Bonanati und Skorsetz stellen in ihrem Beitrag (in diesem Band) z. B. eine Beobachtungssequenz aus einer Unterrichtsstunde zur Verkehrserziehung vor, in der die Drittklässler*innen Verkehrsschilder bestimmen sollen, die auf Hindernisse hinweisen. Im Gespräch über die Aufgabe diskutieren die beteiligten Schüler, dass auch ein Verkehrsschild an sich ein Hindernis sei, weil es im Weg stehe. Diese eigensinnige Deutung der bearbeiteten Aufgabe durch die Schüler verweist dabei auf die generationale Ordnung, die in der Differenz von Schüler*innen- und Lehrer*innenperspektiven liegt. Erst der Blick auf den Interaktionsprozess im

Beobachtungsprotokoll ermöglicht, die Interpretation der Schüler zu entdecken und zu verstehen.

Aufgabenbezogene Interaktionsprozesse sind gekennzeichnet durch Eigendynamik, Eigensinn und Situiertheit und deswegen nur bedingt plan- oder vorhersehbar; sie produzieren situative Praktiken der Aufgabenbearbeitung. Unterschätzt wird häufig ihre Komplexität, denn im Interaktionshandeln werden Bedeutungen ausgehandelt, die in einer spezifischen Situation im institutionell geprägten unterrichtlichen Kontext entstehen und durch die Anwesenden gemeinsam hergestellt werden. Auch wenn es vorhergehende genaue Unterrichtsplanungen gibt, können Interaktionsprozesse nur bedingt vorausgesagt werden und sind doppelt kontingent.[7] Die Lehrperson weiß nicht, wie die Schüler*innen handeln werden, und die Schüler*innen wissen nicht, wie die Lehrperson handeln wird. Alle Beteiligten handeln situativ und unvorhersehbar. Das Geschehen ist eingebettet in die Spannung von Organisation und Interaktion und ist zugleich durch eine weitere Spannung gekennzeichnet, die zwischen den Polen *Prozess- und Zielorientierung* liegt (vgl. de Boer 2015: 30 ff.). Handeln ist flüchtig, situativ, nur bedingt planbar und erfordert in Lehr-Lernkontexten sowohl eine Ziel- als auch eine Prozessorientierung. Hieraus ergeben sich besondere Herausforderungen für pädagogische Fachkräfte und Lehrer*innen. Von ihnen werden curricular eingebettete und an fachlichen Kompetenzen orientierte Unterrichtsplanungen, zugleich aber auch eine an situativen Prozessen orientierte Handlungsflexibilität erwartet.

Eine im dargelegten Sinne an der Rekonstruktion von Praktiken und an Verstehen interessierte Forschungsperspektive erlangt durch den Fokus auf *Mikroprozesse* eine tiefere Dimension. In den Blick gerät die Aufgabenbearbeitung in der interaktiven Herstellung und das damit verbundene Verstehen oder Nichtverstehen sowie eigensinniges Deuten und Ko-Konstruieren der Beteiligten. Damit kann ein wichtiger Beitrag zur Ausdifferenzierung einer fachdidaktischen Diagnostik geleistet werden.

Literatur

Adamina, Marco (2013): Mit Lernaufgaben grundlegende Kompetenzen fördern. In: Labudde, Peter (Hrsg.): Fachdidaktik Naturwissenschaft 1.–9. Schuljahr. Bern, Stuttgart, Wien: Haupt, S. 117–132.

[7] *Kontingent* bedeutet *ungewiss* und ist für Luhmann ein zentraler Begriff, der die unterrichtliche Kommunikation kennzeichnet (Luhmann 2000: 102 ff.).

Aufschnaiter, Claudia von/Cappell, Janine/Dübbelde, Gabi/Ennemoser, Marco/Mayer, Jürgen/Stiensmeier-Pelster, Joachim/Sträßer, Rudolf/Wolgast, Anett (2015): Diagnostische Kompetenz: Theoretische Überlegungen zu einem zentralen Konstrukt der Lehrerbildung. Zeitschrift für Pädagogik 61, 5, S. 738–757.

Bayrhuber, Horst/Frederking, Volker/Abraham, Ulf/Jank, Werner/Rothgangel, Martin/Vollmer, Helmut Johannes (2018): Fachlichkeit im Horizont der Allgemeinen Fachdidaktik. In: Martens, Matthias/Rabenstein, Kerstin/Bräu, Karin/Fetzer, Marei/Gresch, Helge/Hardy, Ilonca/Schelle, Carla (Hrsg.): Konstruktionen von Fachlichkeit. Bad Heilbrunn: Klinkhardt, S. 42–54.

Bohl, Thorsten/Kleinknecht, Marc (2009): Aufgabenkultur. In: Blömeke, Sigrid/Bohl, Thorsten/Haag, Ludwig/Lang-Wojtasik, Gregor/Sacher, Werner (Hrsg): Handbuch Schule. Theorie – Organisation – Entwicklung. Bad Heilbrunn: Klinkhardt, S. 331–334.

de Boer, Heike (2015): Lernprozesse in Unterrichtsgesprächen. In: de Boer, Heike/Bonanati, Marina (Hrsg.): Gespräche über Lernen – Lernen im Gespräch. Wiesbaden: Springer VS Verlag, S. 17–37.

de Boer, Heike (2012): Pädagogische Beobachtungen. In: de Boer, Heike/Reh, Sabine (Hrsg.): Beobachtung in der Schule – Beobachten lernen. Wiesbaden: VS Verlag, S. 65–80.

de Boer, Heike/Braß, Benjamin/Heyl, Thomas/Merklinger, Daniela (2015): Lernprozessbeobachtung in der Lehrerbildung – Fachdidaktische Perspektiven und Herausforderungen. In: Liebers, Katrin et al. (Hrsg.): Lernprozessbegleitung und adaptives Lernen in der Grundschule. Wiesbaden: Springer VS, S. 237–259.

Bonnet, Andreas (2019): Die Rolle von Fachlichkeit für die Professionalität und Professionalisierung von Lehrer_innen – theoretische Überlegungen und empirische Befunde. ZISU – Zeitschrift für interpretative Schul- und Unterrichtsforschung 8, 1, S. 164–177.

Breidenstein, Georg (2018): Das Theorem der ‚Selektionsfunktion der Schule‘ und die Praxis der Leistungsbewertung. In: Reh, Sabine/Ricken, Norbert (Hrsg.): Leistung als Paradigma. Zur Entstehung und Transformation eines pädagogischen Konzepts. Wiesbaden: Springer VS, S. 307–327.

Breidenstein, Georg/Rademacher, Sandra (2017): Individualisierung und Kontrolle. Empirische Studien zum geöffneten Unterricht in der Grundschule. Wiesbaden: Springer VS.

Combe, Arno/Gebhard, Ulrich (2012): Verstehen im Unterricht. Zur Rolle von Phantasie und Erfahrung. Wiesbaden: VS-Verlag für Sozialwissenschaften.

Dudenredaktion (o. J.): Lernprozess. In: Duden online. URL: https://www.duden.de/rechtschreibung/Lernprozess, abgerufen am 10.05.2022.

Dudenredaktion (o. J.): Prozess. In: Duden online. URL: https://www.duden.de/rechtschreibung/Prozess, abgerufen am 10.05.2022.

Gesellschaft für Didaktik des Sachunterrichts (GDSU) (2013): Perspektivrahmen. Bad Heilbrunn: Klinkhardt.

Heinzel, Friederike (2012): Der Blick auf Kinder. In: de Boer, Heike/Reh, Sabine (Hrsg.): Beobachtung in der Schule – Beobachten lernen. Wiesbaden: Springer VL, S. 173–185.

Helsper, Werner (2016): Lehrerprofessionalität – der strukturtheoretische Ansatz. In: Rothland, Martin (Hrsg.): Beruf Lehrer/Lehrerin. Ein Studienbuch. Münster, New York: Waxmann, S. 103–125.

Hesse, Ingrid/Latzko, Brigitte (2017): Diagnostik für Lehrkräfte. 3. Aufl. Opladen: Barbara Budrich.

Ingenkamp, Karl-Heinz/Lissmann, Urban (2008): Lehrbuch der Pädagogischen Diagnostik. 6. Aufl. Weinheim: Beltz.

Jordan, Alexander/Baumert, Jürgen/Blum, Werner/Brunner, Martin/Kraus, Stefan/Kunter, Mareike/Löwen, Katrin/Neubrand, Michael/Ross, Nathalie (2006): Klassifikationsschema für Mathematikaufgaben: Dokumentation der Aufgabenkategorisierung im COACTIV-Projekt. Materialien aus der Bildungsforschung, Band (8). Berlin: Max-Planck-Institut für Bildungsforschung.

Jürgens, Eiko (2021): Leistung und Schule. Grundlegende Perspektiven und Spannungsfelder. In: Die Grundschulzeitschrift 2021, 325, S. 4–7.

Kleinknecht, Marc (2019): Aufgaben und Aufgabenkultur. In: Zeitschrift für Grundschulforschung 1/2019, 12, S. 1–14. DOI https://doi.org/10.1007/s42278-018-00035-2. https://www.researchgate.net/publication/330147498_Aufgaben_und_Aufgabenkultur [Zugriff: 06.10.21].

Last, Sandra (i. V.): Interaktive Aufgabenbearbeitung im sprachlichen Anfangsunterricht – eine videographische Studie über die Bearbeitung von Lese- und Schreibaufgaben in Klasse 1 (Arbeitstitel). Dissertation PH Ludwigsburg.

Luhmann, Niklas (2000): Organisation und Entscheidung. Wiesbaden: Springer VS.

Reh, Sabine (2018): Fachlichkeit, Thematisierungszwang, Interaktionsrituale. Plädoyer für ein neues Verständnis des Themas von Didaktik und Unterrichtsforschung. In: Zeitschrift für Pädagogik 64, 1, S. 61–70.

Reh, Sabine/Fritzsche, Bettina/Idel, Till-Sebastian/Rabenstein, Kerstin (Hrsg.) (2015): Lernkulturen: Rekonstruktion pädagogischer Praktiken an Ganztagsschulen. Wiesbaden: Springer VS.

Schatzki, Theodore R. (2001): Introduction. Practice Theory. In: Schatzki, Theodore/Knorr Cetina, Karin/v. Savigny, Eike (Hrsg.): The practice turn in contemporary theory. London/New York: Routledge, S. 1–14.

Schiefele, Christoph/Streit, Christine/Sturm, Tanja (2019): Pädagogische Diagnostik und Differenzierung in der Grundschule. Mathe und Deutsch inklusiv unterrichten. München: Reinhardt Verlag.

Schomaker, Claudia/Tänzer, Sandra (2020): Lernaufgaben konstruieren. In: Tänzer, Sandra/Lauterbach, Roland/Blumberg, Eva/Grittner, Frauke/Lange, Jochen/Schomaker, Claudia (2020): Sachunterricht begründet planen. Das Prozessmodell Generativer Unterrichtsplanung Sachunterricht (GUS) und seine Grundlagen. 2. vollst. überarbeitete Auflage. Bad Heilbrunn Klinkhardt, S. 241–263.

Tenorth, Heinz-Elmar/Tippelt, Rudolf (2007): Beltz Lexikon Pädagogik. Weinheim: Beltz.

Tulodziecki, G., Herzig, B., Blömeke, S. (2017): Gestaltung von Unterricht: Eine Einführung in die Didaktik. 3. überarb. u. erw. Aufl. München: UTB, S. 131–154.

Wagenschein, Martin (1999): Verstehen lehren. Genetisch – sokratisch – exemplarisch. Weinheim, Basel: Beltz.

Professionalisierung durch Beobachten

Daniela Merklinger

Zusammenfassung

Inwiefern die Arbeit mit videobasierten Beobachtungsprotokollen, die Aufgabenbearbeitungsprozesse von Schüler*innen dokumentieren, einen grundlegenden Beitrag zur Professionalisierung angehender Lehrkräfte leisten kann, ist Gegenstand des vorliegenden Beitrags. Dabei werden vier Bereiche der Professionalisierung unterschieden und vor dem Hintergrund eines strukturtheoretischen Professionalisierungsverständnisses diskutiert: die *Schulung des beobachtenden Blicks,* die *Reflexion der eigenen Deutungsroutinen,* die *Unterscheidung von beschreibendem und deutendem Sprachgebrauch* und – darauf aufbauend – die *Rekonstruktion aufgabenbezogener Aneignungsprozesse von Schüler*innen.* Gezeigt wird, wie die Professionalisierung durch Beobachten dazu führt, dass vermeintlich unwichtig erscheinende Schüler*innenhandlungen in den Aufmerksamkeitsfokus rücken, und so Handlungen gesehen und Leistungen rekonstruierbar werden, die sonst im Verborgenen bleiben.

D. Merklinger (✉)
Institut für deutsche Sprache und Literatur, Pädagogische Hochschule Ludwigsburg, Ludwigsburg, Deutschland
E-Mail: Daniela.merklinger@ph-ludwigsburg.de

H. de Boer et al. (Hrsg.), *Beobachten im fachdidaktischen Kontext,*
Edition Fachdidaktiken, https://doi.org/10.1007/978-3-658-35355-1_5

1 Einleitung

Ein professioneller beobachtender Blick und die Unterscheidung zwischen einem *zu*schreibenden und einem *be*schreibenden Sprachgebrauch sind eine wichtige Fähigkeit für (angehende) Lehrkräfte, die sich anfangs oft nicht darüber bewusst sind, wie sehr ihre Beobachtungen von ihren eigenen Erwartungen an ein vermeintlich wünschenswertes Verhalten von Schüler*innen geprägt sind. Einen wichtigen Zugang zur Professionalisierung bietet die Arbeit mit Beobachtungsprotokollen, in denen Mikroprozesse der Aufgabenbearbeitung festgehalten werden (vgl. de Boer 2012b). So ermöglicht die verschriftlichte Beobachtung in Form eines Protokolls einerseits, durch die Unterscheidung von beschreibender und deutender Sprache *auf eigene normative Vorstellungen und blinde Flecken* in der Wahrnehmung aufmerksam zu werden und diese der Reflexion zugänglich zu machen (vgl. de Boer 2012a; de Boer in diesem Band). Zugleich bieten. Beobachtungsprotokolle, die Prozesse der Aufgabenbearbeitung von Schüler*innen unter einer fachdidaktischen Perspektive detailgenau dokumentieren, eine wichtige Grundlage, aufgabenbezogene Aneignungsprozesse von Schüler*innen zu rekonstruieren und mögliche Anschlussaufgaben abzuleiten.

Das Koblenzer Modell: Professionalisierung durch Beobachten
Auf diese Weise wird im Rahmen der Koblenzer Projekte KONECS[1] und ALaDim-Deutsch[2] an der Professionalisierung angehender Lehrkräfte gearbeitet. Das „Koblenzer Modell: Professionalisierung durch Beobachten" (kurz: Koblenzer Modell) unterscheidet dabei vier Bereiche, in denen Studierende der Grundschulpädagogik sich professionalisieren können.

Ausgangspunkt ist jeweils die Beobachtung eines videographierten Aufgabenbearbeitungsprozesses, der im Anschluss detailgenau beschrieben wird. Das schriftliche Beobachtungsprotokoll, das entsteht, wird für die Studierenden dabei

[1] Im Rahmen von KONECS (Koblenzer Netzwerk CampusGrundschulen, Studienseminare und Kindertagesstätten) besuchen alle Bachelor-Studierenden zur Professionalisierung ihrer Beobachtungsfähigkeit verpflichtend das Teilmodul ‚Lernen Beobachten – Beobachten lernen' – als Grundlage für eine Diagnostik, die an individuellen Lernprozessen orientiert ist. Dort wird die aufgabenbezogene Lernprozessbeobachtung in der Arbeit mit den Studierenden grundgelegt (vgl. de Boer in diesem Band).

[2] ALaDim-Deutsch ist ein Teilprojekt des MoSAiK-Projektes (Modulare Schulpraxiseinbindung als Ausgangspunkt zur individuellen Kompetenzentwicklung) (vgl. Last und Merklinger 2019). MoSAiK wird im Rahmen der gemeinsamen „Qualitätsoffensive Lehrerbildung" von Bund und Ländern aus Mitteln des Bundesministeriums für Bildung und Forschung unter dem Förderkennzeichen 01JA1605 gefördert.

zum ‚Medium des Denkens', denn durch die Vergegenständlichung des Beobachteten in Form von Schriftzeichen auf dem Papier (oder auf dem Bildschirm), können in einem ersten Schritt *der beobachtende Blick, die eigenen Deutungsroutinen* und *der eigene Sprachgebrauch* der Reflexion zugänglich gemacht werden. Sind Studierende in der Lage, detailgenaue Beobachtungsprotokolle zu erstellen, werden auf dieser Basis *aufgabenbezogene Aneignungsprozesse von Schüler*innen rekonstruiert.* Diese Rekonstruktionen helfen einerseits zu verstehen, was Schüler*innen eigentlich tun, wenn sie Aufgaben bearbeiten, wie sie die an sie gestellte Aufgabe konstruieren und ko-konstruieren. Dabei können sich ungewöhnliche Zugänge zeigen und die Leistungen, die Schüler*innen bei der Aufgabenbearbeitung vollbringen, die auf den ersten Blick jedoch unsichtbar sind, für die Beobachter*in in der Rekonstruktion überhaupt erst sichtbar werden. Auf dieser Grundlage können dann auch geeignete Anschlussaufgaben ausgewählt und reflektiert werden, sodass die Rekonstruktion im Rahmen des oben genannten Modells zur Professionalisierung durch Beobachten an fachdidaktische Fragen rückgebunden wird.

Schulbezogene Ansätze der Professionsforschung

In der Forschung werden Professionalisierungsprozesse von Lehrkräften aus unterschiedlichen professionstheoretischen Positionen heraus beforscht. Idel et al. (2021: 16) unterscheiden im Hinblick auf die schulbezogene Professionsforschung *fünf Ansätze,* die ihren Fokus auf unterschiedliche Facetten des Lehrberufs richten: *der Persönlichkeitsansatz, der kompetenztheoretische Ansatz, der strukturtheoretische, der kulturtheoretische und der berufsbiographische Ansatz* (für einen grundlegenden Überblick vgl. ausführlich Idel et al.: 16–36). Während die ersten beiden Ansätze aus einer psychologischen Perspektive auf Professionalität blicken und mit quantitativen Methoden arbeiten, sind der struktur- und der kulturtheoretische Ansatz einer soziologischen Perspektive verpflichtet und verwenden qualitative Methoden, um den Gegenstand der Lehrer*innenprofessionalität zu erforschen (vgl. Idel et al. 2021: 16). Der berufsbiographische Ansatz hingegen integriert die psychologischen und die soziologischen Perspektiven und verknüpft forschungsmethodisch beide Richtungen (vgl. Idel et al. 2021: 17). Nachfolgend ist der strukturtheoretische Ansatz von Interesse, der das Lehrer*innenhandeln im Kern als Umgang mit unauflöslichen Spannungsfeldern begreift, die konstitutiv für pädagogisch-professionelles Handeln im Lehrberuf sind. Er liefert in diesem Beitrag die theoretische Folie, die sichtbar macht, inwiefern das Beobachten einen Beitrag zur Professionalisierung angehender Lehrkräfte leisten kann. Vor diesem theoretischen Hintergrund ist das oben skizzierte Koblenzer Modell entstanden.

2 Professionalisierung von Lehrkräften aus strukturtheoretischer Perspektive

Der strukturtheoretische Ansatz orientiert sich an einem soziologischen Zugang und wurde von Helsper (2002, 2021) im Anschluss an die professionstheoretischen Arbeiten von Oevermann für pädagogische Kontexte weiterentwickelt (vgl. Idel et al. 2021: 25). Helsper versteht Professionalität im Kern als Auseinandersetzung mit antinomischen Spannungsfeldern. So stehen im Zentrum seines Professionalisierungsansatzes *pädagogische Antinomien,* die er in seinen Studien empirisch rekonstruiert hat. Innerhalb einer Antinomie liegen Orientierungen für das professionelle pädagogische Handeln vor, die einander widersprechen. Idel et al. nehmen in ihrer Einführung folgende Begriffsklärung vor:

> „Antinomien sind Handlungsanforderungen, die sich wechselseitig ausschließen, aber dennoch gleichzeitig bestehen, die nicht auflösbar, sondern lediglich balancierbar sind. […] Pädagogische Antinomien sind in die Interaktionen mit den Schüler/innen eingeschrieben. Lehrpersonen können sie nicht hintergehen, eben weil sie auf der Strukturebene des institutionalisierten Handelns angesiedelt sind. Sie können nur reflexiv mit ihnen umgehen" (Idel et al. 2021: 26)

Der Umgang mit den Antinomien beruflichen Handelns stellt somit eine besondere Herausforderung für die Professionalität von Lehrkräften dar, die dadurch gekennzeichnet ist, wie es den Lehrkräften gelingt, die Widersprüchlichkeit immer wieder zu reflektieren, und auch, wie sie selbst darin verwoben sind, z. B. wenn sie darauf aufmerksam werden, dass Routinen, die sie im Schulalltag ausgebildet haben, den Blick auf die Besonderheit der einzelnen Schüler*in verstellen können.

Eine Antinomie ist dadurch bestimmt, dass sie zwei Pole[3] hat, die es im Unterrichtsalltag auszubalancieren gilt. An dieser Stelle können nicht alle Anti-

---

[3] Helsper (2021) unterscheidet zwei Formenkreise von professionellen Antinomien. Der erste Formenkreis resultiert aus Ambivalenzen in der Interaktion und gilt nicht nur in professionellen Kontexten (vgl. Helsper 2021: 168). Dazu gehören: Begründungsantinomie (Begründungsverpflichtung – Handlungszwang); Praxisantinomie (praktisches Handeln – theoretisch-reflexives Handeln); Subsumptionsantinomie (Rekonstruktion – Subsumption); Ungewissheitsantinomie (Vermittlungsabsicht – Aneignung); Symmetrieantinomie (Machtüberhang Lehrkraft – Augenhöhe mit Schüler*innen) (vgl. Helsper 2021: 168 ff.).

Davon zu unterscheiden ist der zweite Formenkreis, der aus zwei sich widersprechenden Orientierungen resultiert, und zwar einer diffus auf die ganze Person bezogenen und in der Linie persönlicher Beziehung stehenden Orientierung einerseits und einer eher distanzierten und rollenförmigen Orientierung andererseits (vgl. Helsper 2021: 168). Dazu gehören: Näheantinomie (Distanz – Nähe); Sachantinomie (Sachlogik – Schüler*innenorientierung); Differenzierungsantinomie (Differenzierung – Gleichbehandlung); Organisationsantinomie (Organisatorische Routinen – Kommunikative Offenheit); Autonomieantinomie (Selbstständigkeit – Unterstützungsbedürftigkeit) (vgl. Helsper 2021: 171 f.).

nomien ausführlich erläutert werden (vgl. dazu den Überblick bei Helsper 2021: 166 ff.). Vielmehr sollen drei Antinomien benannt werden, in deren Kontext sich die aufgabenbezogene Lernprozessbeobachtung bewegt:

1. Die ‚*Sachantinomie*' betrifft das Spannungsfeld zwischen ‚Sachlogik' und ‚Schüler*innenorientierung', d. h. eine Orientierung an den fachsystematischen Bezügen des Lerngegenstandes und den individuellen Zugängen der Schüler*innen (vgl. Helsper 2002: 84). Denn Lehrkräfte sind einerseits „Sachwalter des Faches, der Fachsprache und der Fachsystematik, die sie gegenüber den Schülern zur Geltung bringen und vertreten müssen" (Helsper 2016: 119). Zugleich ist der Blick auf die Lerner*innen und ihre je individuellen Aneignungsprozesse erforderlich. Dabei laufen Lehrkräfte immer Gefahr, zu stark an einem der beiden Pole orientiert zu sein: Bei zu starker Fokussierung auf die Sache, kann die Vermittlung gegenüber der Person (Schüler*in) scheitern. Eine zu starke Orientierung an der Schüler*in kann hingegen zum Verlust der Sachlogik führen.
2. Die ‚*Subsumptionsantinomie*' meint das Spannungsfeld von ‚Rekonstruktion' und ‚Subsumption'. Sie macht auf die Notwendigkeit aufmerksam, den beobachteten Einzelfall unter die eigene Erfahrungslogik unterzuordnen (zu subsumieren), um hinsichtlich der Komplexität des Unterrichtsgeschehens handlungsfähig zu bleiben. Andererseits warnt sie davor, unzulässige Typisierungen vorzunehmen, die dem Einzelfall nicht gerecht werden (vgl. Helsper 2002: 78). Helsper fasst den Widerspruch wie folgt: „Obwohl professionelles Handeln der gesicherten Routinen bedarf, erfordert es zugleich eine bewusste Haltung der Skepsis gegenüber jeder Routine" (Helsper 2002: 79).
3. Die ‚*Ungewissheitsantinomie*' bezeichnet die Differenz zwischen ‚Vermittlungsversprechen' der Lehrkraft und ‚struktureller Ungewissheit' in Bezug auf die Aneignung der Schüler*innen. Das Spannungsfeld besteht darin, dass Lehrkräfte auf der einen Seite zusichern müssen, Bildung und Wissen zu vermitteln, zugleich sind „Lernerfolg oder bildende Auseinandersetzung mit einem Inhalt immer nur durch nicht einseitig steuerbare Interaktionen unter Mitwirkung des Schülers möglich" (Helsper 2002: 80). Ob und wie sich die Schüler*innen einen angebotenen Lerninhalt aneignen, und was sie sich in diesem Zusammenhang aneignen, steht in keinem direkten Zusammenhang zur Vermittlungsabsicht durch die Lehrkraft. Schüler*innen lernen also nicht unbedingt das, was Lehrkräfte beabsichtigen, wenn sie eine Aufgabe konzipieren, der Ausgang bleibt immer ungewiss.

Unabhängig davon, wie sehr sich Lehrer*innen auch anstrengen mögen, sie können diese Antinomien nicht auflösen. Sich dieser Spannungsfelder bewusst zu sein und situativ möglichst angemessen mit ihnen umzugehen, ist hingegen Teil des Professionalisierungsprozesses und ein Ausdruck pädagogischer Professionalität. Damit dieser Professionalisierungsprozess gelingen kann, ist „eine gesellschaftliche Perspektive der Erzeugung und sozialen Institutionalisierung der Grundlagen für Professionalität" (Helsper 2021: 57) zentral. Helsper sieht die erste Phase der Lehrer*innenbildung an Hochschulen und Universitäten als geeigneten Ort, um den individuellen und biographischen Professionalisierungsprozess zu begleiten (vgl. Helsper 2021: 57). Bezogen auf den Kontext des Beobachtens (wie oben dargestellt), stellt sich die Frage, welche Ansätze zur Professionalisierung es an deutschen Hochschulen gibt, die mit Beobachtungsprotokollen arbeiten.

3 Hochschuldidaktische Ansätze zur Professionalisierung durch Beobachten

Im universitären Kontext sind in den letzten Jahren mit der Einführung des Praxissemesters, aber auch im Zuge der Qualitätsoffensive Lehrerbildung und darüber hinaus, viele verschiedene Projekte und Konzeptionen entstanden, die im Rahmen der Professionalisierung von Lehrkräften mit Beobachtungen und ausformulierten Beobachtungsprotokollen arbeiten. Alle Projekte, die nachfolgend aufgeführt werden, folgen wie die aufgabenbezogene Lernprozessbeobachtung einem qualitativ-rekonstruktiven Paradigma, legen als Professionstheorie aber nicht unbedingt den strukturtheoretischen Professionalisierungsansatz zu Grunde. Auswahlkriterium für die Projekte sind hier somit 1. die Arbeit mit ausformulierten Beobachtungsprotokollen und 2. die qualitativ-rekonstruktive Vorgehensweise.

So gibt es eine Reihe von insbesondere *schulpädagogischen* und *erziehungswissenschaftlichen Ansätzen,* die die ethnographische Beobachtung zu Grunde legen, bei der Studierende im Unterricht die Perspektive der teilnehmenden Beobachter*in einnehmen. Ziel dabei ist, dass Studierende im Studium sukzessive eine ethnographische Haltung aufbauen, die „sowohl (Selbst)Reflexivität in der Unterrichtspraxis als auch wissenschaftliche Reflexivität fördert" (Tervooren 2019: 209). Bei dieser Form ethnographisch ausgerichteten Forschenden Lernens (Tervooren 2019: 199) steht die Herstellung sozialer Praktiken im Unterricht, u. a. auch die Produktion von Differenz in pädagogischen Feldern, im Fokus (vgl. Tervooren 2019: 216 f.). Exemplarisch für universitäre Projekte, die mit teilnehmender Beobachtung arbeiten, seien hier diese benannt: Das hallesche Projekt der

Qualitätsoffensive Lehrerbildung „Kasuistische Lehrerbildung für den inklusiven Unterricht (KALEI)" (Breidenstein et al. 2020) und die Hamburger Forschungswerkstatt „Forschen und lernen an authentischen Fällen aus der inklusiven Praxis" (Paseka und Kuckuck 2020); eine Bielefelder Seminarkonzeption, die Studierende zum Thema Bildungsgerechtigkeit professionalisiert (te Poel 2020); die Bielefeld School of Education, die Praxisreflexion in der Lehrer*innenbildung u. a. durch Beobachtung erreichen möchte (Schweitzer 2019)[4]; ein Kooperationsprojekt zwischen dem Studienseminar Oldenburg und den Universitäten Oldenburg und Münster, bei dem Reflexionsmethoden zu Unterrichts- und Selbstbeobachtungen für den phasenübergreifenden Einsatz entwickelt werden (Junghans und Feindt 2020).

Seltener wird in *fachdidaktisch ausgerichteten Professionalisierungsprojekten* mit Beobachtungsprotokollen gearbeitet. So stellen Breidenstein und Tyganovora (2020) fest, dass praxeologisch ausgerichtete Analysen[5] zwar Vollzugslogiken und pragmatische Orientierungen in der Unterrichtspraxis in den Blick nehmen, dass sie aber didaktischen Ambitionen gegenüber indifferent bleiben (vgl. Breidenstein und Tyganovora 2020: 203; vgl. Einleitung in diesem Band). Das Bielefelder Projekt „Ethnographische Methoden in der Sprachdidaktik" (Kern 2020) der Qualitätsoffensive Lehrerbildung folgt dieser Ausrichtung. Das Projekt macht das ethnographische Beobachten zum Kern Forschenden Lernens und legt dabei das Hauptaugenmerk auf „fachliche Lehr-Lern-Prozesse" im Deutschunterricht der Grundschule (Stövesand 2019: 41). Studierende nehmen als Beobachter*innen am Deutschunterricht in der Grundschule teil und erstellen auf Basis ihrer Feldnotizen gemeinsam ausführliche Beobachtungsprotokolle zu Situationen, in denen sprachdidaktische Gegenstände zwischen Lehrer*in und Schüler*innen verhandelt werden. Erforscht wird auf der Basis von Kleingruppengesprächen, wie Studierende zu einem ethnographischen Fall kommen, und wie sie diesen Fall dann im Sinne eines professionellen Blicks unter linguistischer, sprachdidaktischer und pädagogischer Perspektive analysieren und kritisch reflektieren. Rekonstruiert werden „Praktiken der Relationierung und Kalibrierung von fachdidaktischem Wissen und beobachteter Erfahrung" (Kern 2020: 242).[6] So sollen die Chancen und Risiken ethnographischer Fallarbeit für die Entwicklung von fachdidaktischer Professionalität aufgezeigt werden (vgl. Kern

---

[4] Neben Informationen auf der Homepage gibt es hierzu nur die kurze Publikation von Julia Schweitzer (2019).

[5] In praxeologisch ausgerichteten Analysen werden Praktiken rekonstruiert. Mit Praktiken bearbeiten Schüler*innen situativ z. B. schulische Aufgaben.

[6] Im Zentrum des Projektes steht die Frage, wie Studierende „ihr fachwissenschaftliches und fachdidaktisches Wissen kritisch-reflexiv auf die beobachtete Praxis anwenden, indem sie

2020: 224). Die Frage nach der Relevanz der rekonstruierten Praktiken für weiterführende fachdidaktische Überlegungen wird nicht gestellt, die ‚didaktische Ambition' (vgl. Breidenstein und Tyganovora 2020: 203) bleibt in dieser Hinsicht offen.

Auch das „Koblenzer Modell: Professionalisierung durch Beobachten" folgt einer rekonstruktiven Logik. Anders als bei den zuvor skizzierten Ansätzen werden hier Mikroprozesse der Aufgabenbearbeitung fokussiert, die am Beispiel kurzer Videosequenzen unter fachdidaktischer Fragestellung beobachtet und von den Studierenden dokumentiert werden. Die aufgabenbezogene Lernprozessbeobachtung ist seit 2013 für alle Studierenden der Grundschulbildung im Bachelor verpflichtend curricular verankert. Im Fokus der Professionalisierung stehen dabei nicht nur der beobachtende Blick und der Gebrauch der beschreibenden Sprache, sondern auch die Reflexion der Begrenztheit der eigenen Wahrnehmungs- und Deutungsroutinen (vgl. z. B. de Boer 2012a, b, 2015; de Boer und Merklinger 2014). In einem zweiten Schritt werden Studierende darin professionalisiert, auf der Grundlage detailgenauer Beobachtungsprotokolle aufgabenbezogene Aneignungsweisen von Schüler*innen zu rekonstruieren, fokussiert auf Aufgaben aus dem Sach- und Deutschunterricht (vgl. z. B. Merklinger und Last 2019; de Boer 2019). Ziel ist, dass Studierende auch auf solche Handlungen und Äußerungen aufmerksam werden, deren Sinn ihnen auf den ersten Blick verborgen bleibt – als Grundlage für weiterführende didaktische Überlegungen und unterrichtliche Anschlussaufgaben. Neu an dieser Herangehensweise ist die Verknüpfung von Beobachtung, Rekonstruktion und fachdidaktisch ausgerichteter Analyse.

4 Professionalisierung im Kontext der aufgabenbezogenen Lernprozessbeobachtung

Schüler*innen zu beobachten und ihre Aneignungswege zu rekonstruieren bzw. diese verstehend nachzuvollziehen, ist eine zentrale Aufgabe von Lehrkräften. Das schüler*innenbezogene, diagnostische und didaktische Handeln von Lehrpersonen hängt von ihrem beobachtenden Blick ab (vgl. de Boer 2014: 266; vgl. de Boer in diesem Band). Beobachtungen sind in diesem Sinne sehr „wirkmächtig" (de Boer und Reh 2012: V), denn „in ihnen und mit ihnen werden Bilder von

deren (Nicht-)Passung – über Prozesse der Relationierung und Kalibrierung – diskursiv herstellen" (Kern 2020: 224). Es hat sich dabei u. a. gezeigt, dass die Studierenden teilweise mehr damit beschäftigt sind, dem beobachteten Lehrer*innenhandeln Sinn zu verleihen, als es kritisch unter fachlicher und fachdidaktischer Perspektive zu reflektieren (vgl. Kern 2020: 242 ff.).

Kindern und Jugendlichen erzeugt, vor deren Hintergrund pädagogisches Handeln stattfindet und pädagogische Entscheidungen gefällt werden" (vgl. de Boer und Reh 2012: V).

Gottuck et al. (2019) halten das Sehen – und damit auch das Beobachten – im pädagogischen Feld für einen Bereich, der der Professionalisierung bedarf. Dabei reicht es nicht, „eine bestimmte, professionsspezifische Sehpraxis zu entwickeln, also sehen zu lernen" (Gottuck et al. 2019: 11). Genauso wichtig ist die „Reflexion und Revision sowohl alltagskulturell als auch professionell bisher plausibler Deutungs- und Wahrnehmungsweisen – ein Verlernen bisherigen Sehens" (Gottuck et al. 2019: 11).

Damit ist ein Perspektivwechsel verbunden, der im Kern den Umgang mit Helspers *Ungewissheitsantinomie* betrifft: Ein Perspektivwechsel von der Lehrer*innenperspektive, die von der didaktischen Vermittlungsabsicht geprägt ist, hin zu den individuellen und kollektiven Aneignungsweisen der Schüler*innen.

Der nachfolgende Protokollausschnitt „Wie kommt der Honig in die Blumen?" ist ein Auszug aus einem etwas längeren Beobachtungsprotokoll, in dem dokumentiert ist, wie die Zweitklässlerinnen Marlene und Cara eine Gerbera untersuchen. Beide Schülerinnen haben eine Lupe (s. Abb. 1). Der Lehrer ist im Raum anwesend, aber nicht im Video zu sehen (vgl. ausführlich den Beitrag von

Abb. 1 Marlene (rechts) und Cara (links) untersuchen mit Lupen die Gerbera (Klasse 2) (© Marek Breuning; vgl. de Boer/Breuning in diesem Band)

de Boer/Breuning in diesem Band). Der ausgewählte Protokollausschnitt dient als Beispiel für den Prozess einer Aufgabenbearbeitung, auf den nachfolgend zur Konkretisierung allgemeiner Überlegungen zurückgegriffen wird.

Im Fokus der Beobachtung steht die fachdidaktische Frage: Wie untersuchen Marlene und Cara die Gerbera? Das Beobachtungsprotokoll dokumentiert die fachdidaktisch relevanten Tätigkeiten genauso wie die Äußerungen der Beteiligten detailgenau und sieht von Zuschreibungen ab (zu den Kriterien vgl. de Boer in diesem Band).

„Wie kommt der Honig in die Blumen?"

[...]

Aus dem Hintergrund ist die Stimme des Lehrers zu hören: „Du hast jetzt gerade gesagt, Marlene, die Bienen machen Honig aus den Blumen...". Marlene: „Ja, weil in den Blumen hier drin...". Während sie das sagt, hält sie kurz ihre Lupe an die Blüten und zeigt in die Mitte auf den Blütenstempel. Noch während Marlene spricht, sagt Cara: „Aber..." und fasst die Gerbera am Stiel an. Marlene spricht weiter: „Sind ja... Ähm... Ist ja Honig. Und dann nehmen die mit ihrem Mund das da rein...". Cara schaut Marlene an, während Marlene sagt: „So da einsaugen...". Sie zeigt mit ihren Händen auf ihren Mund: „Und dann, wenn die halt dann wieder da sind, dann...". An dieser Stelle ergänzt Cara Marlene und sagt: „Dann spucken die das aus (2 Sek Pause)". Mit „Ja" bestätigt Marlene Caras Ergänzung. Cara guckt auf die Gerbera und sagt: „Aber ich frag mich nur wa... wie der Honig in die Blumen reinkommt". Während sie spricht, hält sie die Lupe wieder vor die Blüte und schaut sie durch das Vergrößerungsglas an. Marlene lächelt und sagt: „Ja, wenn die wachsen, aber hää...". „Vielleicht ist das so von der Natur", sagt Cara. Sie senkt die Lupe he runter und schaut Marlene an. Marlene sagt: „Okay. Wir sprechen jetzt darüber. (kurze Pause) Das Thema heißt: ‚Wie kommt der Honig in die Blumen'". Marlene und Cara blicken sich an und Marlene fragt Cara: „Geeinigt?" Cara nickt; Marlene sagt: „Okay".

Auf der Grundlage eines solchen aufgabenbezogenen Beobachtungsprotokolls bzw. eines Protokollausschnitts kann der *Vollzug des Lernens* in den Blick rücken. Lernen wird so als interaktiver Prozess der Aushandlung von Bedeutung in seiner Prozesshaftigkeit rekonstruierbar (vgl. auch de Boer/Last in diesem Band). Der vorliegende Band zur Beobachtung im fachdidaktischen Kontext gibt dafür eine

Abb. 2 Koblenzer Modell: Professionalisierung durch Beobachten (© de Boer/Merklinger)

Reihe weiterer Beispiele aus dem Deutsch- und Sachunterricht (einschließlich der zu Grunde liegenden Videosequenzen).[7]

Inwiefern die Arbeit zum Beobachten zur Professionalisierung beiträgt, wird nachfolgend im Hinblick auf die vier Bereiche der Professionalisierung durch Beobachten erläutert, die im Rahmen des Koblenzer Modells vorgestellt wurden (vgl. Abb. 2). Jeder Bereich wird in seiner Bedeutung für ein professionelles Handeln in den Spannungsfeldern der Sach- und Substitutionsantinomie diskutiert und, wo es sinnvoll erscheint, auf den Protokollausschnitt von Cara und Marlene beispielhaft bezogen.

[7] Für weitere Beispiele zu deutschdidaktischen, sachunterrichtlichen, vereinzelt auch zu mathematischen Aufgabenstellungen vgl. z. B. Last 2021a, b; de Boer 2019; de Boer und Braß 2019; Merklinger und Last 2019; de Boer und Merklinger 2016; Merklinger 2016; de Boer et al. 2015; Last i.V.

4.1 Professionalisierung des beobachtenden Blicks

Der professionelle beobachtende Blick im Sinne des ‚Sehen Lernens' zeichnet sich durch eine hohe Detailgenauigkeit aus – im Prozess der Beobachtung genauso wie in der schriftlichen Dokumentation des Aufgabenbearbeitungsprozesses. Mit Blick auf Helspers strukturtheoretischen Professionalisierungsansatz lässt sich der beobachtende Blick innerhalb der *Subsumptionsantinomie* am *Pol der Rekonstruktion* verorten, denn diese Art des Beobachtens ist am Verstehen der Logik des Einzelfalles interessiert. Voraussetzung dafür ist eine detailgenaue Beobachtung. Für eine solche Professionalisierung des beobachtenden Blicks bieten Beobachtungskriterien eine wichtige Orientierung (vgl. de Boer in diesem Band):

- Jede Beobachtung braucht eine Beobachtungsfrage, die auf den Prozess der Aufgabenbearbeitung gerichtet ist. Im obigen Beispiel ist das die fachdidaktische Frage: *Wie untersuchen Marlene und Cara die Gerbera?*
- Der jeweilige (fachdidaktische) Beobachtungsfokus entscheidet darüber, was aus der Vielfalt der wahrnehmbaren Handlungen und Äußerungen im Rahmen des Aufgabenbearbeitungsprozesses ausgewählt und im Beobachtungsprotokoll beschrieben wird.

Der Beobachtungsfokus strukturiert somit nicht nur den Beobachtungsprozess, sondern auch den Schreibprozess beim Verfassen des Beobachtungsprotokolls (vgl. Merklinger in diesem Band). Und auch dem Anspruch an Detailgenauigkeit muss sich die Beobachter*in zweifach stellen: zuerst beim Beobachten, dann beim Protokollieren des Beobachteten. Nur dann kann eine außenstehende Leser*in den Verlauf des Aufgabenbearbeitungsprozesses anhand des Beobachtungsprotokolls auch nachvollziehen. Ein Satz wie *Marlene und Cara untersuchen die Blüte einer Gerbera mit der Lupe und fragen sich, wie der Honig in die Blumen kommt,* würde diesem Anspruch nicht gerecht. Denn der Prozess, wie Marlene und Cara konkret vorgehen, wenn sie die Gerbera untersuchen, welches Vorwissen und welche Vorstellungen sie versprachlichen und wie sich daraus in der gemeinsamen Interaktion die anspruchsvolle Frage der Schülerinnen entwickelt, wie der Honig in die Blumen kommt, wäre in diesem Satz nur unzureichend erfasst. Die wesentlichen Details entfalten sich erst in der wörtlichen Interaktion.

4.2 Professionalisierung durch Reflexion des eigenen Sprachgebrauchs

Die Professionalisierung des beobachtenden Blicks ist unmittelbar mit der Professionalisierung des eigenen Sprachgebrauchs verbunden. Damit ist eine Sensibilisierung für *eine Unterscheidung zwischen beschreibendem und deutendem bzw. zuschreibendem Sprachgebrauch* gemeint (in dem Wissen, dass Beschreibungen immer auch Deutungen enthalten). Wenn Studierende selbst verfasste Beobachtungsprotokolle auf Formulierungen befragen, die etwas benennen, das nicht an beobachtbaren Handlungen oder an Äußerungen der Beteiligten festzumachen ist, können sie auf eigene subjektive Deutungen aufmerksam werden. So hat eine Evaluation der Protokolle von Studierenden gezeigt, dass die Verwendung von zuschreibenden Formulierungen vom ersten zum letzten Protokoll im Semester deutlich abnimmt (vgl. de Boer und Braß 2019: 228 f.).

Im Sinne der *Subsumptionsantinomie,* die einerseits auf die Notwendigkeit aufmerksam macht, den Einzelfall unter die eigene Erfahrungslogik unterzuordnen, um handlungsfähig zu bleiben, andererseits vor unzulässigen Verallgemeinerungen warnt, die dem Einzelfall nicht gerecht werden, ist die Professionalisierung des eigenen Sprachgebrauchs dem *Pol der Rekonstruktion* nahe. Die beschreibende Dokumentation des Beobachteten ist gleichsam Voraussetzung dafür, aufgabenbezogene Zugänge von Schüler*innen sehen und rekonstruieren zu lernen.

Zugleich ist die Verschriftlichung des Beobachtungsprotokolls mehr als eine einfache Übersetzung der Aspekte des Beobachteten in beschreibende Sprache. Denn der Transformationsprozess vom Gedanken zur geschriebenen Sprache geht mit der Herausforderung einher, überhaupt Worte zu finden, die das Beobachtete angemessen in Sprache fassen (vgl. Merklinger in diesem Band; de Boer und Merklinger 2014). Die Differenz zwischen der Fülle des sinnlich Wahrnehmbaren und der Begrenztheit dessen, was in einem Beobachtungsprotokoll sprachlich fassbar ist, kann so nicht nur auf die Grenzen des Beschreibbaren, sondern auch auf die Grenzen der eigenen Wahrnehmung aufmerksam machen.

4.3 Professionalisierung durch Reflexion der eigenen Deutungsroutinen

Die Arbeit an Beobachtungsprotokollen zu videographierten Aufgabenbearbeitungsprozessen kann im Wechselspiel von Beobachten – Schreiben – Reflexion des Geschriebenen helfen, im Spannungsfeld von Beobachtung und Selbstbeobachtung den eigenen impliziten Vorannahmen auf die Spur zu kommen und auf eigene blinde Flecken aufmerksam zu werden (vgl. de Boer 2012a, b). Beobachtungen erfolgen immer unter einem bestimmten Beobachtungsfokus, d. h., sie sind das Produkt selektiver Wahrnehmungen. Sich diese Subjektivität bewusst zu machen und die spontanen Deutungen und Zuschreibungen, die im Alltag schnell gemacht sind, in der Schwebe zu halten, ist durch die Arbeit am Beobachtungsprotokoll ganz anders möglich als in der Flüchtigkeit der beobachteten Situation.

Bezogen auf das obige Beispiel von Marlene und Cara, könnte ein Protokoll, das auch Deutungen und Zuschreibungen enthält, Marlene als eine Schülerin darstellen,

- die die falsche Vermutung äußert, dass in den Blumen Honig enthalten ist, und nicht weiß, dass es sich um Nektar handelt
- die glaubt, dass Bienen einen „Mund“ haben, mit dem sie Honig aus der Blüte „einsaugen“
- die glaubt, dass der Honig entsteht, wenn die Blüten wachsen und
- die keine Fachsprache verwendet (z. B. sagt sie Blumen statt Blüte, Honig statt Nektar, Mund statt Rüssel).

Cara könnte als eine Schülerin dargestellt werden,

- die die falsche Vermutung hat, dass Bienen den eingesaugten Honig „ausspucken“ und so Honig entsteht
- die eine Frage stellt, die zeigt, dass sie die falsche Vorstellung hat, dass Honig von außen in die Blüte „reinkommt“.

Durch eine solche Bewertung des Beobachteten ginge verloren, was die Schüler*innen bei der Untersuchung der Gerbera leisten: ihr Interesse an, ihr Vorwissen über und ihre Vorstellungen von der Honigproduktion. De Boer und Breuning zeigen mit Bezug auf Brinkmanns Kompetenzmodell zur Analyse von Schüler*innenfragen, dass die Frage (Wie kommt der Honig in die Blumen?), die die beiden Schülerinnen ko-konstruieren, sehr anspruchsvoll ist, denn sie fragen im Grunde genommen nach einem Konzept: *„Wie hängt der Aufbau der Blüte mit der Honigproduktion zusammen?“* (de Boer/Breuning in diesem Band).

Diese beispielhaft aufgeführten Zuschreibungen (s. o.), die auch in Protokollen (besonders am Anfang des Beobachten Lernens) vorkommen, sagen mehr über die normativen Vorstellungen der jeweiligen Beobachter*innen aus (wie sie denken, dass Marlene und Cara idealerweise handeln sollten), als darüber, wie die beiden Zweitklässlerinnen bei der Untersuchung der Gerbera tatsächlich vorgehen. Es geht also darum, alltägliche und oft beiläufig produzierte Sinnzuschreibungen, die im schulischen Kontext auch zu Festschreibungen führen, zu hinterfragen. Eine Festschreibung wäre in diesem Fall, Marlene und Cara z. B. als Schülerinnen zu kategorisieren, die kaum Fachbegriffe verwenden, die naive Vorstellungen von der Honigproduktion haben und naive Fragen stellen.

Auf diese Weise trägt die Reflexion der eigenen Deutungsroutinen auch dazu bei, die Beobachter*innen für Prozesse der Konstruktion von Differenz und sozialer Ordnung zu sensibilisieren. Das ist entscheidend, denn im schulischen Alltag entwickeln Lehrkräfte pädagogische Normen und Maßstäbe, an denen sie die Wertigkeiten von Schüler*innentätigkeiten messen, die Etikettierungen von Schüler*innen nach sich ziehen und den Blick darauf verstellen können, welche Handlungen Schüler*innen tatsächlich vollziehen und welche Leistungen sie dabei erbringen (vgl. de Boer et al. 2015: 237).

Die Beobachtung der eigenen Routinen, die sich im geschriebenen Beobachtungsprotokoll gleichsam materialisieren, kann (angehende) Lehrkräfte so vor allem für das Spannungsfeld zwischen den Polen der Subsumption und der Rekonstruktion sensibilisieren. Denn die normativen Vorstellungen und Erwartungen, auf die die Beobachter*in durch den „Blick auf sich selbst“ (de Boer 2012a) anhand ihres selbstverfassten Beobachtungsprotokolls aufmerksam werden kann (z. B., dass Schüler*innen Fachbegriffe verwenden sollten, wenn sie ihre Vorstellungen äußern; dass sie präzise Fragen formulieren sollten; dass Aufgaben zügig und zielgerichtet gelöst werden sollten), folgen einer Subsumptionslogik.

Die Chance der aufgabenbezogenen Lernprozessbeobachtung besteht darin, entlastet von der Handlungssituation des Unterrichtens auf solche Eigenlogiken, die im Alltag auch dafür sorgen, handlungsfähig zu bleiben, aufmerksam zu werden, und eine bewusste Haltung aufzubauen, die immer wieder skeptisch auf solche Routinen sieht und sie hinterfragt (vgl. Helsper 2002: 79).

4.4 Professionalisierung durch die Rekonstruktion aufgabenbezogener Aneignungsprozesse

Auf der Basis von Beobachtungsprotokollen aufgabenbezogene Zugänge von Schüler*innen an der Schnittstelle von Fachlichkeit und Prozesshaftigkeit des Lernens zu rekonstruieren, ist ein wesentliches Anliegen des oben skizzierten Modells.

Die Rekonstruktion des Aufgabenbearbeitungsprozesses bewegt sich dabei auch im Spannungsfeld von Sachlogik und Schüler*innenorientierung, das Helsper als *Sachantinomie* bezeichnet (s. o.). Um fachliche Rückschlüsse aus beobachteten und dokumentierten Aufgabenbearbeitungsprozessen von Schüler*innen ziehen zu können, ist einerseits der Blick auf den fachlichen Gegenstand erforderlich. Im obigen Beispiel von Cara und Marlene sind das einerseits die Bestandteile der Blume Gerbera. Vor dem Hintergrund der Frage, die die Schülerinnen gemeinsam entwickeln, sind zudem die Nektarproduktion in der Blüte und der zoophile Bestäubungsprozess von Bedeutung. Andererseits gilt es – und das macht das Spannungsfeld aus – im Sinne der Schüler*innenorientierung die Zugänge und Perspektiven der Schülerinnen im Blick zu behalten. Im obigen Beispiel bedeutet das, die Vorstellungen von der Honigproduktion im Sinne eines phänomenbezogenen Vorwissens der Schüler*innen zu deuten, die in der Ko-Konstruktion einer komplexen Frage münden (vgl. ausführlich de Boer/Breuning in diesem Band). Bezogen auf dieses Spannungsfeld besteht die Chance der aufgabenbezogenen Lernprozessbeobachtung darin, den Zugang von Schüler*innen vor dem Hintergrund einer fachwissenschaftlichen Erklärungsfolie in *slow motion* nachzuvollziehen. Das ist die Voraussetzung dafür, die Komplexität der Frage, die die Schülerinnen ko-konstruieren, überhaupt verstehen zu können – und damit die Bedeutung, die die Schülerinnen der an sie gestellten Aufgabe geben (Nähe Pol der Schüler*innenorientierung).

Fachwissen erweitert also den Verstehens- und Deutungshorizont im Zuge der didaktisch ausgerichteten Rekonstruktion, weil es zur Fokussierung des beobachtenden Blicks auf fachlich relevante Details führt. Doch hier zeigt sich ein neues Dilemma, denn Fachwissen kann gleichzeitig auch den Blick auf den Prozess verstellen. So arbeitet Braß (i.V.) in einer Interviewstudie mit Studierenden, die Seminare zur Professionalisierung des Beobachtens besucht haben, unter der Überschrift „Fachliche Fokussierung und Verengung" einen interessanten Zusammenhang heraus (Braß i.V.: 197): Das Fachwissen der Studierendenkann kann zwar dazu beitragen, dass sie fachlich fokussierter beobachten. Diese Fokussierung kann aber auch zu einer Verengung führen und den Blick auf den Prozess verhindern. Auf diese Differenz von ergebnis- und prozessorientiertem Beobachten werden die Studierenden in ihrem Selbstreflexionsprozess im Interview aufmerksam (vgl. Braß i.V.: 197 ff.).

5 Schlussgedanken: Mikroprozesse der Aufgabenbearbeitung und Professionalisierung

Die Besonderheit des hier vorgestellten Koblenzer Modells ‚Professionalisierung durch Beobachten‘ besteht in der Verbindung von Beobachtung, Rekonstruktion und fachdidaktischer Analyse von Mikroprozessen der Aufgabenbearbeitung. Am Ende der Analysen steht somit nicht allein die Rekonstruktion aufgabenbezogener Aneignungsweisen von Schüler*innen. Vielmehr werden die Rekonstruktionen als Grundlage für weiterführende fachdidaktische Überlegungen genutzt und so schließt sich der Kreis zur Unterrichtspraxis, in der die Szenen videographiert wurden. D. h., die „didaktischen Ambitionen“, denen gegenüber praxeologisch ausgerichtete Studien in der Regel indifferent bleiben (vgl. Breidenstein und Tyganovora 2020: 203; vgl. Einleitung in diesem Band), sind hier von der videographierten Erhebungssituation im Klassenzimmer über die Rekonstruktion der Zugänge von Schüler*innen bis hin zur Entwicklung möglicher Anschlussaufgaben gegeben.

In diesem Prozess werden Studierende besonders herausgefordert, ein tief verankertes Subsumptionsdenken hinter sich zu lassen. Denn erworbene Routinen, Kategorisierungen und habitualisierte Deutungsmuster geben Sicherheit und helfen, in der Komplexität des (Schul-)Alltags zurecht zu kommen. Der detailgenaue Blick auf Schüler*innen und auf Mikroprozesse des Unterrichts verlangt das Gegenteil: Er will Routinen in Frage stellen und auf die Besonderheit des Einzelfalls aufmerksam machen.

So betrachtet Helsper eine „bewusste Haltung der Skepsis gegenüber jeder Routine“ als wichtigen Teil beruflicher Professionalität (Helsper 2002: 79). Eine in diesem Sinne professionelle Haltung zu erlangen, erfordert Übung, für die das vorliegende Buch eine Auswahl an Anwendungsbeispielen von Mikroprozessen der Aufgabenbearbeitung anbietet (vgl. Kap. 2 (Sachunterricht) und Kap. 3 (Deutschunterricht)). Ausgehend von den dazugehörigen Videosequenzen von interaktiven Prozessen der Aufgabenbearbeitung zwischen Schüler*innen, lassen sich alle hier vorgestellten Bereiche der Professionalisierung durch Beobachten vertiefen: der beobachtende Blick, die eigenen Deutungsroutinen, der eigene Sprachgebrauch und – darauf aufbauend –, die Rekonstruktion aufgabenbezogener Aneignungsweisen von Schüler*innen.

Literatur

de Boer, Heike (2019): Forschungsorientiert Lernen durch Beobachten, Dokumentieren und Analysieren sachunterrichtlicher Szenen. In: Schiefner-Rohs, Mandy/Favella, Gianpiero/Herrmann, Ann-Christin (Hrsg.): Forschungsnahes Lehren und Lernen in der Lehrer*innenbildung. Berlin u. a.: Peter Lang, S. 229–246.

de Boer, Heike (2015): Beobachten lernen – Lernen Beobachten: phasenübergreifendes Professionalisieren für inklusive Praxis. In: Urban, Michael/Schulz, Marc/Meser, Kapriel/Thoms, Sören (2015): Inklusion und Übergang. Perspektiven der Vernetzung von Kindertageseinrichtungen und Grundschulen. Bad Heilbrunn: Klinkhard Verlag, S. 198–214.

de Boer, Heike (2014): Für inklusive Praxis professionalisieren. In: Peters, Susanne/Widmer-Rockstroh, Ulla (Hrsg.): Gemeinsam unterwegs zur inklusiven Schule. Frankfurt am Main: Grundschulverband, S. 265–275.

de Boer, Heike (2012a): Der Blick auf sich selbst. In: de Boer, Heike/Reh, Sabine (Hrsg.): Beobachten in der Schule – Beobachten lernen. Wiesbaden: VS Verlag, S. 215–225.

de Boer, Heike (2012b): Beobachtung und Professionalisierung. In: de Boer, Heike/Reh, Sabine (Hrsg.): Beobachten in der Schule – Beobachten lernen. Wiesbaden: Springer VS Verlag, S. 301–310.

de Boer, Heike/Braß, Benjamin (2019): Beobachten Lernen im Kontext universitärer Lehrer*innenbildung. In: Gottuk, Susanne/Grünheid, Irina/Mecheril, Paul/Wolter, Jan (Hrsg.): ‚Sehen (ver)lernen' – das Potential qualitativer Forschung für die Entwicklung pädagogischer Professionalität. Wiesbaden: Springer VS Verlag, S. 221–238.

de Boer, Heike/Merklinger, Daniela (Hrsg.) (2016): Beobachten. Das Können in den Blick nehmen. In: Die Grundschulzeitschrift, Heft 292/293.

de Boer, Heike/Merklinger, Daniela (2014): Grenzen erfahren – Grenzen erweitern. Beobachten lernen in der Lehrerbildung. In: Lohfeld, Wiebke/Schittler, Susanne (Hrsg.): Grenzverhältnisse. Perspektiven auf Bildung in Schule und Theater. Weinheim: Juventa, S. 156–176.

de Boer, Heike/Reh, Sabine (2012): Beobachten in der Schule – Beobachten lernen. In: de Boer, Heike/Reh, Sabine (Hrsg.): Beobachten in der Schule – Beobachten lernen. Wiesbaden: Springer VS Verlag, V–IX.

de Boer, Heike/Braß, Benjamin/Heyl, Thomas/Merklinger, Daniela (2015): Lernprozessbeobachtung in der Lehrerbildung – Fachdidaktische Perspektiven und Herausforderungen. In: Liebers, Katrin et al. (Hrsg.): Lernprozessbegleitung und adaptive Lerngelegenheiten im Unterricht der Grundschule. Wiesbaden: Springer VS Verlag, S. 237–259.

Braß, Benjamin (i.V.): Professionalisierung durch Beobachtung und Reflexion. Im Oktober 2020 als Dissertation angenommen (Universität Koblenz-Landau, Campus Koblenz).

Breidenstein, Georg/Tyagunova, Tanya (2020): Praxeologische und didaktische Perspektiven auf schulischen Unterricht. In: Kotthoff, Helga/Heller, Vivian (Hrsg.): Ethnografien und Interaktionsanalysen im schulischen Feld. Tübingen: Narr Francke Attempto Verlag GmbH, S. 197–219.

Breidenstein, Georg/Leuthold-Wergin, Anca/Siebholz, Susanne (2020): „Unterrichtsstörungen". Fallstricke kasuistischer Lehrer*innenbildung. In: Fabel-Lamla, Melanie/Kunze,

Katharina/Moldenhauer, Anna/Rabenstein, Kerstin (Hrsg.): Kasuistik – Lehrer*innenbildung – Inklusion. Empirische und theoretische Verhältnisbestimmungen. Bad Heilbrunn: Klinkhardt, S. 137–152.

Gottuck, Susanne/Grünheid, Irina/Mecheril, Paul/Wolter, Jan (2019): Sehen (ver)lernen. Einführende Anmerkungen. In: Gottuck, Susanne/Grünheid, Irina/Mecheril, Paul/Wolter, Jan (Hrsg.): Sehen lernen und verlernen. Perspektiven pädagogischer Professionalisierung. Wiesbaden: Springer VS, S. 1–21.

Helsper, Werner (2021): Professionalität und Professionalisierung pädagogischen Handelns. Eine Einführung. Opladen: Barbara Budrich.

Helsper, Werner (2016): Lehrerprofessionalität - der strukturtheoretische Ansatz. In: Rothland, Martin (Hrsg.): Beruf Lehrer/Lehrerin. Ein Studienbuch. Münster: Waxmann, S. 103–125.

Helsper, Werner (2002): Lehrerprofessionalität als antinomische Handlungsstruktur. In: Kraul, Margret/Marotzki, Winfried/Schweppe, Cornelia (Hrsg.): Biographie und Profession. Bad Heilbrunn: Klinkhardt, S. 64–102.

Idel, Till-Sebastian/Schütz, Anna/Thünemann, Silvia (2021): Professionalität im Handlungsfeld Schule. In: Dinkelaker, Jörg/Hugger, Kai-Uwe/Idel, Till-Sebastian/Schütz, Anna/Thünemann, Silvia (Hrsg.): Professionalität und Professionalisierung in pädagogischen Handlungsfeldern: Schule, Medienpädagogik, Erwachsenenbildung. Opladen & Toronto: Verlag Barbara Budrich, S. 13–82.

Junghans, Carola/Feindt, Andreas (2020): Nachdenken und Sprechen über Unterricht und mich selbst. Reflexionsmethoden für den phasenübergreifenden Einsatz in der Lehrer_innenbildung. Herausforderung Lehrer_innenbildung, 3 (2), 232–253. https://doi.org/10.4119/hlz-2711

Kern, Friederike (2020). Das Potenzial ethnographischer Fallarbeit für die Professionalitätsentwicklung angehender Lehrkräfte. In: Kotthoff, Helga/Heller, Vivien (Hrsg.): Ethnografien und Interaktionsanalysen im schulischen Feld. Diskursive Praktiken und Passungen interdisziplinär. Tübingen: Narr Francke Attempto: S. 221–246.

Last, Sandra (i.V.): Interaktive Lernprozesse im sprachlichen Anfangsunterricht. Eine videographische Studie über schriftbezogenen Aushandlungsprozesse bei Erstklässler*innen. Dissertation PH Ludwigsburg.

Last, Sandra (2021a): ‚Genau, das ist das Knifflige zu unterscheiden!' – Die Komplexität fachlicher Gespräche im sprachlichen Anfangsunterricht. In: Böhme, Nadine/Dreer, Benjamin/Hahn, Heike/Heinecke, Sigrid/Mannhaupt, Gerd/Tänzer, Sandra (Hrsg.): Mythen, Widersprüche und Gewissheiten der Grundschulforschung. Wiesbaden: Springer VS, S.165–171.

Last, Sandra (2021b): Sprechen über Schrift. In: Schüler, Lis (Hrsg.): Elementare Schriftkultur in heterogenen Lernkontexten. Hannover: Klett/Kallmeyer, S.131–138.

Last, Sandra/Merklinger, Daniela (2019): Ergebnisbericht des Teilprojektes ALaDim-Deutsch (Aufgabenbezogene Lernprozessbeobachtung als Diagnosemöglichkeit im Deutschunterricht). Unveröffentlichter Ergebnisbericht.

Merklinger, Daniela (2016): Beobachten am Schulanfang: Spiel mit Schrift. In: Die Grundschulzeitschrift, 292/293, S. 38–41.

Merklinger, Daniela/Last, Sandra (2019): Aufgabenbezogene Lernprozessbeobachtung als phasenübergreifendes Thema in der Grundschulbildung. In: Donie, Christian/Foerster, Frank/Obermayr, Marlene/Deckwerth, Anne/Kammermeyer, Gisela/Lenske, Gerlinde et al. (Hrsg.): Grundschulpädagogik zwischen Wissenschaft und Transfer (Jahrbuch Grundschulforschung, Bd. 23). Wiesbaden: VS Verlag, S. 71–80.

Paseka, Angelika/Kuckuck, Katharina (2020): Arbeiten an fremden Fällen aus der inklusiven Unterrichtspraxis. Explorative Ergebnisse zur Entwicklung von Reflexionsbreite und Reflexionstiefe. In: Fabel-Lamla, Melanie/Kunze, Katharina/Moldenhauer, Anna/Rabenstein, Kerstin (Hrsg.): Kasuistik – Lehrer*innenbildung – Inklusion. Empirische und theoretische Verhältnisbestimmungen. Bad Heilbrunn: Klinkhardt, S. 245–258.

te Poel, Kathrin (2020): Professionalisierungschancen eines kritisch-reflexiv angelegten Seminars zum Thema Bildungsgerechtigkeit. Sensibilisierung angehender Lehrkräfte durch die Integration bildungsbiographischer, theoriegestützter und praxisbezogener Reflexionen. Herausforderung Lehrer*innenbildung. Zeitschrift zur Konzeption, Gestaltung, Diskussion, 3 (2), S. 164–182.

Schweitzer, Julia (2019): Beobachtung für (angehende) Lehrer*innen. Ein Lernvideo zu Grundlagen der Methode. DiMawe – Die Materialwerkstatt, 1 (1), S. 39–45. https://doi.org/10.4119/dimawe-1540 [Zugriff: 08.10.2021]

Stövesand, Björn (2019): Von der Beobachtung zur Reflexion – Die interaktive Emergenz fachdidaktischer und fachlicher Reflexionen zum Deutschunterricht. *Herausforderung Lehrer_innenbildung*. Themenheft: Professionalisierung im Fach: Rekonstruktion von Prozessen forschenden Lernens in der fachdidaktischen Lehramtsausbildung, S. 38–56.

Tervooren, Anja (2019): Verstehen in schulischen Kontexten. Die ethnographische Haltung und das Forschende Lernen in der Lehrer*innenbildung. In: Gottuck, Susanne/Grünheid, Irina/Mecheril, Paul/Wolter, Jan (Hrsg.): Sehen lernen und verlernen. Perspektiven pädagogischer Professionalisierung. Wiesbaden: Springer Fachmedien Wiesbaden, S. 199–220.

Beobachten im Sachunterricht

„Dass der Mensch nicht mehr atmen müsste" – Grundschulkinder im Fachgespräch über den Menschen beobachten

Daniela Jähn und Matthea Wagener

Zusammenfassung

Der vorliegende Beitrag gibt einen Einblick in Erklärungen und Theorien, die zwei Kinder bei der Bearbeitung einer offenen Sachunterrichtsaufgabe im jahrgangsgemischten Lerntandem zu möglichen Besonderheiten des Menschen äußern. Anhand eines Videoausschnittes wird rekonstruiert, welche eigenen Vorstellungen und Deutungen die beiden Kinder im Gespräch hervorbringen und wie sie ein Thema zu ihrem Thema ‚machen'. Vor dem Hintergrund der Herausforderungen, die sich aus der Verständigung zwischen kindlicher und fachlicher Perspektive ergeben, werden Anregungen zur unterrichtlichen Weiterarbeit gegeben.

Ergänzende Information Die elektronische Version dieses Kapitels enthält Zusatzmaterial, auf das über folgenden Link zugegriffen werden kann https://doi.org/10.1007/978-3-658-35355-1_6. Die Videos lassen sich durch Anklicken des DOI Links in der Legende einer entsprechenden Abbildung abspielen, oder indem Sie diesen Link mit der SN More Media App scannen.

D. Jähn · M. Wagener (✉)
Institut für Erziehungswissenschaft, Technische Universität Dresden, Dresden, Deutschland
E-Mail: matthea.wagener@tu-dresden.de

D. Jähn
E-Mail: daniela.jaehn@tu-dresden.de

H. de Boer et al. (Hrsg.), *Beobachten im fachdidaktischen Kontext*,
Edition Fachdidaktiken, https://doi.org/10.1007/978-3-658-35355-1_6

1 Malte und Julius im Austausch

Die folgenden Gesprächssequenzen sind im Sachunterricht einer jahrgangsheterogenen Klasse an einer Freien Schule in Sachsen entstanden, in der die Klassen eins bis vier gemeinsam unterrichtet werden. Malte (erster Jahrgang) und Julius (vierter Jahrgang) bearbeiten zusammen im Lerntandem ein Aufgabenblatt, das verschiedene Arbeitsaufträge zum Themengebiet „Mensch" umfasst (Abb. 1). In der für diesen Beitrag ausgewählten Sequenz arbeiten die beiden Schüler zunächst an folgender Fragestellung: *Überlegt zusammen: Was wisst ihr alles über den Körperbau des Menschen? Überlegt euch Besonderheiten, die der Mensch noch haben könnte.* Damit ist den Kindern die Möglichkeit gegeben, ihre eigenen Themenschwerpunkte zu entwickeln. Der Beobachtungsfokus liegt darauf, wie die Themenentwicklung bzw. die fachliche Aushandlung der beiden Jungen zu den Besonderheiten, die der Mensch haben sollte, erfolgt.

Malte und Julius beginnen die Aufgabenbearbeitung mit einer Art Brainstorming, in dem sie verschiedene Ideen sammeln. Bevor sie sich auf das Thema verständigen, welches wir im folgenden Beobachtungsprotokoll näher beleuchten, machen sie Vorschläge zu verschiedenen Besonderheiten des Menschen. So sollte der Mensch über eine „Echoortung" verfügen, damit „Blinde dann auch Berufe"

Abb. 1 Julius (links) und Malte (rechts) im Fachgespräch (▶ https://doi.org/10.1007/000-689) (© Daniela Jähn/MattheaWagener)

ausüben können, denen sie ohne Sehvermögen nicht nachgehen könnten. Außerdem sollte er „mehr Muskeln“ haben, weil er dann „alles ohne Geräte machen könnte“. Im Verlauf ihres Austauschs kommen Malte und Julius zur Überlegung, „dass der Mensch nicht mehr atmen müsste.“ An dieser Stelle beginnt das Beobachtungsprotokoll.

„Dass der Mensch nicht mehr atmen müsste" (Teil 1)
Julius wiederholt die Frage, die er mit Malte zu bearbeiten beginnt: „Was könnte der Mensch?“ Er beantwortet sie selbst mit „dass der Mensch *nicht mehr atmen* müsste“, schaut zu Malte und beginnt, seine Idee auf dem gemeinsamen Aufgabenblatt zu notieren. Malte richtet seinen Blick auf das Aufgabenblatt und sagt: „Stimmt. Dann müsste er kein Kohlendioxid mehr ausatmen und dann wird die Welt nicht so warm.“ Julius notiert die Wörter *nicht mehr* auf dem Aufgabenblatt und spricht sie vor sich hin. Malte schaut auf das Aufgabenblatt und fügt währenddessen an: „Und dass es mehr Energie gibt dafür, dass Autos keine Abgase mehr raus.“ Julius beendet das Aufschreiben des ersten Gedankens mit *atmen*. Malte schaut Julius kurz an und ergänzt: „Und dass Menschen genug Strom dafür hätten, dass sie ganz, ganz viele elektrische Autos machen würden.“ Julius' Blick wechselt zwischen Malte und dem Aufgabenblatt. Er trommelt mit den Handgelenken auf dem Tisch, einem Rhythmus gleich. Er steckt die Stiftkappe auf seinen Stift, wendet seinen Blick ab und sagt: „Das könnten ja aber die nicht machen“ (vermutlich bezieht er sich hier auf die Aufgabenstellung). Malte schaut auf das Aufgabenblatt, Julius fragt mit noch immer abgewendetem Blick: „Was könnten Menschen noch machen?“ Er äußert: „Zum Beispiel fliegen, oder?“ Er lässt eine kurze Pause und erweitert „fliegende“. Malte sagt nach einer kurzen Pause: „Fliegende Autos“ und lächelt. Julius antwortet mit: „Nein, dass sie selber fliegen, da verbraucht er kein Benzin“ und zieht die Kappe von seinem Stift. Malte sagt „stimmt“. Er schaut zu Julius und ergänzt: „Also kein Kerosin, wenn die selber fliegen wollen.“ Auch Julius blickt Malte an. Langsam wendet er sich ab und sagt: „Naja, aber kein Benzin auch.“

In der dritten Aufgabe *Begründet zusammen: Warum sollte der Mensch diese Besonderheiten haben?* verschriftlichen die beiden Jungen ihre Ideen und begründen sie (Abb. 2).

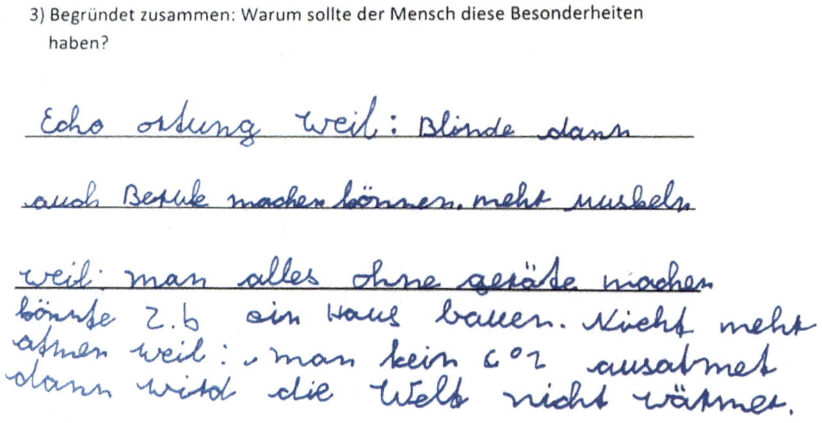
3) Begründet zusammen: Warum sollte der Mensch diese Besonderheiten haben?

Echo ortung weil: Blinde dann auch Besuhe machen können. nicht muskeln weil: man alles ohne geräte machen könnte z.b ein Haus bauen. Nicht mehr atmen weil: , man kein CO2 ausatmet dann wird die Welt nicht wärmer.

Abb. 2 Ausschnitt aus dem durch Julius und Malte bearbeiteten Aufgabenblatt (© Daniela Jähn/Matthea Wagener)

„Dass der Mensch nicht mehr atmen müsste" (Teil 2)
Beide Jungen betrachten das gemeinsame Aufgabenblatt, das vor Julius liegt. Julius sagt: „*Weil man kein* CO“. Dabei beginnt er dies aufzuschreiben. Malte führt weiter: „Kohlendioxid ausatmet“. Julius schreibt und sagt betont „CO_2“, während Malte fortfährt: „ausatmet oder einatmen muss“. Julius schreibt weiter und spricht dazu: „*ausatmet*“. Malte, der seinen Blick vom Aufgabenblatt abgewendet hat, sagt: „Dann bleibt genug für die Tiere.“ Julius bleibt bei seiner Schreibtätigkeit, wirft „nein“ ein und sagt: „*Dann wird die* Welt nicht wärmer.“ Es entsteht eine kurze Pause. Malte holt hörbar Luft und spricht vor sich hin: „Das schadet ganz vielen Tieren.“ Sein Blick wandert dabei weg von Julius und dem Aufgabenblatt. Malte legt seine Stiftemappe rechts neben sich auf den Tisch. Julius, der währenddessen weitergeschrieben hat, diktiert sich selbst: „*Welt nicht wärmer*“, notiert dies und beendet seine Schreibtätigkeit mit „Punkt“.

Anhand der ausgewählten Beobachtungsprotokolle soll nachgezeichnet werden, wie die beiden Jungen im jahrgangsgemischten Lerntandem die Aufgabe bewältigen – wie sie sich über ihre je eigenen Gedanken, Assoziationen, Phantasien und Deutungen miteinander verständigen und diese zu Papier bringen. Vor dem Hintergrund der gemeinsam zu erledigenden Aufgabe stellen wir im folgenden Abschnitt den lerntheoretischen Zugang dar, in dem wir die Kollektivität von Lernprozessen als konstitutiv fassen und die interaktive Bedeutungsaushandlung als Voraussetzung für ein fachliches Gespräch betrachten. Ausgehend von der sich anschließenden Rekonstruktion des miteinander ausgehandelten Weltverstehens der beiden Jungen geht es dann um die Frage, wie die gemeinsamen Deutungen in sachunterrichtsdidaktischer Fachperspektive genutzt und weiterentwickelt werden könnten.

2 Einblicke in Schüler*innenerklärungen im kollektiven Fachgespräch

2.1 Offene Aufgaben als Impulsgeber für Schüler*innenerklärungen

Die oben ausgewählten Szenen entstammen einer videographierten Gesprächssequenz aus unserem Forschungsprojekt zum Bearbeiten von Aufgaben im jahrgangsgemischten Unterricht unter der Leitung von Matthea Wagener. In den Schuljahren 2015/2016 und 2016/2017 wurden u. a. von Daniela Jähn Videoaufnahmen angefertigt. Jeweils zwei Kinder verschiedener Jahrgänge bearbeiteten im Tandem *ein* Aufgabenblatt, das drei offen gehaltene Aufgaben im Kontext einer Sachunterrichtseinheit, in diesem Fall zu „Der Mensch“, umfasste:

1. Überlegt zusammen: Was wisst ihr alles über den Körperbau des Menschen? Überlegt euch Besonderheiten, die der Mensch noch haben könnte.
2. Zeichnet oder schreibt dazu.
3. Begründet zusammen: Warum sollte der Mensch diese Besonderheiten haben?

Die Aufgaben wurden von der Forschungsgruppe unter Beachtung folgender Kriterien und Zielsetzungen erstellt: Sie sollten die Zusammenarbeit und den Austausch zwischen den Schüler*innen fördern, Fragen zulassen und verschiedene Schwierigkeitsgrade und Zugangs- sowie Darstellungsformen (ästhetisch, schriftlich, mündlich, darstellend) bereithalten. Mit diesen Kriterien sollte insbesondere auch dem jahrgangsgemischten Lernen Rechnung getragen werden, sodass Schüler*innen unterschiedlichen Alters und mit individuell unterschiedlichen Lernvoraussetzungen und Schulerfahrungen gemeinsam die Aufgaben bearbeiten konnten (vgl. Grittner und Wagener 2017: 187).

Intendiert war, Prozesse des Ko-Konstruierens anzuregen, durch die die Schüler*innen Kenntnisse aufbauen und fachlich lernen. Für die Kinder sollte ermöglicht werden, ihre subjektiven Sichtweisen auf Lerngegenstände auszutauschen und gemeinsam weiterzuentwickeln. Das heißt, dass die Aufgabenstellung nicht wie geschlossene Aufgaben auf von vornherein festgelegte Ergebnisse oder Begrifflichkeiten abzielt, sondern vielmehr Raum bereit hält für die Anregung einer wechselseitigen Auseinandersetzung, sodass Lernprozesse im gegenseitigen Austausch initiiert und aufgabenbezogene Lernausgangslagen sichtbar werden (vgl. Scholz 2004: 11 f.). Indem durch offen gehaltene Aufgaben Gespräche angeregt werden, werden Lehrer*innen Einblicke in kindliches Denken und Erklärungen gewährt. Wenn Schüler*innen gemeinsam nachdenken, Fragen stellen, zweifeln, Ideen einbringen, aber auch verwerfen, kann diesen diskursiven Dialogen eine besondere Bedeutung im Prozess der Wissenskonstruktion zugesprochen werden (vgl. de Boer 2018: 34).

2.2 Im Diskurs gemeinsam lernen

In Orientierung an Max Miller (1986) fassen wir Lernen nicht nur als Veränderung individuellen Wissens oder des Verhaltens auf, sondern darüber hinaus als sozial konstituiert. Das heißt, dass sich Lernen vor allem in sozialen Kontexten als interaktive Aushandlung von Bedeutung vollzieht (vgl. de Boer 2015: 17). Miller (1986) bezeichnet „fundamentales Lernen" (Miller 1986: 10) als einen Prozess, der im Dialog stattfindet und insbesondere im Grundschulalter eine bedeutende Rolle spielt. Denn Kinder benötigen ein soziales Kollektiv und den gemeinsamen Diskurs, um verschiedene Blickwinkel auf Dinge einzunehmen sowie unterschiedliche Möglichkeiten des Gebrauchs sprachlicher Symbole zu lernen (vgl. Tomasello 2014: 206 f.). Fundamentale Lernprozesse charakterisiert Miller (1986) als Prozesse, die „zu strukturell neuen kognitiven und sozialkognitiven Problemlösungen führen können" (Miller 1986: 9) und „eine fortschreitend angemessenere, kognitiv höherstufige Erkenntnis der Welt der Natur, der sozialen Welt und der inneren Welt des eigenen Selbst" (Miller 1986: 9) ermöglichen. Diese fundamentalen Lernprozesse können nur im Zusammenspiel mit Anderen angeregt werden, da dann das Ziel des Austauschs darin besteht, verschiedene Perspektiven auf einen Lerngegenstand einzunehmen und eine gemeinsame Lösung zu entwickeln, die über ein additives Hinzufügen von Wissen hinausgeht. In „kollektiven Argumentationen" (Miller 1986: 23) werden Sichtweisen und Wissensbestände umstrukturiert und reorganisiert, sodass durch eine Weiterentwicklung Neues gelernt wird. In Unterrichtssituationen können sich in einem kollektiven Diskurs durch „Neues, Unerwartetes und Irritierendes" (de Boer 2015: 19) Veränderungen sowohl beim lernenden Einzelnen als auch im Kollektiv ergeben. Diese werden „als gemeinsam geteilt und akzeptiert entwickelte [...] Deutungen sichtbar" (de Boer 2015: 19, vgl. Miller 1986: 23).

Auf Grundlage dieses lerntheoretischen Zugangs der Kollektivität von Lernprozessen fassen wir als (fachlichen) Lerngegenstand, was zwischen den Kindern in Interaktion wechselseitig hervorgebracht, gedeutet und interpretiert wird (vgl. de Boer 2015: 19). In unserem Beispiel zeigt sich, dass weniger die Besonderheiten des Menschen als Superman mit Echoortung und Flugeigenschaften zum Thema ‚gemacht' werden, sondern die Erderwärmung als Gegenstand ausgehandelt wird.

3 Rekonstruktion des Bearbeitungsprozesses – Zwischen kindlichen Erklärungen und fachlicher Perspektive

Eine besondere Herausforderung für Lehrkräfte des Sachunterrichts stellt das Spannungsfeld dar, zwischen der lebensweltlichen Perspektive der Kinder und der fachlichen Logik zu vermitteln (vgl. Michalik 2015: 187). Bezogen auf die dargestellten Beobachtungsprotokolle wären hier einerseits die von den Kindern geäußerten Erfahrungen und Vorstellungen zum Thema (z. B. „Die Welt wird wärmer") und andererseits die Fachperspektive von Umweltproblemen in ihrer Struktur und Logik (z. B. „Die Entstehung des Klimawandels") zu betrachten.

Aus der Gesprächssequenz von Malte und Julius geht als Thema das Phänomen der Erderwärmung hervor, welche zu einem großen Teil durch das Treibhausgas (auch klimawirksames Gas) Kohlendioxid verursacht wird (vgl. Rahmstorf und Schellnhuber 2019: 31). Diesem fachlichen Zugang steht die Perspektive der Kinder gegenüber, die eine Linderung der Umweltproblematik unter anderem darin sehen, dass *die Welt nicht wärmer wird, wenn der Mensch kein Kohlendioxid mehr ausatmet,* bzw. auch *einatmen muss,* was darüber hinaus *auch ganz vielen Tieren schadet.*

Combe und Gebhard (2012a) sprechen sich für eine „Zweisprachigkeit" (Combe und Gebhard 2012a: 9) aus, in der das Spannungsverhältnis der beiden Perspektiven nicht zugunsten der einen oder anderen Seite aufgelöst wird. Die Schülerinnen und Schüler sollen zunächst „eine Ausdrucksmöglichkeit für ihre eigenen Deutungen bekommen. Erst im Moment des selbstständigen Austragens von Prozessen und im eigentätig-konstruktiven Zugang wird erkennbar, was die

Schüler mitbringen oder bereits verstanden haben.“ (Combe und Gebhard 2012b: 226)

Auf Basis der so verstandenen „Zweisprachigkeit“ sollen im Folgenden einerseits kindliche Erklärungen rekonstruiert werden, die sich im Gespräch entfalten. Andererseits werden Zusammenhänge dargestellt, die sich aus fachlicher Perspektive auf den Lerngegenstand ergeben.

3.1 Rekonstruktion der Perspektiven von Malte und Julius

Welche Erklärungen lassen sich rekonstruieren? Wie erklären Malte und Julius ihre Idee, „dass der Mensch nicht mehr atmen müsste“?

In Hinsicht auf die von den beiden Jungen ausgehandelte Thematik der Erderwärmung zeigt sich, dass die beiden Grundschüler bereits viele Kenntnisse haben: Sie sprechen über den Verbrauch von Treibstoffen (Benzin und Kerosin), die Verschmutzung durch Abgase und die Bedrohung der Tierwelt. Dieses Wissen steht einerseits in Verbindung mit der eigenen Erfahrung, beruht aber auch auf Informationen „aus zweiter Hand“ (z. B. durch Erwachsene oder Medien), sodass wir es hier mit Theorien der Kinder zu tun haben, die sich als kindliche Erklärungen zeigen (vgl. Scholz 2004: 9 f.).

Ausgehend von der Aufgabe, Besonderheiten des Menschen zu erfinden, kommen die beiden Jungen auf die Idee, „dass der Mensch nicht mehr atmen müsste“. Rekonstruiert werden können in dem ersten Beobachtungsprotokoll der ausgewählten Sequenz Vorschläge in Bezug auf Besonderheiten des Menschen, die sowohl auf Wahrnehmungen und Erfahrungen aus ‚erster‘ als auch aus ‚zweiter‘ Hand basieren. Der Begriff der Erderwärmung wird von den beiden Jungen dabei nicht als solcher verwendet, sondern durch „dann wird die Welt nicht so warm“ beschrieben. Bezogen auf die Erfahrungen der Jungen könnte diese Aussage darauf verweisen, dass Wärme für beide direkt wahrnehmbar ist und diese Umschreibung damit unmittelbar dem Kontext ihrer Erfahrungswelt entstammt. Auch der daran anschließende Lösungsvorschlag, „dass Autos keine Abgase mehr“ ausstoßen sollten, ist im Zusammenhang mit der Erfahrungswelt der beiden Jungen möglicherweise dahin gehend interpretierbar, dass Abgase als unangenehm (übelriechend) wahrgenommen werden und deshalb vermieden werden sollten. Maltes Theorie ist, dass der Mensch „ganz viele“ Elektrofahrzeuge haben sollte, um diesem Problem zu begegnen. Vermutlich weiß er aus ‚zweiter‘ Hand, dass Elektroautos keine Abgase ausstoßen. Julius verwirft Maltes Idee, „dass Menschen genug Strom dafür hätten“ durch den Einwand, dass die Menschen das nicht selbst „machen“ können. Daraus kann rekonstruiert werden, dass die Besonderheiten des Menschen für ihn unmittelbar mit Handlungsmöglichkeiten in Zusammenhang stehen („machen"), nicht mit dem Vorhandensein von Ressourcen (das kann der Mensch nicht selbst „machen"). Damit fokussiert Julius auch die Aufgabenstellung.

Im zweiten Beobachtungsprotokoll der Sequenz, in der die beiden Jungen ihre Begründungen aufschreiben, werden folgende Erklärungen deutlich: Malte und Julius erklären ihre Idee, „dass der Mensch nicht mehr atmen müsste", zunächst damit, dass er dann auch kein Kohlendioxid mehr ausatmet. Damit verfügen sie zum einen über das Wissen, dass der Mensch Kohlendioxid ausatmet, zum anderen benennen sie eine konkrete Folge des CO_2-Anstiegs in der Luft („dann wird die Welt nicht so warm") und bewerten diesen als negativ für ihre Umwelt. Auch wenn es nicht das Kohlendioxid aus der Atemluft des Menschen ist, das zur Erhöhung der Temperatur auf der Erdoberfläche führt, bleibt für sie offenbar aus einer Verknüpfung von vorhandenem Wissen und der eigenen Wahrnehmung von Umweltproblemen, hier also aus Erfahrungen erster Hand, die Erderwärmung weiter relevant. Die beiden Jungen erweitern ihre Erklärung dahin gehend, dass das Ausatmen von CO_2 nicht nur schädlich für den Menschen ist, sondern auch für die Tiere. Den Vorteil ihres Gedankenspiels, dass der Mensch nicht mehr atmen müsste, sehen Malte und Julius auch darin, dass dann „genug für die Tiere" bleibt. An dieser Stelle wird das Wissen eingebracht, dass Tiere ebenfalls wie Menschen ‚frische' Luft zum Atmen brauchen. Die Berücksichtigung der Tiere scheint für Malte besonders bedeutsam, weil er dieses Argument wiederholt aufgreift.

Abschließend nehmen die beiden Jungen eine Begründung auf, die sie bereits in der ersten Szene versprachlicht haben: Wenn der Mensch kein Kohlendioxid mehr ausatmen würde, würde die Welt nicht mehr wärmer werden. Dies notiert Julius auf dem Aufgabenblatt. Die Erderwärmung betrachten die Jungen mit ihrer Argumentation als menschengemacht. Folglich gehen sie davon aus, dass der Mensch durch angepasstes Verhalten (kein CO_2 mehr ausatmen) Einfluss auf eine Veränderung des Phänomens hat. Die zunächst zur Sprache gebrachte naturwissenschaftliche Perspektive (Erhöhung des CO_2 führt zur Erderwärmung) erhält eine gesellschaftliche Dimension, indem sie als vom Menschen beeinflussbar wahrgenommen wird (vgl. Stehr und von Storch 2010). Während sich die beiden Jungen darüber austauschen, benutzen sie die Fachbegriffe Kohlendioxid (Malte) bzw. verwenden die chemische Formel CO_2 (Julius) in ihrem Sprachgebrauch.

3.2 Fachliche Perspektive

In ihrem Dialog geben die Jungen zu verstehen, dass sie sich mit dem Problem des Klimawandels auseinandersetzen (wollen). Wie lässt sich diese „Zweisprachigkeit" der kindlichen Erklärungen und der Fachlichkeit aufeinander beziehen und fruchtbar machen? In der dargestellten Gesprächssequenz wurde herausgearbeitet, welches Thema die Kinder zu ihrem Thema ‚machen', indem sie begründen, warum der Mensch die erfundene Besonderheit haben sollte, dass er „nicht mehr atmen müsste." Anknüpfend an den kollektiv gebildeten Lerngegenstand „Erderwärmung" könnte ihnen die Klärung des Begriffs Kohlendioxid (CO_2) und seiner Bedeutung für die Atmung und den Klimawandel angeboten werden.

Atmung des Menschen

Nach heutigem Stand der Forschung wird durch die Atmung der menschliche Körper mit lebensnotwendigem Sauerstoff versorgt. Über die Blutgefäße gelangt der Sauerstoff aus der Einatemluft zu allen Organen und Zellen. Dafür ist Energie erforderlich, die durch die sogenannte Verbrennung freigesetzt wird (vgl. Ploss 2012: 61). „Da ohne Sauerstoff keine Verbrennung stattfindet, und Verbrennung wiederum Kohlendioxid entstehen lässt, ist die Atmung das perfekte System, um einerseits immer neuen Nachschub an Sauerstoff (also Energie) zu besorgen und gleichzeitig das entstehende Kohlendioxid abzutransportieren." (Ploss 2012: 61) Aus dem Atemvorgang lässt sich jedoch nicht ableiten, dass die Atmung zur menschengemachten Erderwärmung beiträgt, da das Kohlendioxid, das Bestandteil der (Aus-)Atemluft ist, nur einen kleinen Teil im gesamten Kohlenstoffkreislauf der Erde darstellt (vgl. Ranke 2019: 33).◄

Kohlendioxid und Erderwärmung

Kohlendioxid steht im Mittelpunkt der aktuellen Klimadiskussion, da es nach dem gegenwärtigen Kenntnisstand hauptverantwortlich für die Erderwärmung und damit für den Klimawandel auf der Erde ist (vgl. Lange o. J.: 3). Es stellt eine Schlüsselverbindung im Kohlenstoffkreislauf der Natur dar. Der Mensch greift zunehmend in diesen Kreislauf ein und zerstört den natürlichen Gleichgewichtszustand. Ein Volumenanteil von 0,03 % an Kohlendioxid in der Atmosphäre ist für den Wärmehaushalt der Erdoberfläche von großer Bedeutung und wird als natürlicher Treibhauseffekt bezeichnet (vgl. Lange o. J.:

3). Mit Beginn der Industrialisierung ist der Anteil an Kohlendioxid enorm gestiegen, sodass derzeit ein Gehalt von mehr als 25 % zu verzeichnen ist. Dieser von Menschen verursachte Anstieg an CO_2 wird auch als anthropogener Treibhauseffekt bezeichnet (vgl. Lange o. J.: 3). Dieser resultiert vordergründig aus der Nutzung fossiler Brennstoffe und der Abholzung von Wäldern (vgl. Rahmstorf und Schellnhuber 2019: 51). Aufgrund dieser Entwicklungen ist eine kontinuierliche Erwärmung der Erdoberfläche zu beobachten und daraus folgend eine weltweite Klimaänderung (vgl. Lange o. J.: 3). Der Anstieg des Meeresspiegels und das zunehmende Auftreten von Wetterextremen wie Stürmen, Überschwemmungen durch Starkregen sowie Dürren durch Hitzeperioden sind beispielsweise mögliche Folgen der weiter voranschreitenden Erderwärmung (vgl. Rahmstorf und Schellnhuber 2019: 53–76).

Wie können die Treibhausgasemissionen reduziert werden? Die Bundeszentrale für politische Bildung beschreibt in vielen Bereichen einen großen Handlungsbedarf. So „muss vor allem die Verbrennung von fossilen Energieträgern, welche insbesondere zur Energieerzeugung und im Verkehr genutzt werden, verringert werden. Auch unsere Landnutzungspraktiken und unsere Nahrungsmittelversorgung muss sich ändern, um die Emissionen einzudämmen." (Beuermann und Hüging 2014: o. S.)◂

4 Reflexion der aufgabenbezogenen Vorstellungen der beiden Schüler – Fachliche Anschlussaufgaben

Bei der Aufgabenbearbeitung durch die beiden Jungen zeigt sich, dass sie das Thema „in nicht vorhersehbarer Art und Weise weiterentwickeln" (Michalik 2018: 125). In der Ergebnisoffenheit des eingeforderten Austauschs kann damit das Potential der gestellten Aufgaben gesehen werden. Sie ermöglichen das Hervorbringen verschiedener subjektiver Sichtweisen aus der Alltagswelt der Jungen einerseits und eine Vernetzung mit fachlichen Inhalten andererseits. In diesem Zusammenspiel können zum einen die Erklärungen und Vorstellungen tiefergehend und weiterführend durch die Lehrkraft wahrgenommen werden und zum anderen adaptive Anschlussaufgaben gestellt werden.

Entsprechend der aus dem Fallbeispiel rekonstruierten Perspektiven der beiden Jungen auf das Phänomen der Erderwärmung können durch eine Anschlusskommunikation beispielsweise folgende Fragen expliziert und bearbeitet werden:

- Was bedeutet Erderwärmung, wie entsteht sie? Welche Bedeutung hat sie für uns Menschen?
- Wie kann der Mensch Einfluss auf die Eindämmung der Erderwärmung nehmen?
- Was ist Kohlendioxid? Was hat es mit der Atmung zu tun?
- Welche Bedeutung hat die Atmung für Menschen und Tiere?

Die Erfahrungen der Schüler lassen sich zur Beantwortung der Fragen einbinden, indem sie zum einen Fakten dazu recherchieren, diskutieren und verschieden präsentieren. Darüber hinaus erscheint es sinnvoll, nicht nur Fakten mit den Kindern zu bearbeiten, sondern zum eigenen Handeln anzuregen und verschiedene Ideen als Klasse in die Praxis umzusetzen. Denkbar sind Projekte wie Baumpflanzaktionen oder Umweltprojekte genauso wie die Reflexion des verantwortlichen Umgangs mit Ressourcen im Schulalltag.

Der ‚Weg' dahin, sich mit verschiedenen Maßnahmen auseinanderzusetzen, kann wiederum durch fachliche Gespräche, sowohl unter Schüler*innen als auch mit Erwachsenen (ggf. mit Expert*innen) in ko-konstruktiven Lernprozessen begleitet werden. Sowohl der Grad der Öffentlichkeit (Ausweitung auf größere Zeiträume oder auch die gesamte Schule) als auch die Vielfalt der Handlungsmöglichkeiten (im politisch-partizipativen Sinn, z. B. Fridays for Future) wären den unterschiedlichen Lernausgangslagen der Kinder entsprechend gestaltbar.

5 Zusammenfassung und Fazit

Wie sich in der Rekonstruktion der gemeinsamen Aufgabenbearbeitung von Julius und Malte zeigt, ist es den beiden Schülern gelungen, ihre Aufgabenlösung ko-konstruktiv zu erarbeiten und zu einer als gemeinsam geteilt geltenden Bedeutung zu gelangen. Denn sie bringen *wechselseitig* aufeinander bezogenes Wissen ein, ergänzen ihre Ideen in einem Aushandlungsprozess, verwerfen sie und entwickeln sie gemeinsam weiter.

Vor dem Hintergrund des Lernens in jahrgangsgemischten Lernpartnerschaften wird deutlich, dass die von Lehrplänen implizierte Jahrgangsnorm in diesem Fall keinen Einfluss auf das von den beiden Jungen geführte Fachgespräch hat – zumindest bringen sie ihre Jahrgangszugehörigkeit (1 und 4) nicht zur Sprache. Insofern gilt es, das Lernpotential von offenen Aufgabenstellungen als Lehrer*in im Hinblick auf die Anforderungen zu überdenken und den Schüler*innen durchaus (jahrgangsunabhängige) Herausforderungen zuzumuten. Voraussetzung dafür ist, Lernpartnerschaften zuzulassen, fachlichen Austausch zu fördern und eine diskursive Herangehensweise an Sachverhalte anzuregen. Dabei spielt die Lehrperson eine herausragende Rolle, indem sie Impulse gibt, die Schüler*innen berät und ihnen als Ansprechpartner*in zur Verfügung steht.

Die zu bearbeitende, offene Aufgabe kann in besonderem Maße zu Aushandlungsprozessen anregen, wenn sie die Verbalisierung eigener Gedanken einfordert und Fragen ermöglicht. Zudem fördern das Einbringen eigener Perspektiven sowie das Zulassen verschiedener Schwierigkeitsgrade und Darstellungsformen Aushandlungsprozesse.

Die Ko-Konstruktionsleistung von Malte und Julius gibt den Blick frei für eine (nicht unbedingt zu erwartende) Problemsicht der beiden Schüler, in welcher der Umweltaspekt für sie als sehr relevant hervortritt: In einer Einschränkung des Menschen („nicht mehr atmen") sehen sie einen Nutzen für die Welt. Damit wird durch die Aufgabe nicht nur Wissen generiert, sondern auch eine Haltung zur Welt hervorgebracht. Hierin zeigt sich ein Lernpotential des kollektiven Gesprächs im Sachunterricht, das einen argumentativen fachlichen Austausch über die eigenen Ideen und kindlichen Vorstellungen umfasst, welcher über die Summe der Einzelbeiträge hinausgeht. Dahin gehend konnten in der Rekonstruktion der Aufgabenbearbeitung neue und *komplexe* fachliche Zugänge der Kinder aufgedeckt werden, die sich *im Prozess* zeigen.

Die Aufgabenbearbeitungsprozesse von Schüler*innen in diesem Sinne zu beobachten, vermittelt Einblicke in deren Vorstellungen und Lernprozesse, die erst im gemeinsamen Austausch sichtbar werden. Ein offenes Aufgabenformat kann ko-konstruktive Lernprozesse in einem Sachunterricht befördern, der die Verständigung unter Schüler*innen ernst nimmt und sich für die Aushandlung von Kinderperspektiven sowie „erfahrungsgebundene Eigentheorien" (Pech 2009: 5) interessiert.

Anhand des Beitrags konnte zudem gezeigt werden, wie bedeutsam die interaktionistische Rekonstruktion des Bearbeitungsprozesses ist, um die Weiterentwicklung von Schüler*innenperspektiven im Prozess wahrnehmen und an diese im weiteren Unterricht anschließen zu können. Für Lehrpersonen gewinnt diese Sichtweise insofern an Bedeutung, als dass sie die eigene Perspektive im Hinblick auf Erklärungen der Schüler*innen erweitern oder auch irritieren kann, sodass im Zusammenspiel mit dem unterrichtlichen Geschehen ein Hinterfragen und Reflektieren der eigenen Perspektiven herausgefordert wird.

Literatur

Beuermann, Christiane/Hüging, Hanna (2014): Vom Menschen gemacht. Der anthropogene Treibhauseffekt. https://www.bpb.de/gesellschaft/umwelt/klimawandel/38441/anthropogener-treibhauseffekt [Zugriff am 06.10.2021].

de Boer, Heike (2018): Joint meaning making im Forschungsdiskurs zu philosophischen Gesprächen mit Kindern. In: de Boer, Heike/Michalik, Kerstin (Hrsg.): Philosophieren mit Kindern – Forschungszugänge und -perspektiven. Opladen, Berlin, Toronto: Verlag Barbara Budrich, S. 33–45.

de Boer, Heike (2015): Lernprozesse in Unterrichtsgesprächen. In: de Boer, Heike/Bonanati, Marina (Hrsg.): Gespräche über Lernen – Lernen im Gespräch. Wiesbaden: Springer VS, S. 17–36.

Combe, Arno/Gebhard, Ulrich (2012a): Verstehen im Unterricht. Die Rolle von Phantasie und Erfahrung. Wiesbaden: Springer VS.

Combe, Arno/Gebhard, Ulrich (2012b): Annäherungen an das Verstehen im Unterricht. In: Zeitschrift für interpretative Schul- und Unterrichtsforschung 1, 1, S. 221–230.

Grittner, Frauke/Wagener, Matthea (2017): Gemeinsam lernen im jahrgangsübergreifenden Sachunterricht. In: Miller, Susanne/Holler-Nowitzki, Birgit/Kottmann, Brigitte/Lesemann, Svenja/Letmathe-Henkel, Birte/Meyer, Nikolas/Schroeder, René/Velten, Katrin (Hrsg.): Profession und Disziplin. Grundschulpädagogik im Diskurs. Wiesbaden: Springer VS, S. 185–190.

Lange, Gabriele (o.J.): Naturphänomene erschließen: Kohlenstoffdioxid – ein Gas mit Wirkung. https://www.didaktik.chemie.uni-rostock.de/storages/uni-rostock/Alle_MNF/Chemie_Didaktik/Forschung/Kohlenstoffdioxid_-_Ein_Gas_mit_Wirkung.pdf [Zugriff: 06.10.2021].

Michalik, Kerstin (2018): Das philosophische Gespräch als Methode zur Rekonstruktion von Vorstellungen und Weltdeutungen von Kindern – Ein Forschungszugang. In: de Boer, Heike/Michalik, Kerstin (Hrsg.): Philosophieren mit Kindern – Forschungszugänge und -perspektiven. Opladen/Berlin/Toronto: Verlag Barbara Budrich, S. 122–133.

Michalik, Kerstin (2015): Philosophieren mit Kindern. Sinnkonstitution im Gespräch. In: Gebhard, Ulrich (Hrsg.): Sinn im Dialog. Zur Möglichkeit sinnkonstituierender Lernprozesse im Fachunterricht. Wiesbaden: Springer VS, S. 179–197.

Miller, Max (1986): Kollektive Lernprozesse. Studien zur Grundlegung einer soziologischen Lerntheorie. Frankfurt/Main: Suhrkamp.

Pech, Detlef (2009): Sachunterricht – Didaktik und Disziplin. Annäherung an ein Sachlernverständnis im Kontext der Fachentwicklung des Sachunterrichts und seiner Didaktik. In: www.widerstreit-sachunterricht.de, Nr. 13. [Zugriff: 06.10.2021].

Ploss, Oliver (2012): Naturheilkunde bei funktionellen Erkrankungen. Stuttgart: MVS Medizinverlage Haug.

Rahmstorf, Stefan/Schellnhuber, Hans Joachim (2019): Der Klimawandel. Diagnose, Prognose, Therapie. München: Verlag C.H.Beck.

Ranke, Ulrich (2019): Klima und Umweltpolitik. Berlin: Springer Spektrum.

Scholz, Gerold (2004): Offen, aber nicht beliebig. Materialien für den Sachunterricht. In: www.widerstreit-sachunterricht.de, Nr. 2. [Zugriff: 06.10.2021].
Stehr, Nico/von Storch, Hans (2010): Klima, Wetter, Mensch. Opladen & Fermington Hills: Verlag Barbara Budrich.
Tomasello, Michael (2014): Eine Naturgeschichte des menschlichen Denkens. Frankfurt am Main: Suhrkamp.

„Also dann sind hier so Fädchen und dann hängen die sich hier rein…" – Grundschulkinder beim Experimentieren zum Klett-Prinzip beobachten

Ulrike Eschrich und Julia Misterek

Zusammenfassung

Dieser Beitrag zeigt am Beispiel des bionischen Themas ‚Klett-Prinzip', wie mithilfe eines alltäglichen Klett-Spiels mit Grundschulkindern an der Schnittstelle der naturwissenschaftlichen und technischen Perspektive im Sinne eines sprachsensiblen Sachunterrichtes gearbeitet werden kann.

Ergänzende Information Die elektronische Version dieses Kapitels enthält Zusatzmaterial, auf das über folgenden Link zugegriffen werden kann https://doi.org/10.1007/978-3-658-35355-1_7. Die Videos lassen sich durch Anklicken des DOI Links in der Legende einer entsprechenden Abbildung abspielen, oder indem Sie diesen Link mit der SN More Media App scannen.

U. Eschrich (✉) · J. Misterek
Fachbereich Bildungswissenschaften, Institut für Grundschulpädagogik, Universität Koblenz-Landau, Campus Koblenz, Koblenz, Deutschland
E-Mail: eschrich@uni-koblenz.de

J. Misterek
E-Mail: juqu@uni-koblenz.de

H. de Boer et al. (Hrsg.), *Beobachten im fachdidaktischen Kontext*,
Edition Fachdidaktiken, https://doi.org/10.1007/978-3-658-35355-1_7

Dabei wird die Perspektive auf Lernprozesse, die in diesem Band zum ‚Beobachten im fachdidaktischen Kontext' grundlegend dargestellt wird, mit dem Konzept der durchgängigen Sprachbildung verbunden und exemplarisch am Scaffolding aufgezeigt. So wird entfaltet, wie eine einführende, lebensweltbezogene und offene Aufgabe mit begleitender Beobachtung durch die Lehrkraft dazu genutzt werden kann, um einen naturwissenschaftlich-technisch orientierten Unterricht zum Thema ‚Klett-Prinzip' zu konzipieren.

1 Maria und Jojo und das Klett-Prinzip

1.1 Die Beobachtungssituation

Die nachfolgenden Ausführungen basieren auf einer etwa dreiminütigen Videosequenz zum Prinzip eines Klett-Verschlusses, die eine Situation aus dem geöffneten Grundschulunterricht im ersten Schuljahr zeigt.[1]. Die Kinder nehmen hier ein Klett-Spiel[2] – im wahrsten Sinne des Wortes – unter die Lupe. Das Spiel wurde ihnen im Rahmen der Freiarbeit vom Lehrer zur Verfügung gestellt. Die Szene spielt sich im Nebenraum der Klasse ab, wobei neben Maria und Jojo der Lehrer anwesend ist. Nachdem die beiden Mädchen anfänglich die Lupe erforschen und erkennen, dass diese Dinge größer erscheinen lässt, fokussieren sie das Spiel genauer. Hierzu erhalten sie den folgenden Impuls des Lehrers:

„Dann könnt ihr euch das mal angucken [zeigt dabei auf die Klett-Tiere]. Da diese schwarze Fläche, guck die da, die da hängen bleibt… Wie würdest du die denn beschreiben?"

Wie beide das Phänomen hinter dem Klett-Prinzip gemeinsam erforschen (Abb. 1) und versprachlichen, wird im nachfolgenden Beobachtungsprotokollauszug deutlich.

[1] Das Video stammt aus einem durch das Koblenzer Netzwerk CampusGrundschulen, Studienseminare & Kindergärten (KONECS) erhobenen, geschnittenen und inventarisierten Datenkorpus.

[2] Es handelt sich hier um ein typisches Wurfspiel für Kinder, bei dem auf eine Zielscheibe mit spinnennetzartig angebrachten Klett-Bändern haftende Spinnen geworfen werden müssen.

Abb. 1 Jojo (links im Bild) und Maria (rechts im Bild) erforschen das Klett-Prinzip (► https://doi.org/10.1007/000-68a) (© Breuning)

1.2 Das Beobachtungsprotokoll

Maria richtet ihren Blick durch die Lupe auf das Klett-Tier und Jojo lässt die Lupe und das Tier lachend sinken. Dann sieht sie durch die Lupe wieder das Tier an, nimmt diesmal jedoch die Lupe in die linke und das Tier in die rechte Hand. Nach circa zwei Sekunden legt Jojo beides in ihren Händen zur Seite, blickt nach vorne und sagt: „Die hab' ich schon mal gesehen!" Maria, die ihren Blick nicht von der Lupe und dem sich davor befindenden Tier abwendet, sagt: „Ich auch!". Jojo sagt daraufhin: „Aber hier klebt das ja gar nicht, deshalb ist ja [...]". Währenddessen wischt sie mit der rechten Hand die schwarze Fläche des Tieres – abwechselnd in Richtung des Lehrers und wieder zurück zu sich – über den Tisch. Maria schaut ebenfalls von der Lupe auf, legt die schwarze Fläche ihres Tieres ebenfalls auf den Tisch, und beginnt sie abwechselnd anzuheben und wieder hinzulegen. Dann legt sie das Tier neben sich auf den Tisch, wischt mit ihrer linken Handfläche über die Zielscheibe und sagt: „Ja, das klebt nur auf Weichem...". [...] Jojo schaut kurz auf Marias linke Hand, lächelt und sagt: „Ja". Dann fasst Maria mit ihrem linken Daumen und Zeigefinger in die Zielscheibe, hebt sie dadurch etwas an und sagt: „Hier, das sind so Dinger...". Währenddessen sagt Jojo: „Das klebt auch..., ah warte mal! Ich mag mal was ausprobieren". Jojo geht durch den Raum, holt ein Kissen in den Kamerabereich und legt die schwarze Fläche des Tieres auf das Kissen. Maria sagt: „[...] Hier das, das klebt nicht, weil, hier das ist ja auch nicht so weich!". Maria legt dabei auch die schwarze Fläche ihres Tieres auf das Kissen [...]. Dabei stellt Maria fest: „Hier das (auf die Zielscheibe zeigend) steht da so ab und dann (legt mit der linken Hand und mit Schwung die schwarze Fläche ihres Tieres auf die Zielscheibe) klebt das". Jojo fragt daraufhin, sich im Zimmer umsehend: „Was gibt's hier noch?" [...] Maria sieht sich die schwarze Klebefläche der Tiere unter der Lupe erneut an und sagt zu Jojo: „Hier sieht man! Hier, das sind [...]! Da! Ah (hebt ihre Stimme)! Hier das Knister hängt sich an den Fäden ab". Jojo setzt sich währenddessen auf ihren Stuhl, nimmt ihre Lupe in die rechte Hand, guckt sich dadurch die schwarze Fläche und die Zielscheibe an, und antwortet dann: „Wirklich! Das ist wirklich so!" [...] Maria blickt wieder durch ihre Lupe auf das Tier und sagt: „Das sieht man". Daraufhin fragt der Lehrer: „Ja?" Beide Mädchen sehen sich daraufhin erneut die Klett-Tiere durch die Lupe an und Jojo sagt: „Da sind ja, da sind so kleine Fliegen [...]". Darauf reagiert Maria mit erhobener Stimme: „Hier, ich weiß es! Hier sind so... das sieht man hier voll (setzt kurz die Lupe an)! Das sind so Bogen (macht mit linkem Zeigefinger eine halbkreisförmige Bewegung von oben nach unten) und dann klebt das (heftet das Tier wieder an die Zielscheibe) [...]". Jojo blickt währenddessen erst Marias Tier an, dann wieder ihr eigenes und sagt anschließend mit erhobener Stimme und den Lehrer anblickend: „Ja! Und das hakt sich da so ein wie ehm, das ist so, äh ...". Maria entgegnet daraufhin an den Lehrer gewandt: „Und hier sind ja auch die Haare dran!" und zeigt mit dem rechten Zeigefinger auf die schwarze Fläche ihres Tieres. Jojo legt die Lupe und das Tier vor sich auf den Tisch, rutscht auf dem Stuhl zurück, nimmt erst den rechten und dann den linken Fuß auf den Stuhl und sagt, während sie nach unten auf ihre Klett-Schuhe sieht: „Das ist wie hier so". Maria hebt ihren rechten Arm, bewegt die Hand mit ausgestecktem Zeigefinger auf und ab und sagt dabei: „Das ist dann in den Fädchen drin! Und dann, wenn (J: „Hier!", auf die schwarze Fläche der Tiere zeigend) man welche wieder abzieht ist das wieder weg". Daraufhin nimmt Jojo eines der Tiere, hält es sich an den linken Schuh und sagt: „Das ist wie ehm, als ob das sich da so einhakt". [...] Im Weiteren wird die Haftbarkeit anderer Gegenstände, etwa einer Hose, erforscht.

2 Theoretischer Rahmen

2.1 Durchgängige Sprachbildung als Ziel des Sachunterrichts

Wie diese kurze Sequenz zwischen Maria und Jojo zeigt, stellt Sprache hier das zentrale Medium und Mittel der Kommunikation sowie das Werkzeug des Denkens und Problemlösens dar (vgl. Köhnlein 2012: 323). Denn „ohne Sprache ist Wissenserwerb nicht möglich" (Schmölzer-Eibinger 2013: 25). Im Alltag erleben wir, wie sich unsere Gedanken entfalten, wenn wir sie einem Gegenüber erklären. Durch die Kommunikation mit Anderen können konzeptionelle Erkenntnisse durch das Verdichten von Sinneindrücken hervorgebracht – ko-konstruiert – werden. Wir brauchen Sprache, um die Dinge, die uns umgeben, beschreiben und begrifflich fassen zu können, um Zusammenhänge zu erfassen und um uns im sozialen Umfeld auszutauschen. Aus eben diesem Grund verlangte die KMK bereits im Jahr 2002 nach einer „durchgängige[n] und konsequente[n] Verknüpfung von Sprachlernen und Sachlernen" (KMK 2006: 16), ehe sie im Jahr 2013 (vgl. KMK 2013: 12) die durchgängige Sprachbildung als verbindliche Norm erklärte. Ein auf Verstehen und Verständigung ausgerichteter Unterricht braucht nach diesem Verständnis immer auch den Dialog zur Erkenntnisgewinnung, -verarbeitung und -speicherung. Hierbei ist es wichtig, die Kinder schrittweise von einer Alltags- zu einer Bildungs- und Fachsprache zu führen.

2.1.1 Die Sprachen des Sachunterrichts

Die *Alltagssprache* wird auch als ‚Sprache der Nähe' bezeichnet (vgl. Koch und Oesterreicher 1985: 19 ff.).[3] Alltagssprachliche Formulierungen sind gekennzeichnet durch Merkmale konzeptioneller Mündlichkeit und dienen der Bewältigung der Alltagskommunikation. Beispiele für Merkmale konzeptioneller Mündlichkeit sind

- Kontextgebundenheit,
- Dialogizität,
- parataktischer Satzbau,
- syntaktisch unvollständige Sätze und

[3] Cummins spricht in diesem Zusammenhang von *basic interpersonal communication skills (BICS)* (vgl. z. B. HYPERLINK "SPS:refid::bib15" Quehl und Trapp 2013: 22 ff. mit Bezug auf Cummins 2000: 60 f.).

- zirkuläre[4] Argumentationen
  (in Anlehnung an Quehl und Trapp 2013; Koch und Oesterreicher 1985; Gogolin und Lange 2010; Eschrich 2015).

Die Bedeutung des Gesagten wird zusätzlich durch nonverbale (Gestik und Mimik) und paraverbale Signale (etwa Betonungen) verdeutlicht (vgl. Schmölzer-Eibinger et al. 2013: 17). Auch wenn die Alltagssprache meist medial mündlich Verwendung findet, zeigen beispielsweise Chats mit Freunden, dass diese auch schriftlich genutzt werden kann.

Die *Bildungssprache* wird auch als ‚Sprache der Distanz' bezeichnet (vgl. Koch und Oesterreicher 1985).[5] Der Begriff der Bildungssprache impliziert bereits, dass es sich um eine Sprache handelt, die im Bildungskontext von Bedeutung ist (vgl. Gogolin et al. 2011: 16, 57). Es handelt sich dabei um ein sprachliches Register, welches dazu befähigt, explizit und präzise zu verbalisieren, und Merkmale konzeptioneller Schriftlichkeit aufweist. Beispiele für Merkmale konzeptioneller Schriftlichkeit sind

- Kontextentbundenheit,
- ein hoher Anteil monologischer Formen,
- Verwendung von Fachvokabular,
- hypotaktischer Satzbau,
- lineare Argumentationslinien und
- ein hoher Grad an Informationsdichte
  (in Anlehnung an Quehl und Trapp 2013; Koch und Oesterreicher 1985; Gogolin und Lange 2010; Eschrich 2015).

Bildungssprache ist dabei nicht an ein Medium gebunden. Während sie zu Beginn meist in geschriebenen Texten von Kindern Realisierung findet, tritt sie im Laufe der Grundschulzeit vermehrt auch in mündlichen Unterrichtsphasen auf (vgl. Quehl und Trapp 2013: 18).

Die Fachsprache ist von Merkmalen konzeptioneller Schriftlichkeit geprägt und gekennzeichnet durch die Verwendung fachspezifischer Lexik und spezieller Satz- und Textkonstruktionen (vgl. Gogolin et al. 2011: 179). Hierzu werden

---

[4] Zirkuläre Argumentation bedeutet, so zu argumentieren, dass das, was in einer Argumentation begründet werden soll, bereits vorausgesetzt wird.

[5] Cummins spricht in diesem Zusammenhang von *cognitive academic language proficiency (CALP)* (Quehl und Trapp 2013:22 ff. mit Bezug auf HYPERLINK "SPS:refid::bib3" Cummins 2000: 67).

auch nonverbale Zeichen, wie z. B. Symbole, Formeln und Grafiken gezählt (vgl. Schmölzer-Eibinger et al. 2013: 14).

Eine Methode zur Integration des Sprachlernens im Fachunterricht, etwa während des forschenden Lernens, ist die des Scaffolding (engl. ‚Baugerüst'). Auf diese Perspektive soll nachfolgend mit Blick auf das vorliegende Beobachtungsbeispiel genauer eingegangen werden.

2.2 Scaffolding

Scaffolding wird seit Mitte der 1990er Jahre auch international von Zweitspracherwerbsforscher*innen wie Pauline Gibbons (2002) als Metapher für ein Unterstützungssystem im sprachsensiblen Fachunterricht genutzt (vgl. Quehl 2010: 28).

Beim Scaffolding geht es darum, Unterricht so zu gestalten, dass Lernende die Möglichkeit haben, den Übergang von der Alltags- zur Bildungssprache bewusst zu vollziehen und auch darum, ihnen die Notwendigkeit dieser Veränderung des sprachlichen Registers aufzuzeigen.

Im schulischen Kontext findet Scaffolding auf zwei Ebenen statt, dem Makroscaffolding und dem Mikroscaffolding. Das Makroscaffolding bildet dabei das Fundament für die Planung der Lernunterstützung und umfasst die Elemente der Bedarfsanalyse, der Lernstandanalyse und der Unterrichtsplanung (vgl. Hahn und Schöler 2017: 589 ff.). Im Rahmen der *Bedarfsanalyse* wird zunächst aus fachlicher Perspektive erörtert, welche sprachlichen Anforderungen ein Lernstoff an die Schüler*innen stellt. Ergänzend zur Bedarfsanalyse wird mittels der *Lernstandanalyse* der Sprachstand, das heißt die individuellen sprachlichen Voraussetzungen und Entwicklungsprozesse der gesamten Klasse oder auch individueller Schüler*innen durch die Lehrkraft ermittelt – dies durch systematische und kontinuierliche Beobachtungen. Auf der Basis von Bedarfs- und Lernstandanalyse erfolgt die *Unterrichtsplanung*. Hierbei finden fachliche und sprachliche Aspekte Berücksichtigung und der Blick wird auf das Erreichen der Zone der nächsten/der proximalen Entwicklung (vgl. Vygotskij 2002) gerichtet.

Die Unterrichtsaktivitäten, die dem Mikroscaffolding entsprechen (vgl. Quehl und Trapp 2013: 44 ff.), können nach Gibbons (vgl. 2006: 275 ff.) in drei Phasen angeordnet werden und bilden den sprachlichen Handlungsrahmen, in dem die eigentlichen Unterrichtsinteraktionen stattfinden.

- Phase eins stellt die *Aktivierung in Kleingruppen* dar. Hier führen Kinder beispielsweise eigenständig Experimente durch und verwenden dabei meist alltagssprachliche Formulierungen.
- In der sich anschließenden Phase der *Forscherkonferenz* mit der ganzen Klasse werden die Kinder durch Impulse der Lehrkraft (siehe Abb. 3) zum angeleiteten Berichten angehalten.
- Lehrende sollten den Schülerinnen und Schülern dabei als sprachliches Vorbild dienen, spezifisches Fachvokabular bereitstellen, exemplarische Satzstrukturen anbieten, Pausen und Wartezeiten zulassen und bewusst platzierte, prozessbezogene Gesprächsimpulse einsetzen. In dieser Phase stellen die Kinder sich gegenseitig ihre Experimente vor und setzen sich vertiefend mit dem Thema auseinander.
- In der dritten Phase geht es um Anlässe, die die Kinder ermutigen, verstärkt kontextunabhängige Sprache zu gebrauchen. Meist in Form von *schriftlichen Dokumentationen* (z. B. Forschertagebüchern, Versuchsbeschreibungen, Lernplakaten), aber auch durch eine *zweite Forscherkonferenz,* in der das Erarbeitete nochmals vorgestellt wird.

> „Eine solche Unterrichtsgestaltung berücksichtigt, dass im Verlauf einer Sachunterrichtseinheit nicht nur die Sprache zunehmend kontextunabhängiger wird, sondern eben auch der Sachverhalt, auf den sich diese Sprache bezieht“ (Quehl und Trapp 2013: 48).

Exkurs: Impulse der Lehrkraft

Durch ‚echte‘ *produktive Fragen* werden die Kinder zu einsichtigen und perspektivenreichen Begründungen auf hohem kognitivem Niveau angeregt. Das höchste kognitive Niveau wird durch den Einsatz von *deep-reasoning Fragen* evoziert, da die Fragen „auf eine längere Antwort oder Erklärung ab[zielen], die […] nicht reproduktiv ist“ (de Boer 2015: 22), z. B.: „Aber warum ist denn Öl wasserunlöslich?“

Das *Revoicing* skizziert das zustimmende Aufgreifen, Erweitern und Akzentuieren von Schüler*innenäußerungen, um diese zum Ausgangspunkt für weitere vertiefende Überlegungen für alle Kinder der Klasse zu machen (O'Connor und Michaels 1996). Dies erfolgt beispielsweise durch Formulierungen wie: „Genau. Habt ihr alle gehört, was Lisa gesagt hat? Lisa kannst du nochmal für alle Kinder der Klasse wiederholen, was du gerade gesagt hast?“

Dieser wertschätzende Umgang mit den Schüler*innenäußerungen „unterstreicht die Rolle der Lernenden als ernstzunehmende Gesprächspartnerinnen und -partner sowie als Urheber einer Idee“ (Pauli 2010: 149).

Explizierungs-Impulse, wie

- fragende Wiederholungen einer Antwort der Schüler*innen: z. B. „Es schmeckt also gleich?“,
- die Bitte um Erklärungen: z. B. „Aber warum ist das so?“ oder
- ein detailorientiertes Nachfragen, beispielsweise „Meinst du etwa wasserlöslich?“, bieten eine weitere Grundlage für komplexe und detailreiche Schüler*innenantworten.

2.3 Der Klett-Verschluss – fachsprachliche Begriffe

Um die Handlungen und Äußerungen von Kindern während der Beobachtungssequenz im Sinne des Scaffolding nachzuvollziehen und zu begleiten, erweist sich eine differenzierte Auseinandersetzung mit dem fachlichen Gegenstand als notwendig. Dabei wird zunächst aus fachlicher Perspektive erörtert, welche sprachlichen Anforderungen der Lernstoff an die Schüler*innen stellt (vgl. dazu auch Quehl 2010; Quehl und Trapp 2013).

Der Klett-Verschluss

Beim Klett-Verschluss handelt es sich um eine Erfindung aus dem Bereich der *Bionik.* Der Schweizer Ingenieur Georges de Mestral stellte bei Spaziergängen mit seinem Hund fest, dass die Früchte der Klette an dessen Fell oftmals hängenblieben. Diese *Klett-Früchte* untersuchte de Mestral unter dem *Mikroskop* genauer auf deren ‚haftende‘ Eigenschaften hin. Dabei stellte er fest, dass *Kletten* am Ende ihrer Stacheln kleine, *biegsame Häkchen* besitzen. Diese können sich an haarigen *Oberflächen* leicht *verhaken.* Mit der Entdeckung dieses *biologischen Prinzips* begann er, im Sinne eines Bottom-up-Prozesses, eine *technische Lösung* für neuartige Verschlüsse zu entwickeln. Innerhalb von acht Jahren nach der Entdeckung des Prinzips im Jahr 1941 entstand dabei das bionische Produkt des Klett-Verschlusses, das de Mestral 1955 in der Schweiz unter dem Namen Velco® zum Patent anmeldete (*Vel*our (Schlaufe, Samt) + *C*hr*o*chet (Haken)). Die meisten Klett-Verschlüsse bestehen aus zwei *gewebten Kunststoffstreifen,* wovon die *Oberfläche* der einen Seite mit kleinen *Widerhaken,* die der anderen Seite mit *Schlaufen* besetzt ist. Presst man die beiden

Seiten zusammen, *verhaken* sich die *Widerhaken* im weichen *Schlaufenstoff.* Durch den Einsatz eines Klett-Verschlusses kann man Dinge schnell und sicher *befestigen* oder *verschließen,* aber auch wieder einfach öffnen. (vgl. dazu auch Lanz 2015: 28 ff.; Weddehage und Wohltmann 2017: 183 f.)

Da es sich beim Klett-Prinzip um ein mikroskopisches Phänomen handelt, dessen Wirkweise die Kinder in Alltagshandlungen oftmals als ‚kleben' erfahren, besteht die besondere Herausforderung darin, den Schüler*innen mittels Hilfsmitteln wie Lupe oder Mikroskop die Materialbeschaffenheit und damit die ‚hakende' Eigenschaft einer Klette bzw. des Klettverschlusses im Unterrichtsgeschehen erfahrbar werden zu lassen.

3 Rekonstruktion

3.1 Die Ausgangssituation und die Beobachtungsaufgabe

Die Bereitstellung des Spiels und der Lupe durch die Lehrkraft sowie der anfängliche verbale Impuls, sich mithilfe der Lupe die schwarze Fläche der Klett-Tiere etwas genauer anzusehen, ermöglichen es den Kindern, in der konkreten Situation eine forschende Haltung einzunehmen und die Problemlösung eigenaktiv und kooperativ anzugehen. Die Aufforderung zum genauen Beobachten und das Interesse des Lehrers an den kindlichen Ideen, ermutigt die Schülerinnen zusätzlich, im Laufe des Problemlösungsprozesses ihre Überlegungen in Sprache zu fassen und diese damit transparent zu machen. Dabei wird im Beobachtungsprotokoll erkennbar, dass Jojo stärker auf Handlungsebene und Maria eher auf sprachlicher Ebene agiert: Jojos Ideen werden durch ihre Handlungen für den*die Beobachter*in erkennbar, Marias Gedanken werden vor allem durch ihre Äußerungen nachvollziehbar. Daher wird nachfolgend der gemeinsame Bearbeitungsprozess von Maria und Jojo auf diesen beiden Ebenen rekonstruiert. Dabei soll im Fokus der Betrachtung stehen, wie die beiden Mädchen bei der Problemlösung vorgehen und ihre Vorstellungen diesbezüglich versprachlichen, um neues Wissen hinsichtlich der essenziellen strukturellen Unterschiede der Oberflächen – Klett-Tier und Zielscheibe – gemeinsam zu ko-konstruieren.

3.2 Analyse des Bearbeitungsprozesses

Die Aufgabe stellt die Kinder anfänglich vor die technische Herausforderung, sachgerecht mit einer Lupe zu agieren. Dabei stellen sie fest, dass diese die Oberflächenbeschaffenheit von Spiel und Klett-Tier vergrößert.

Das Klett-Phänomen an sich scheint den Mädchen aus ihrem Alltagerleben bekannt zu sein, was daran erkennbar wird, dass sie dies beide bei der fokussierten Betrachtung der Klett-Tieroberfläche äußern (Z.4 f.). Noch deutlicher wird es, als Jojo einen Lebensweltbezug zur Funktionsweise des Schließmechanismus' ihrer Klett-Schuhe herstellt und sich diesen genauer ansieht (Z.34 f.).

Bei der Erkundung des Klett-Prinzips nutzen die beiden Mädchen nicht nur das vom Lehrer bereitgestellte Material, sondern entwickeln neue Zugänge, um ihre Erkenntnisse weiter voranzutreiben. Dabei erproben sie zusätzliche Alltagsgegenstände und deren Eigenschaften, etwa ein Kissen, eine Jeanshose (Jojo) oder die Tischoberfläche (Maria). Sie prüfen die Hypothese, ob ‚Weichheit' ein Garant für erfolgreiches Kletten der Tiere ist (Z.11 und Z.16). Durch die Nutzung taktiler Erfahrungen merkt Maria, dass sich die Zielscheibenfläche mit ihrem ‚abstehenden Knister' (Z.22) vom Kissen in seiner Oberflächenstruktur (Z.15 f.) unterscheidet und schlussfolgert daraus, dass diese besondere Beschaffenheit der Zielscheibe zum gewünschten Erfolg führt.

Während Maria vor allem das Hilfsmittel der Lupe nutzt, um die Strukturen der Klett-Tiere und der Zielscheibe mikroskopisch zu untersuchen: „Hier das (auf die Zielscheibe zeigend) steht da so ab" (Z.17 f.) oder „Hier sieht man" (Z.21), prüft Jojo durch die Erprobung verschiedener Materialeigenschaften weitere Ideen auf makroskopischer Ebene: „Ich mag mal was ausprobieren (Z.14) oder „Was gibt's hier noch?" (Z.20), um hinter die Funktionsweise des Klett-Prinzips zu gelangen. Sie überprüft die Hypothese, ob die Anhaft-Richtung für den Klett-Erfolg entscheidend ist: „Währenddessen wischt sie mit der rechten Hand die schwarze Fläche des Tieres – abwechselnd in Richtung des Lehrers und wieder zurück zu sich – über den Tisch." (Z.6 ff.)

Da es sich um einen dialogischen, kontextgebundenen Austausch zur Thematik des Klett-Prinzips handelt und die Kinder noch keine fachlichen Erkenntnisse zu diesem Phänomen vorab sammeln konnten, zeigen sich bei den sprachlichen Äußerungen der Mädchen viele Elemente aus dem Bereich der konzeptionellen Mündlichkeit:

- Der Gebrauch nonverbaler Mittel (Maria visualisiert die ‚Bögen' beispielsweise mit ihren Händen (Z.28 f.)).
- Der Einsatz von deiktischen Mitteln anhand von Zeigegesten auf den jeweilig zu untersuchenden Gegenstand („Und hier sind ja auch die Haare dran!" und zeigt mit dem rechten Zeigefinger auf die schwarze Fläche ihres Tieres (Z.32 f.)).
- Die Verwendung von Alltagsbegriffen (z. B. Haare (Z.32), Fliegen (Z.26)).
- Die Nutzung von Umschreibungen („Hier das Knister hängt sich an den Fäden ab" (Z.21 f.)).
- Das Auftreten von Satzabbrüchen („Aber hier klebt das ja gar nicht, deshalb ist ja […]" (Z.6)).
- Das Bilden parataktischer Satzstrukturen: „Das klebt auch…, ah warte mal! Ich mag mal was ausprobieren" (Z.13 f.).

Im Verlauf der Auseinandersetzung mit dem Klett-Spiel sind aber auch erste Elemente konzeptioneller Schriftlichkeit in Form eines hypotaktischen Satzbaus zu erkennen, etwa als Maria sagt: „Das klebt nicht, weil hier das ist ja auch nicht so weich" (Z.16) oder Jojo überlegt: „Aber hier klebt das ja gar nicht, deshalb ist ja […]" (Z.6).

Auch wenn Maria und Jojo für die Versprachlichung ihrer Beobachtungen alltagsgeprägte Begriffe wie „Fliegen" (Z.26) und „Fädchen" (Z.37) bei der Beschreibung der Widerhaken-Seite und „Knister" (Z.22) und „Bogen" (Z.28) für die der Schlaufen-Seite verwenden, wird dennoch für den*die Beobachter*in transparent, dass sie den funktionalen Unterschied der beiden Chemiefaserseiten erkannt haben. Die Mädchen ko-konstruieren den Wirkzusammenhang der beiden Seiten mit ihrer haftenden Eigenschaft. Zwar verwenden sie dabei nicht den fachlichen Begriff ‚kletten', umschreiben diesen jedoch treffend, indem sie äußern: „Hier das Knister hängt sich an den Fäden ab" (Z.21 f.) oder „Ja, das klebt nur auf Weichem…"' (Z.11). Maria erkennt am Ende, dass es sich beim Kletten, im Gegensatz zum Kleben, nicht um einen dauerhaften Prozess handelt, sondern dass dieser wieder aufgehoben werden kann: „wenn man welche wieder abzieht, ist das wieder weg" (Z.37 f.). Und Jojo schlussfolgert daraufhin fachlich präzise, dass das Klett-Prinzip durch ‚Einhaken' (vgl. Z.39) funktioniert.

Die zahlreichen Pausen, Satzabbrüche und -neuformulierungen zeigen dem*der Beobachter*in, wie intensiv die Mädchen versuchen, ihre Gedanken hinsichtlich des Phänomens ‚Klett-Prinzip' zu entfalten. Dabei adressieren sie sich nicht nur gegenseitig, sondern auch der Lehrer und die Kamera werden zu Adressaten ihrer Überlegungen.

3.3 Zusammenfassende Analyseerkenntnisse

Im Verlauf der Beobachtung zeigt sich, dass Jojo und Maria von den unterschiedlichen Zugriffsweisen *sprachlich vs. handelnd* profitieren. Durch ihr gemeinsames Interesse und ihr interaktives Vorgehen ko-konstruieren sie Wissen. Die Beobachtung des gemeinsamen Dialogs und der Handlungsweisen der beiden Mädchen ermöglicht dem*der Beobachter*in, etwas über die fachlichen Konzepte der beiden Mädchen, ihr sprachliches Vorwissen zum Thema sowie auch ihre individuellen Zugänge zum Lerngegenstand ‚Klett-Verschluss' zu erfahren.

Diese Erkenntnisse liefern zusammen mit der Bedarfsanalyse[6] eine gute Basis für die weitere Unterrichtsplanung, die im Sinne eines inklusiven Sachunterrichts allen Schüler*innen eine anregende, kognitiv aktivierende Sachbegegnung ermöglicht.

3.4 Entwicklung fachlicher Anschlussaufgaben

Vor dem Hintergrund der Lernprozessbeobachtung von Maria und Jojo und der Analyse des Bearbeitungsprozesses wird nun ausgeführt, welche Aufgaben sich hieran anschließen lassen. In einem ersten Schritt werden fachliche und sprachliche Aspekte berücksichtigt, die eng an die konkrete Beobachtungssituation anschließen. Im Weiteren werden dann auch themenvertiefende Aufgabenformate aufgezeigt.

Direkt im Anschluss an die Erfahrungen mit dem Klett-Spiel können mit den Kindern Fachbegriffe erarbeitet werden, die zur Beschreibung ihrer Beobachtungen relevant sind (wie etwa *biegsame Haken, gewebte Oberfläche, haften, Bionik* usw.). Hierfür können Wortkarten, Wortgeländer, Wortspeicher o.ä. unterstützend zum Einsatz kommen. Auch kann der Weg des Einhakens der Häkchen in die Ösen anhand eines Modells, das das Klett-Prinzip vergrößert darstellt, im Detail von allen Kindern nachvollzogen werden. Das dabei erworbene, sprachlich und fachlich erweiterte Wissen kann durch entsprechende Aufgaben von den Schüler*innen direkt angewendet werden; z. B., indem sie einen Klett-Verschluss skizzieren, die Skizze mit den erarbeiteten Fachbegriffen beschriften und einen

[6] Bei der Bedarfsanalyse wird zunächst aus fachlicher Perspektive erörtert, welche sprachlichen Anforderungen ein Lernstoff an die Schüler*innen stellt. Etwa, ob die Materialien den Kindern bekannt sind, wie diese eindeutig bezeichnet werden können bzw. ob Fachbegriffe eingeführt werden müssen, oder ob diese vorausgesetzt werden können. Ebenso wird die an die Kinder gerichtete Aufgabenstellung hinsichtlich ihrer Herausforderungen und möglichst differenzierter Zugriffsweisen analysiert und angepasst.

eigenen Merksatz zum Klett-Prinzip dokumentieren. Wurde das Wissen auf diese Weise gesichert und gefestigt, kann im Anschluss eine vertiefende Arbeit am Thema entlang der Phasen des Mikroscaffolding folgen.

Als einführender Impuls in die Kleingruppenarbeit (Phase 1) könnte eine Geschichte zu de Mestral und seinen Erfahrungen mit den Klett-Früchten, die im Fell seines Hundes hängen blieben, erzählt werden. Diese Entdeckung war für de Mestral der Anstoß für die Erfindung des Klett-Verschlusses. Dieser Impuls kann einerseits der Ausgangspunkt sein, sich im weiteren Unterrichtsgeschehen intensiver mit dem Thema des Klett-Verschlusses auseinanderzusetzen. Andererseits kann damit aber auch in das Themenfeld der Bionik eingeführt werden.

Für die Vertiefung des Themas ‚Klett-Verschluss' eignen sich weiterführende Forschungsfragen der Kinder als Basis, welchen sie dann weiter, etwa durch passende Experimente, nachgehen können. Beispiele für weiterführende Forschungsfragen sind:

- Wie stark ist ein Klett-Verschluss?
- Lässt sich ein Klett-Verschluss immer gleich gut öffnen?
- Eignen sich Klett-Verschlüsse für die Anzüge der Feuerwehr?
- Eigenen sich Klett-Verschlüsse für Taucheranzüge?
- Eignen sich Klett-Verschlüsse für schmutzige Arbeitskleidung? (vgl. dazu auch Lanz 2015: 31–33).

Diese Forschungsfragen versuchen die Schüler*innen ko-konstruktiv, experimentell und alltagssprachlich zu klären, um dabei die Oberflächenbeschaffenheit und weitere Eigenschaften des Klett-Verschlusses vertiefend zu erforschen. Bestenfalls bearbeitet jede Gruppe eine eigene Forschungsfrage, sodass in der anschließenden Forscherkonferenz (Phase 2) ein kommunikativer Austausch zwischen den Kleingruppenmitgliedern über die jeweiligen Erfahrungen entsteht. Innerhalb einer Forscherkonferenz könnte die Lehrkraft den Kindern ein ausgewähltes und begründetes Repertoire an (fach-)sprachlichen Mitteln auf der lexikalischen Ebene[7] bereitstellen, sodass die Kinder darin unterstützt werden, von ihren Erfahrungen stärker bildungssprachlich zu berichten und es ihnen dabei möglich wird, zeitliche Abfolgen und kausale Zusammenhänge zur Sprache zu bringen. In der abschließenden schriftlichen Dokumentation in Form von Arbeitsblättern, Plakaten, Forscher*innenheften usw. erfolgt die Verschiebung des sprachlichen Registers noch stärker in Richtung Bildungssprache (Phase 3).

---

[7] Beispielsweise die in Abschn. 2.3 hervorgehobenen Begriffe.

Mit der Einführung in das Themenfeld der Bionik können Kinder erforschen, an welchen Stellen es Ähnlichkeiten zwischen Natur und Technik gibt und recherchieren, wo sich der Mensch zur Bewältigung technischer Probleme Hilfe aus der Natur gesucht hat (*Top-down-Bionik*[8]) und wann in der Natur entdeckte Phänomene auf die Technik übertragen wurden (*Bottom-up-Bionik*[9]).

4 Fazit

Die Analyse der kurzen, videografierten Unterrichtssequenz konnte Folgendes zeigen: Beobachtungsprotokolle können nicht nur in einem naturwissenschaftlich-technisch orientierten Sachunterricht als Instrument herangezogen werden. Auch im Kontext des Scaffolding und des daraus resultierenden inklusiven Sachunterrichts können sie eingesetzt werden, um die Vorerfahrungen und Konzepte einzelner Kinder oder der gesamten Klasse, sowie deren unterschiedliche Zugriffsweisen in den Blick zu nehmen. Dabei rückt das situationsspezifische Lernen von Kindern in den Fokus. Hierfür bieten sich v. a. offene Aufgabenstellungen, wie auch im Beispiel des vorliegenden Beitrags deutlich wird, an, mit denen sich die Kinder in Partner*innen- oder Kleingruppenarbeit eigenaktiv und ko-konstruktiv auseinandersetzen können. Diese regen die Schüler*innen zum Ausprobieren von und Kommunizieren über eigene Ideen an, sodass die Beobachter*innen etwas über die individuellen Zugänge der Schüler*innen erfahren (z. B. handelnd, sprechend, taktil, beobachtend) und sowohl Handlungsaspekte als auch ihre sprachlichen Äußerungen in den Fokus der Beobachtung rücken. Am Beispiel des Klett-Verschlusses wurden die Aneignungsprozesse der beiden Schülerinnen deutlich: Jojo, die sich dem Unterrichtsgegenstand eher auf der sprachlichen Ebene nähert, und Maria, die stärker auf der handelnden Ebene agiert. Die bei der Analyse von Beobachtungsprotokollen gewonnenen vertiefenden Erfahrungen über die Interessen und das Lernen der Kinder können der Lehrkraft nachfolgend als Basis für die Planung eines schüler*innenorientierten, konstruktiven und sprachsensiblen Sachunterrichts dienen. Dieser ermöglicht es, dass alle Kinder einen gemeinsamen Gegenstand auf unterschiedlichen Repräsentationsebenen erschließen können.

---

[8] Ein Beispiel für einen *Top-down-Prozess* stellt etwa der Fallschirm als bionisches Produkt dar, für dessen Funktionsweise und Form der Löwenzahnsamen dem Menschen als Vorbild für den Wunsch nach Möglichkeiten, den Luftraum zu erobern, diente.

[9] Ein Beispiel für einen *Bottom-up-Prozess* ist etwa die Entwicklung von Wandfarbe mit Lotus-Effekt, bei der man sich die beobachtete selbstreinigende Eigenschaft von Pflanzenoberflächen zu Nutze gemacht hat.

Literatur

de Boer, Heike (2015): Lernprozesse in Unterrichtsgesprächen. In: de Boer, Heike/Bonanati, Marina (Hrsg.): Gespräche über Lernen – Lernen im Gespräch. Wiesbaden: Springer VS, S 17–36.

O'Connor, Mary Catherine/Michaels, Sarah (1996): Shifting participation status through revoicing: Analysis of a classroom discourse strategy. In: Anthropology and Education 24, 4, S. 63–103.

Cummins, Jim (2000): Language, power and pedagogy: Bilingual children in the crossfire. Clevedon, England: Multilingual Matters.

Eschrich, Ulrike (2015): Gespräche über Experimente. In: de Boer, Heike/Bonanati, Marina (Hrsg.): Gespräche über Lernen – Lernen im Gespräch. Wiesbaden: Springer VS, S. 267–282.

Gibbons, Pauline (2002): Scaffolding Language, Scaffolding Learning: Teaching Second Language Learners in the Mainstream Classroom. Portsmouth, NH: Heinemann.

Gibbons, Pauline (2006): Unterrichtsgespräche und das Erlernen neuer Register in der Zweitsprache. In: Mecheril, Paul/Quehl, Thomas (Hrsg.): Die Macht der Sprache. Münster/New-York/München/Berlin: Waxmann, S. 269–290.

Gogolin, Ingrid/Dirim, Inci/Klinger, Thorsten/Lange, Imke/Lengyel, Dorit/Michel, Ute/Neumann, Ursula/Reich, Hans H./Roth, Hans-Joachim/Schwippert, Knut (2011): Förderung von Kindern und Jugendlichen mit Migrationshintergrund FörMig. Bilanz und Perspektiven eines Modellprogramms. FörMig Edition, Band (7). Münster/New York/München/Berlin: Waxmann Verlag.

Gogolin, Ingrid/Lange Imke (2010): Bildungssprache und durchgängige Sprachbildung. In: Fürstenau, Sarah/Gomolla, Mechtild (Hrsg.): Migration und schulischer Wandel: Mehrsprachigkeit. Wiesbaden: Springer VS, S. 107–129.

Hahn, Natalia/Schöler, Marianne (2017): Mit Scaffolding zur Fachsprache Film im DaF-Unterricht. In: Krekeler, Christian (Hrsg.): Informationen Deutsch als Fremdsprache 40, 9, S. 584–621.

KMK (Sekretariat der Ständigen Konferenz der Kultusminister der Länder in der Bundesrepublik Deutschland) (2006): Zuwanderung. Beschluss der Kultusministerkonferenz vom 24.05.2002 i.d.F vom 16.11.2006. Bonn: Sekretariat der KMK. https://www.kmk.org/fileadmin/Dateien/veroeffentlichungen_beschluesse/2002/2002_05_24-Zuwanderung.pdf [Zugriff am 06.10.21].

KMK (Sekretariat der Ständigen Konferenz der Kultusminister der Länder in der Bundesrepublik Deutschland) (2013): Interkulturelle Bildung und Erziehung in der Schule. Beschluss der Kultusministerkonferenz vom 25.10.1996 i.d.F vom 05.12.2013. Bonn: Sekretariat der KMK. https://www.kmk.org/fileadmin/Dateien/pdf/Bildung/AllgBildung/2017-05-11-Berichte_Interkulturelle_Bildung.pdf [Zugriff am 15.10.21].

Koch, Peter/Oesterreicher, Wulf (1985): Sprache der Nähe – Sprache der Distanz. Mündlichkeit und Schriftlichkeit im Spannungsfeld von Sprachtheorie und Sprachgeschichte. In: Deutschmann, Olaf/Flasche Hans/König, Bernhard/Kruse, Margot/Pabst, Walter/Stempel, Wolf-Dieter (Hrsg.): Romanistisches Jahrbuch 1985, 36. Berlin/New York: De Gruyter Verlag, S. 15–43.

Köhnlein, Walter (2012): Sachunterricht und Bildung. Bad Heilbrunn: Klinkhardt.

Lanz, Bernhard (2015): Von der Natur abgeschaut: Der Klettverschluss. Bionik als Ansatzpunkt für mehrperspektivisches Unterrichten. In: Grundschulunterricht Sachunterricht 2015, 4, S. 28–33.

Pauli, Christine (2010): Klassengespräche – Engführung des Denkens oder gemeinsame Wissenskonstruktion selbstbestimmt lernender Schülerinnen und Schüler? In: Bohl, Thorsten/Kansteiner-Schänzlin, Kaja/Kleinknecht, Marc/Kohler, Britta/Nold, Anja (Hrsg.): Selbstbestimmung und Classroom Management. Empirische Befunde und Entwicklungsstrategien zum guten Unterricht. Bad Heilbrunn: Klinkhardt, S. 145–161.

Quehl, Thomas (2010): Die Möglichkeit des Scaffoldings. Zur Gestaltung des Übergangs von der Alltagssprache der Kinder zur Fach- und Bildungssprache. In: Grundschulunterricht 2010, 4, S. 28–32.

Quehl, Thomas/Trapp, Ulrike (2013): Sprachbildung im Sachunterricht der Grundschule. Mit dem Scaffolding-Konzept unterwegs zur Bildungssprache. FörMig Edition, Band (4). Münster/New-York: Waxmann.

Schmölzer-Eibinger, Sabine (2013): Sprache als Medium des Lernens im Fach. In: Becker-Mrotzek, Michael/Schramm, Karen/Thürmann, Eike/Vollmer, Helmut J. (Hrsg.): Sprache im Fach. Sprachlichkeit und fachliches Lernen. Münster: Waxmann, S. 25–41.

Schmölzer-Eibinger, Sabine/Dorner, Magdalena/Helten-Pacher, Maria-Rita (2013): Sprachförderung im Fachunterricht in sprachlich heterogenen Klassen. Stuttgart: Fillibach bei Klett.

Vygotskij, Lev S. (2002): Denken und Sprechen. Weinheim: Beltz (Orig. Moskau 1934).

Weddehage, Karen/Wohltmann, Jan Heiko (2017): Bionik – Von der Natur lernen. In: Giest, Helmut (Hrsg.): Die naturwissenschaftliche Perspektive konkret – Begleitband 4 zum Perspektivrahmen Sachunterricht. Bad Heilbrunn: Klinkhardt Verlag, S. 180–191.

„Wie kommt der Honig in die Blumen?“ – Die Entstehung von Kinderfragen im Gespräch beobachten

Heike de Boer und Marek Breuning

Zusammenfassung

Im Mittelpunkt dieses Beitrages steht die Beobachtung der Interaktion zweier Schülerinnen, die eine Topfpflanze untersuchen. Sie entwickeln in ihrer Aushandlung gemeinsam die Frage: „Wie kommt der Honig in die Blumen?“ Vor dem Hintergrund der Forschung zum Thema „Kinderfragen“ wird die interaktive Aushandlung der beiden Schülerinnen eingeordnet, rekonstruiert und reflektiert und in ihrer wissenschaftlichen Relevanz für die Entwicklung fragenorientierten Sachunterrichts diskutiert.

Ergänzende Information Die elektronische Version dieses Kapitels enthält Zusatzmaterial, auf das über folgenden Link zugegriffen werden kann https://doi.org/10.1007/978-3-658-35355-1_8. Die Videos lassen sich durch Anklicken des DOI Links in der Legende einer entsprechenden Abbildung abspielen, oder indem Sie diesen Link mit der SN More Media App scannen.

H. de Boer (✉) · M. Breuning
Fachbereich Bildungswissenschaften, Institut für Grundschulpädagogik, Universität Koblenz-Landau, Campus Koblenz, Koblenz, Deutschland
E-Mail: hdeboer@uni-koblenz.de

M. Breuning
E-Mail: breuning@uni-koblenz.de

H. de Boer et al. (Hrsg.), *Beobachten im fachdidaktischen Kontext,*
Edition Fachdidaktiken, https://doi.org/10.1007/978-3-658-35355-1_8

1 Marlene und Cara untersuchen die Gerbera

Ausgangssituation: Marlene und Cara, zwei Mädchen aus der zweiten Klasse, sitzen in der Klassenbibliothek an einem Tisch. Vor ihnen stehen zwei Topfpflanzen. Bei beiden Pflanzen handelt es sich um orangefarbene Gerbera (Abb. 1). Die beiden Gerbera haben jeweils eine Blüte, einen langen behaarten Stil und grundständige grüne Blätter. Auf dem Tisch liegen zwei Lupen. Auch der Lehrer ist Teil der Situation. Er ist im Raum anwesend, aber nicht zu sehen.

Fragestellung: Wie untersuchen Marlene und Cara die Gerbera?

„Wie kommt der Honig in die Blumen?"
Marlene und Cara sitzen nebeneinander. Jedes Mädchen hält eine Lupe in den Händen. Es handelt sich um circa 15 × 10 cm große Lupen, die einen ausklappbaren Griff haben. Marlene schaut durch die Lupe und auf die Pflanze, die vor ihr auf dem Tisch steht. Sie berührt die Gerbera am Stiel und zieht die Blüte näher vor die Lupe und schaut sich die Pflanze durch

Abb. 1 Marlene (rechts) und Cara (links) untersuchen mit Lupen die Gerbera (Klasse 2) (► https://doi.org/10.1007/000-68b) (© Marek Breuning)

das Vergrößerungsglas an. Auch Cara hält die Lupe in den Händen. Sie klappt den Griff der Lupe ein und wieder aus und blickt in Richtung der Kamera. Cara greift nach der Blüte der Gerbera und hält diese dicht vor die Lupe und beginnt zu sprechen. Zeitgleich spricht auch Marlene: „Hier sind… Kerne. Äh (2 Sek Pause) Samen. Vögel nehmen meistens Samen von Blumen.“ Sie lässt ihre Lupe sinken und schaut Cara an. Cara sagt: „Ich… Ich seh hier ein bisschen Honig. Ich sehe ein bisschen Honig. Hier so an gelben Strichen. Da klebt Honig.“ Während sie spricht, schaut sie in die Richtung der Kamera und dann zurück zur Gerbera. Marlene schaut auf die Pflanze, die vor ihr auf dem Tisch steht, und sagt: „Mhm.“ Sie zieht die Blüte der Gerbera näher heran und betrachtet sie durch die Lupe und sagt: „Aaah… die Bienen machen ja auch Honig aus den Blumen (2 Sek Pause.)“ Wieder sprechen beide Mädchen gleichzeitig. Marlene erklärt: „Wenn es keine Bienen gäbe, dann gäbe es auch kein Honig (2 Sek Pause).“ Zeitgleich beginnt Cara: „Ja aber, weißt du….“

Aus dem Hintergrund ist die Stimme des Lehrers zu hören: „Du hast jetzt gerade gesagt, Marlene, die Bienen machen Honig aus den Blumen….“ Marlene: „Ja, weil in den Blumen hier drin….“ Während sie das sagt, hält sie kurz ihre Lupe an die Blüten und zeigt in die Mitte auf den Blütenstempel. Noch während Marlene spricht, sagt Cara: „Aber…“ und fasst die Gerbera am Stiel an. Marlene spricht weiter: „Sind ja… Ähm… Ist ja Honig. Und dann nehmen die mit ihrem Mund das da rein….“ Cara schaut Marlene an, während Marlene sagt: „So da einsaugen….“ Sie zeigt mit ihren Händen auf ihren Mund: „Und dann, wenn die halt dann wieder da sind, dann….“ An dieser Stelle ergänzt Cara Marlene und sagt: „Dann spucken die das aus (2 Sek Pause).“ Mit „Ja“ bestätigt Marlene Caras Ergänzung. Cara guckt auf die Gerbera und sagt: „Aber ich frag mich nur wa… wie der Honig in die Blumen reinkommt“. Während sie spricht, hält sie die Lupe wieder vor die Blüte und schaut sie durch das Vergrößerungsglas an. Marlene lächelt und sagt: „Ja, wenn die wachsen, aber hää….“ „Vielleicht ist das so von der Natur“, sagt Cara. Sie senkt die Lupe herunter und schaut Marlene an. Marlene sagt: „Okay. Wir sprechen jetzt darüber. (kurze Pause) Das Thema heißt: ‚Wie kommt der Honig in die Blumen?‘“ Marlene und Cara blicken sich an und Marlene fragt Cara: „Geeinigt?“ Cara nickt; Marlene sagt: „Okay.“

2 Kinderfragen im Sachunterricht

„Fragen heißt, offenlegen und ins Offene stellen. Gegen die Festigkeit der Meinungen bringt das Fragen die Sache mit ihren Möglichkeiten in die Schwebe“ (Gadamer 1960: 349).

Die oben dokumentierte Beobachtung endet mit der Frage von Cara: „Wie kommt der Honig in die Blumen?“ Mit Gadamer stellt sie ihre Frage ins *„Offene“*, gegen die *„Festigkeit“* etwas wissen zu müssen, legt sie offen, was sie interessiert.

Fragen markieren oftmals den Beginn von Lernprozessen. Dem Zusammenhang von Kinderfragen und Lernprozessen geht Brinkmann (2019) in ihrer Dissertationsstudie nach. Sie interessiert sich dafür, wie ausgehend von Schüler*innenfragen Lernprozesse im Sachunterricht erschließbar sind und wie aus didaktischer Sicht eine Fragekultur im Unterricht systematisch aufgebaut werden kann. Brinkmann füllt mit ihrer Studie ein wichtiges Desiderat und kann zeigen, dass in einem Unterricht, der systematisch an Kinderfragen anschließt und auf eine Fragenkultur ausgerichtet ist, sich das Frageverhalten und die Qualität der Fragen der Schüler*innen steigern lässt, genauso wie die Qualität der gestellten Fragen (vgl. Brinkmann 2019: 400 ff.).

2.1 Kinderfragen sind rar

Die systematische Ausrichtung des (Sach-)Unterrichtes an Kinderfragen ist allerdings noch immer eine Ausnahme. Denn obwohl Kinderfragen besonders im Grundschulunterricht eine enorme Bedeutung für das forschende und explorierende Handeln zugesprochen wird (vgl. z. B. Michalik 2013), ist Unterricht immer noch weitgehend so angelegt, dass das Fragestellen von Schüler*innen eher verhindert als befördert wird (vgl. Niegemann und Stadler 2001; Michalik 2012). Wissensbezogene Fragen von Schüler*innen werden sogar als Störung der Unterrichtsroutine (vgl. Helsper 2014[2]: 217) wahrgenommen. Sembill und Gut-Sembill (2004: 322) führen dies auf die „implizite Voraussetzung eines hochinformativen und Verstehensprobleme aktiv vermeidenden Unterrichts“ zurück: Ein ‚guter‘ Unterricht vermeidet Schüler*innenfragen und fordert diese nicht heraus. Dadurch entstehe ein „Fragenüberhang“ im Unterricht, da Schüler*innen viele ihrer Fragen zurückhalten (Sembill und Gut-Sembill 2004: 322).

Wenngleich Fragen oft unartikuliert bleiben, haben Schüler*innen dennoch Fragen, dies zeigt eine Fragebogenerhebung von Ritz-Fröhlich in den 90er Jahren. Sie erhob rund 1000 Fragen von Grundschulkindern von denen etwa 15 % als Sinnfragen ausgewiesen werden können (vgl. Ritz-Fröhlich 1992: 94). In ihrer Studie mit Sekundarstufenschüler*innen zeigt Kolenda, dass Sinn- oder auch philosophische Fragen in wesentlichen Merkmalen den elaborierten Fragen entsprechen, die die Musterhaftigkeit schulischer Interaktionen aufbrechen, Denkstrukturen und Wissen zu erschüttern vermögen und den Raum für divergierende Sinnoptionen öffnen und offenhalten (vgl. Kolenda 2010: 96). Den Typus der elaborierten Frage entwickelt Kolenda in ihrer Untersuchung zum „Unterricht als bildendes Gespräch" und interessiert sich für die Potentialität und Produktivität von Schüler*innenfragen besonders im Hinblick auf ihre entwicklungstreibende Kraft (vgl. Kolenda 2010: 95). Ihre analytischen Betrachtungen verweisen auf die enorme Bedeutung der Entstehung von Reziprozität im Gespräch, die daran gebunden ist, dass die Lehrperson modalisierend wirkt. Sie beschreibt neue und spielerisch-experimentelle Kreationsversuche, die im Sinne von Beschreibungen, Terminologien, Sinn- und Deutungsversuchen an die Grundstruktur der Modalisierung gebunden sind (vgl. Kolenda 2010: 150). Jede Form der Validierung im Sinne der Kategorisierung, Subsumierung oder des Klassifizierens durch die Lehrperson hingegen setzen dem Gespräch ein Ende (vgl. Kolenda 2010: 150). Die zentrale Aufgabe bestehe darin, das Gespräch produktiv fortzusetzen und „das Ungesagte, Implizite, Latente" hervorzubringen (Kolenda 2010: 153).

Ähnliches expliziert de Boer (2018a) für philosophische Gespräche in der Grundschule. Sie arbeitet darüber hinaus die Bedeutung von Denkpausen und Wartezeiten im Gespräch heraus und kann zeigen, dass längere Wartezeiten einen positiven Einfluss auf die Qualität der Schüler*innenäußerungen haben (vgl. de Boer 2018b: 217).

2.2 Die Bedeutung von Wartezeiten für Unterrichtsgespräche

Aus den wenigen, älteren Untersuchungen, die sich mit Sprechpausen in der Lehrer*innen-Schüler*innen-Interaktion beschäftigen, ist bekannt, dass Lehrende Schüler*innen kaum Zeit zum Nachdenken geben[1] und Schüler*innenäußerungen sofort validieren (vgl. Honea 1981; Rowe 1986; Niegemann und Stadler 2001; Heinze und Erhard 2006). Dass sich Wartezeiten im Gespräch jedoch lohnen

[1] Rowe (1986) datiert den Durchschnittswert der Wartezeit nach einer Lehrer*innenfrage bis zum Beginn einer Schüler*innenäußerung auf eine Sekunde. Niegemann und Stadler (2001) bestimmen diese Zeit auf ca. 2 s und erhalten 15 Jahre nach Rowes Untersuchung einen ähnlich niedrigen Wert.

können, zeigt bereits Rowe in ihrer Untersuchung aus den 80er Jahren und formulierte die überzeugende These *„Slowing down may be a way of speeding up"* (Rowe 1986: 43). Sie stellte eine wesentliche Verbesserung hinsichtlich der Schüler*innenantworten fest, wenn die Wartezeit nach einer Lehrer*innenfrage auf mindestens drei Sekunden ausgedehnt wird. So zeigte sich zum Beispiel, dass die Länge der Antworten, die Anzahl der unaufgeforderten, aber angemessenen Antworten, die Häufigkeit der von Schüler*innen gestellten Fragen und die Häufigkeit der spekulativen Antworten zunahm (vgl. Rowe 1986: 44–45).[2]

2.3 Diagnostische Potentiale von Kinderfragen

In einem Unterricht, der kollektives Denken, Argumentieren und Interagieren ermöglichen möchte, sind aus dem Unterricht emergierende Fragen von Schüler*innen elementar und eröffnen vielperspektivische Anknüpfungsmöglichkeiten. Denn Kinder bewegen sich nicht in Perspektiv- oder Fachgrenzen.

Fragen der Schüler*innen haben für Lehrkräfte auch diagnostischen und erkenntnisgenerierenden Wert. Brinkmann entwickelt in ihrer Studie ein Kompetenzstufenmodell zur Analyse von Schüler*innenfragen und unterscheidet unterschiedliche Fragetypen nach der Tiefe des Vorwissens, der Art des Aufmerksamkeitsfokus (eng-breit), dem Anteil der konzeptionellen Verstehensweise und des philosophischen Hintergrundes (vgl. Brinkmann 2019: 292 ff.). Für diesen Beitrag werden besonders die Kompetenzstufen 1 und 4 bedeutend (Abb. 2).

Brinkmann geht es nicht darum, die Fragen der Lernenden im Sinne einer Leistungsbewertung zu beurteilen (vgl. Brinkmann und Merklinger 2019: 43 ff.), sondern es geht darum, die Fragerichtung zu erschließen und mittels der Frageniveaus die individuellen Zugänge der Kinder besser verstehen zu können.

3 Cara, Marlene und der Honig in der Gerbera

Die Schülerinnen Marlene und Cara untersuchen in dieser beobachteten Szene mit ihren Lupen die Gerbera, eine Topfpflanze. Die im Protokoll nicht enthaltene Aufgabenstellung durch den Lehrer lautete: „Seht euch die Topfpflanze bitte genau an. Was seht ihr?" Es handelt sich hierbei um eine offen formulierte Aufgabenstellung, die den Schülerinnen verschiedene Handlungsoptionen eröffnet.

[2] Für eine vollständige Aufzählung der Verbesserungen nach einer Ausdehnung der Wartezeit, siehe Rowe 1986: 44–45.

Kompetenzstufe 1			
Vorerfahrungen/ Vorkenntnisse	Aufmerksamkeits-fokus	Frage nach einem Konzept	Philosophischer Hintergrund
nein	eng	nein	nein
Beispielfragen			
• Fragen nach Ordnungsparametern: „**Quartettfragen**" z. B. „Wie heiß ist die Sonne?" oder „Wie lang ist der Mond?" **Kein spezielles Vorwissen**. Ein bestehendes Konzept wird erweitert, aber nicht umstrukturiert. Der Aufmerksamkeitsfokus kann als eng bezeichnet werden.			
Kompetenzstufe 4			
Vorerfahrungen/ Vorkenntnisse	Aufmerksamkeits-fokus	Frage nach einem Konzept	Philosophischer Hintergrund
ja	breit	ja	nein
Beispielfragen			
• **Warum-Fragen** mit **verallgemeinerndem Charakter** und bestehenden Vorkenntnissen: ***„Wieso dreht sich die Erde um sich selbst?"*** Tiefergehende **Modalitäten und Funktionsweisen** werden aufgeschlüsselt und schließen an bestehende Vorkenntnisse an: ***„Wie ist die Urexplosion gelaufen?"*** Fragen spiegeln Vorkenntnisse wider, zielen auf die **Veränderung vorhandener Erlebensweisen** und implizieren einen **weiten Aufmerksamkeitsfokus**.			

Abb. 2 Kompetenzmodell zur Analyse der Schüler*innenfragen am Beispiel der Stufen 1 und 4 (in Anlehnung an Brinkmann und Merklinger 2019: 43)

Die Schülerinnen können die Pflanze mit oder ohne Lupe betrachten und auch an den verschiedenen Teilen der Pflanze beginnen. Beide Schülerinnen starten, indem sie den Blütenstand mit der Lupe betrachten (Abb. 3), für beide scheint dies besonders attraktiv zu sein. Marlene äußert, dass sie Kerne im Blütenstand sieht und beschreibt damit einen Teil der Pflanze. Sie verwendet zunächst den alltagssprachlichen Ausdruck „Kerne" und etwas später dann das fachsprachlich korrekte Wort „Samen". Gleichzeitig kontextualisiert sie den Begriff und bringt den Hinweis ein, dass Vögel Samen von den Blumen nehmen. Hier benutzt sie den in der Alltagssprache gebräuchlichen Begriff „Blume" und meint die Blüte bzw. den Blütenstand. Auch Cara entdeckt etwas Neues und sieht „n bisschen Honig". Worauf sie genau zeigt, ist auf dem Video nicht erkennbar, vermutlich meint sie die Pollen, was von der Formulierung „an den gelben Strichen" gestützt wird. Cara stellt ausgehend von ihrer Vorstellung, vermutlich aufgrund der Farbe der „Striche" einen Zusammenhang zwischen dem gelben Honig und dem gelben Pollen her. Dies bestätigt Marlene mit „hmm" und zugleich fragt sie irritiert nach „echt?" und ergänzt Caras Ausführung mit der Erklärung, dass die Bienen

Abb. 3 Gerbera-Blüte (© Monika Schröder)

Honig aus den Blumen machen und formuliert den Konditionalsatz „Wenn es keine Bienen gäbe, dann gäbe es auch keinen Honig."

Die Entdeckung des „Honigs" durch Cara und die Erklärung von Marlene, dass die Entstehung von Honig auf die Bienen zurückzuführen ist, kristallisiert ein gemeinsames Thema heraus. Hier mischt sich der Lehrer kurz ein. Mit einem ‚Revoicing' (vgl. de Boer 2015: 22) adressiert er Marlene als Urheberin einer wichtigen Idee im Gespräch: „Du hast jetzt gerade gesagt, Marlene, die Bienen machen Honig aus den Blumen." Sie reagiert auf die Aussage des Lehrers mit einer Begründung in Form eines Kausalsatzes „Ja, weil..." und wiederholt Caras Beobachtung, dass Honig in der Blume zu sehen ist und erklärt weiter, wie Bienen „mit ihrem Mund das so einsaugen," Cara ergänzt zeitgleich den Satz mit „dann spucken die das aus." Sie knüpft an Marlenes Formulierungen an und ergänzt zugleich ihre eigene Vorstellung des Ablaufs. Hier entsteht ein Ko-Konstruktionsprozess von Cara und Marlene, der in Caras Frage mündet „aber ich frage mich nur, wie der Honig in die Blumen reinkommt." Marlene überlegt, ob das mit dem „Wachsen“ der Pflanze zusammenhängt. Die gemeinsam produzierte und geteilte Deutung führt zu Caras Vermutung, dass dies „von der Natur“ so gemacht sei. Sie scheint sich zunächst damit zufrieden zu geben. Marlene schließt an Caras Vermutung an und fasst zur gemeinsamen Frage zusammen: „Okay. Wir sprechen jetzt darüber. (kurze Pause) Das Thema heißt: ‚Wie kommt der Honig in die Blumen?‘“ Sie ergänzt „Geeinigt.“ Cara bestätigt sie.

4 Gelbe Striche in der Blüte: Wie könnte es unterrichtlich weitergehen?

In dieser kurzen Sequenz untersuchen die beiden Zweitklässlerinnen mit großen Lupen die Gerbera; ihr Blick fokussiert die Blüte der Gerbera und die gelben Striche, die sie sehen. Da der Lehrer in dieser Sequenz vor allem beobachtet und sich nur mit einer Äußerung einmischt, erfährt er hier, wie die Mädchen den fachlichen Gegenstand konstruieren und ko-konstruieren. Er kann auch beobachten, wie sich die Kinder sprachlich äußern, in diesem Fall weitgehend alltagssprachlich (vgl. hierzu Eschrich/Misterek in diesem Band). Nicht nur die beobachtende Haltung des Lehrers, sondern auch die offene Aufgabenstellung und das Material ermöglichen den beiden Mädchen verschiedene Zugänge, sich der Topflanze zu nähern: Blüte, Blätter, Sprossachse, Wurzel etc. Dadurch, dass der Lehrer die Aufgabe nicht weiter ausdifferenziert hat, können die Mädchen ihren Aufmerksamkeitsfokus selbst bestimmen und wählen: die Blüte. Der Begriff Blüte fällt allerdings nicht, sondern dem Sprachduktus der Kinder folgend geht es um die „Blume“. Die Mädchen vermuten, dass die „gelben Striche“ Honig sind und fragen sich, wie der Honig in die „Blume“ kommt. Mit Brinkmanns Fragestufenmodell (vgl. Brinkmann 2019: 368 ff.), formuliert Cara hier eine Frage, die der vierten Stufe zugeordnet werden kann. Es handelt sich in diesem Sinne um Fragen mit „verallgemeinerndem Charakter“, die zur Aufschlüsselung tiefergehender Modalitäten und Funktionsweisen führen (siehe Abb. 2) und an bestehende Vorkenntnisse der Schülerinnen anschließen.

Welche Vorkenntnisse haben die beiden?
Marlene weiß, dass es Samen in der „Blume“ gibt und Vögel an „Samen“ interessiert sind. Cara weiß, dass die Honigproduktion mit „Blumen“ zusammenhängt und vermutet, dass es Honig in der „Blume“ gibt. Marlene weiß wiederum, dass die Honigproduktion mit den Bienen zusammenhängt und dass Bienen aus den Blüten etwas „saugen“ können und Cara weiß, dass sie es dann wieder „ausspucken“. Dieser kurze Austausch zwischen beiden bringt etliche Vorstellungen

(vgl. Bonanati/Skorsetz in diesem Band) der Schülerinnen zu Tage und zeigt ihr Vorwissen und ihr Interesse. Mit Brinkmann (vgl. 2019: 287 f.) kann hier von einem *weiten Aufmerksamkeitsfokus* der Kinder gesprochen werden, genauso wie die aufgeworfene Kinderfrage eine Frage nach *einem Konzept* ist: *Wie hängt der Aufbau der Blüte mit der Honigproduktion zusammen?*

Für einen Sachunterricht, der das „Fragen stellen an die Welt" (Brinkmann 2019) in den Mittelpunkt stellt, böte sich an, hier anzuschließen. Das könnte zunächst darin bestehen, Fachbegriffe für die untersuchte Blüte einzuführen: Blüte, Blütenkorb, Staubblätter mit Pollensäcken, Pollen, Honigdrüsen. Denn tatsächlich gibt es in der Blüte Nektarien, die ein Drüsensekret ausscheiden und Bienen anlocken. Während Bienen das Sekret aussaugen, bleiben Pollen am Bienenkörper hängen, die sie zur nächsten Blüte transportieren und damit an der Bestäubung mitwirken. Die Darstellung dieses Zusammenhanges macht deutlich, wie nah die beiden Mädchen mit ihren Überlegungen den biologischen Zusammenhängen gekommen sind und wie hochkomplex die Frage ist, die beide aufwerfen. Im Grunde genommen fragen sie nach der Nektarproduktion in der Blüte.

►**Nektar** *m* [von *nektar-], zuckerhaltige, flüssige Ausscheidung von Pflanzen (Ausscheidungsgewebe), Grundlage des von der Honigbiene produzierten Honigs. a) *floraler (nuptialer) Nektar:* innerhalb der Blüte *(Blütennektar)* an verschiedensten Stellen (*Nektardrüsen,* Nektarien) abgegebener Nektar, der als Nahrung für die Bestäuber (Bestäubung) dient (Blütennahrung). Im Nektar gelöst sind vor allem Saccharose, Glucose und Fructose. Diese Zucker sind für die Bestäuber schnell in Energie umsetzbar und erlauben ihnen eine hohe (Flug-)Aktivität (Flug).[3] Mit ihrer Frage berühren sie ebenso den von Bienen initiierten zoophilen Bestäubungsprozess.

►**Blütenbestäubung**, die Übertragung des Pollens (Blütenstaubs) einer Spermatophyten-Blüte auf die Narbe […] zur Befruchtung und zur Bildung von Samen. […] Viele Pflanzenarten […] sind auf Fremdbestäubung angewiesen. […] Die Blüten locken mit Farbe und/oder Duft (Blütenduft) ihre Bestäuber an und bieten ihnen normalerweise als „Belohnung" eine Gegengabe. Meist ist dies Pollen (Pollenblumen) und/oder Nektar als Nahrung […].[4]

---

[3] Spektrum Akademischer Verlag (1999): Lexikon der Biologie. Nektar. https://www.spektrum.de/lexikon/biologie/nektar/45676 [Zugriff: 06.10.21].

[4] Spektrum Akademischer Verlag (1999): Lexikon der Biologie. Bestäubung. https://www.spektrum.de/lexikon/biologie/bestaeubung/8161 [Zugriff: 06.10.21].

5 Schlussüberlegungen, oder: keine Angst vor Kinderfragen!

Beobachtung und Analyse machen sichtbar, wie komplex die fachlichen Zusammenhänge sind, die hinter der von beiden Mädchen im Ko-Konstruktionsprozess entwickelten Frage stehen. Ohne die detaillierte Beobachtung und Dokumentation ihrer aufgabenbezogenen Handlungen, auch ihrer genauen sprachlichen Äußerungen wären weder der Ko-Konstruktionsprozess noch das phänomenbezogene Vorwissen der Mädchen und ihre Vorstellungen zur Honigproduktion aufgedeckt worden. Darüber hinaus wird sichtbar, dass es umfänglichen Fachwissens bedarf, um die Komplexität der neu konstruierten Frage ermessen und für die weitere Unterrichtsarbeit nutzen zu können. Damit zeigt sich, wie weitreichend bereits die Fragen von Kindern im Anfangsunterricht sein können, wenn ihnen Spielräume eröffnet werden, Fragen gemeinsam zu entwickeln, ohne dass vorschnelle Interventionen der Lehrkraft die Gedanken-, Formulierungs- und Suchbewegungen unterbrechen oder abkürzen.

In dieser kleinen, entschleunigten Szene gibt es immer wieder kurze Denkpausen, Satzabbrüche und -fortsetzungen, ohne dass die Lehrkraft sich einmischt. Ohne ihre abwartende Beobachtungshaltung wäre die explizierte Frage möglicherweise nicht entstanden. Angesichts der Komplexität des berührten Fachwissens könnten sich Lehrkräfte nun erschrocken fragen: Und was passiert, wenn ich den biologischen Zusammenhang selbst nicht kenne und beantworten kann? Das ist vermutlich der Grund, warum Kinderfragen so selten zugelassen werden; sie sind unkontrollierbar, nicht planbar und könnten fertige Unterrichtspläne umwerfen. Doch: Was kann Besseres passieren, als mit den Fragen der Schüler*innen gemeinsam Unterricht zu entwickeln und immer wieder neue Fragen zuzulassen? Brinkmanns Studie arbeitet heraus, dass auf diese Weise eine Fragenkultur entstehen kann und die Qualität der Schüler*innenfragen kontinuierlich gesteigert und vertieft wird (vgl. Brinkmann 2019: 393 ff.). Unterschiedliche Wege, um die Beantwortung der aufgeworfenen Fragen zu finden, können auch gemeinsam von Schüler*innen und Lehrkraft gesucht und überlegt werden. Das kann zu weiteren Fragen führen: Wo könnten wir Informationen finden und nachschauen? Gibt es Erklärvideos? Welche Expert*innen könnten wir aufsuchen und befragen? Oft motiviert es die Kinder besonders, nach Antworten zu suchen, auf die die Lehrkraft noch keine Antwort weiß.

Literatur

de Boer, Heike (2015): Lernprozesse in Unterrichtsgesprächen. In: de Boer, Heike/Bonanati, Marina (Hrsg.): Gespräche über Lernen – Lernen im Gespräch. Wiesbaden: Springer VS, S. 17–36.

de Boer, Heike (2018a): Joint meaning making im Forschungsdiskurs zu philosophischen Gesprächen mit Kindern. In: de Boer, Heike/Michalik, Kerstin (Hrsg.): Philosophieren mit Kindern – Forschungszugänge und -perspektiven. Opladen: Verlag Barbara Budrich, S. 33–45.

de Boer, Heike (2018b): „Wo soll denn Platz für ein Gehirn sein in ner Pflanze" – „joint meaning making" in philosophischen Gesprächen. In: Kim, Minkyung/Marsal, Eva (Hrsg.): Philosophieren mit Kindern als Methode der Kindheitsforschung? Münster: Lit Verlag, S. 203–222.

Brinkmann, Vera (2019): Fragen stellen an die Welt. Eine Untersuchung zur Kompetenzentwicklung in einem an den Schülerfragen orientierten Sachunterricht. Baltmannsweiler: Schneider Verlag Hohengehren GmbH.

Brinkmann, Vera/Merklinger, Daniela (2019): Fragen haben Vorrang. Daniela Merklinger im Gespräch mit Vera Brinkmann. In: Die Grundschulzeitschrift 313, S. 42–45. (Rubrik: Einblicke in Forschung)

Gadamer, Hans-Georg (1960): Wahrheit und Methode. Grundzüge einer philosophischen Hermeneutik. Tübingen: J.C.B. Mohr, 427

Heinze, Aiso/Erhard, Markus (2006): How much time do students have to think about teacher questions? An investigation of the quick succession of teacher questions and student responses in the German mathematics classroom. In: ZDM, Jg. 38, Heft 5, S. 388–398.

Helsper, Werner (2014): Lehrerprofessionalität – der strukturtheoretische Professionsansatz zum Lehrerberuf. In: Terhart, Ewald/Bennewitz, Hedda/Rothland, Martin (Hrsg.): Handbuch der Forschung zum Lehrerberuf. 2. Aufl. Münster [u. a.]: Waxmann, S. 216–241.

Honea, John Mark (1981): An investigation of the influence of wait time on student attitudes toward selected social studies topics. In: Dissertation Abstracts International, Jg. 41, Heft 9, 3858-A.

Kolenda, Sandy (2010): Unterricht als bildendes Gespräch: Richard Rorty und die Entstehung des Neuen im sprachlichen Prozess. Studien zur Bildungsgangforschung, Band 28. Opladen: Verlag Barbara Budrich.

Michalik, Kerstin (2012): Fragen und Philosophieren im Fachunterricht – Zur Bedeutung des Philosophierens als Unterrichtsprinzip: In: Neißer, Barbara/Vorholt, Udo (Hrsg.): Kinder philosophieren. Münster: Lit-Verlag, S. 37–54.

Michalik, Kerstin (2013): Philosophieren mit Kindern als Unterrichtsprinzip. Bildungstheoretische Begründung und empirische Fundierung. In: Pädagogische Rundschau, Jg. 67, Heft 6, S. 635–650.

Niegemann, Helmut M./Stadler, Silke (2001): Hat noch jemand eine Frage? Systematische Unterrichtsbeobachtung zu Häufigkeit und kognitiven Niveau von Fragen im Unterricht. In: Unterrichtswissenschaft – Zeitschrift für Lernforschung, Jg. 29, Heft 2, S. 171–192.

Ritz-Fröhlich, Gertrud (1992): Kinderfragen im Unterricht. Bad Heilbrunn/Obb.: Klinkhardt.
Rowe, Mary Budd (1986): Wait Time: Slowing Down May Be A Way of Speeding Up! In: Journal of Teacher Education, Jg. 37, Heft 1, S.43–50.
Sembill, Detlef/Gut-Sembill, Katrin (2004): Fragen hinter Schülerfragen – Schülerfragen hinterfragen. Unterrichtswissenschaft, Jg. 32, Heft 4, S.321–333.

Internetquellen

Spektrum Akademischer Verlag (1999): Lexikon der Biologie. Bestäubung. https://www.spektrum.de/lexikon/biologie/bestaeubung/8161 [Zugriff: 06.10.21].
Spektrum Akademischer Verlag (1999): Lexikon der Biologie. Nektar. https://www.spektrum.de/lexikon/biologie/nektar/45676 [Zugriff: 06.10.21].

„Ein Schild kann ein Hindernis sein, wenn du darauf nicht guckst“ – Aufgabenbearbeitungsprozesse im Kontext der Radfahrausbildung beobachten

Marina Bonanati und Nina Skorsetz

Zusammenfassung

In diesem Beitrag steht eine Szene im Mittelpunkt, in der eine Gruppe Lernender in einem Arbeitsheft der regionalen Verkehrswachten zwei Aufgaben zum Thema Hindernisse bearbeitet. Rekonstruiert wird, wie die Jungen die Frage nach der Bedeutungsdimension des Begriffs ‚Hindernis‘ und der Symbolik von Verkehrsschildern aushandeln und sich dabei zwischen der Interaktion untereinander sowie mit dem Material (Aufgabenstellung und Abbildungen) und mit der Lehrerin bewegen. Dabei interessiert, wie der fachliche Gegenstand im Prozess der Aufgabenbearbeitung ko-konstruiert wird.

Ergänzende Information Die elektronische Version dieses Kapitels enthält Zusatzmaterial, auf das über folgenden Link zugegriffen werden kann https://doi.org/10.1007/978-3-658-35355-1_9. Die Videos lassen sich durch Anklicken des DOI Links in der Legende einer entsprechenden Abbildung abspielen, oder indem Sie diesen Link mit der SN More Media App scannen.

M. Bonanati (✉) · N. Skorsetz
Fachbereich Erziehungswissenschaften, Institut für Pädagogik der Elementar- und Primarstufe, Goethe-Universität Frankfurt am Main, Frankfurt am Main, Deutschland
E-Mail: bonanati@em.uni-frankfurt.de

N. Skorsetz
E-Mail: skorsetz@em.uni-frankfurt.de

H. de Boer et al. (Hrsg.), *Beobachten im fachdidaktischen Kontext,*
Edition Fachdidaktiken, https://doi.org/10.1007/978-3-658-35355-1_9

1 Fallbeispiel: „Ein Schild kann ein Hindernis sein, wenn du darauf nicht guckst"

Das nachstehende Beobachtungsprotokoll dokumentiert die Handlungen und Äußerungen von drei Jungen (Edgar, Piet, Gerald) an einem Gruppentisch[1] sowie die ihrer Lehrerin in einer Sachunterrichtsstunde im vierten Schuljahr.

Die Klasse beschäftigt sich seit ca. zwei Woschen mit der Radfahrausbildung, die nach einem Vierteljahr Vorbereitungszeit mit der Radfahrprüfung endet. In der dargelegten Stunde bildet das Vorbeifahren an einem Hindernis das Thema. Der Unterricht ist als Stationenarbeit angelegt und gliedert sich in lehrerinnengelenkte Phasen und selbstständige Gruppenarbeitsphasen, in denen die Schüler*innen eigenständig Aufgaben in einem Arbeitsheft zur Verkehrserziehung (K&L Verlag 2019) erarbeiten.

Von den Schüler*innen ist unter anderem Seite 26 zu bearbeiten. Oben auf der Seite sind zwei Aufgabenstellungen formuliert: „1. Was können Hindernisse sein? Zähle auf! 2. Welche Verkehrsschilder zeigen dir Hindernisse an?" Die freien Flächen mit grauen Linien darunter fordern dazu auf, schriftlich zu antworten. Des Weiteren sollen von den Kindern Figuren ausgeschnitten und in der richtigen Reihenfolge aufgeklebt werden, sodass diese zeigen, wie in sieben Schritten sicher an einem Hindernis vorbeigefahren wird/werden kann. Auf der Rückseite des Arbeitsheftes sind zahlreiche Verkehrsschilder abgebildet (Abb. 1), auf die die Schüler*innen zur Beantwortung der zweiten Frage zurückgreifen werden.

Das Beobachtungsprotokoll dokumentiert die Interaktionen in der Jungengruppe und mit der Lehrerin im Rahmen des Aufgabenbearbeitungsprozesses. Dabei interessiert insbesondere, wie die Schüler den Begriff ‚Hindernis' und die Symbolik von Verkehrsschildern aushandeln (Abb. 2). Das Protokoll beginnt bei Minute 29:09 nach Stundenbeginn[2] (im Video: 00:19-01:13 min).

---

[1] Sujan sitzt ebenfalls mit am Tisch, ist in der Szene jedoch nicht aktiv an der Interaktion beteiligt.

[2] Die Videoaufnahmen wurden im Rahmen des Projekts „Fachlichkeit im Sachunterricht in der Inklusion" (FASAN) erhoben. FASAN ist an der Goethe-Universität Frankfurt am Main verortet und hat sich zum Ziel gesetzt, herauszufinden, wie Unterrichtsinhalte und -gegenstände zwischen Lebenswelt und Fachbezug hervorgebracht und verhandelt werden (vgl. dazu Bonanati und Skorsetz 2021; Skorsetz et al. 2021).

Abb. 1 Verkehrszeichen auf der hinteren Umschlagseite des Arbeitshefts (K&L Verlag 2019, S. 26)

Abb. 2 Am Gruppentisch sitzen v.l.n.r.: Edgar, Piet sowie den Betrachtern zugewandt Gerald und Sujan (▶ https://doi.org/10.1007/000-68c) (© Marina Bonanati und Nina Skorsetz)

„Ein Schild kann ein Hindernis sein, wenn du darauf nicht guckst"

Gerald blickt von einer Klebearbeit auf und fragt die Lehrerin: „Ist ein Baum ein Hindernis?" Er beginnt zu begründen: „weil, wenn man aufm Gehweg", wird aber von der Lehrerin unterbrochen, die parallel beginnt zu antworten, dass ein Baum ein Hindernis sein könne, wenn er vom Sturm umgefallen sei. Noch während des Sprechens läuft die Lehrkraft um den Tisch der Jungen herum zum nächsten Gruppentisch. Gerald schaut wieder in sein Heft und klebt weiter. Nach einigen Sekunden kommentiert er weiterhin auf seine Klebearbeit schauend: „Guck", und sagt leise: „Bäume sind Hindernisse". Piet schaut auf sein eigenes Arbeitsheft und schreibt dann etwas bei Aufgabe Nummer zwei auf Seite 26 in das Heft. Edgar fragt, während er in seinem Heft radiert, welche Schilder ein Hindernis sein können. Edgars Blick wirkt suchend, während er sich im Raum umsieht. Als er seinen Blick wieder auf Gerald richtet, antwortet dieser: „Ein Schild kann ein Hindernis sein, wenn du darauf nicht guckst." Piet blickt vom Heft auf, gibt zweimal ein nur schwer hörbares „boah" von sich, lehnt sich zurück und streckt seinen linken Arm hoch. Dann lässt er die Hand auf den Kopf sinken, während er wieder auf sein Heft schaut. Edgar reagiert fast zeitgleich auf Geralds Aussage mit einem deutlichen „NEIN". Mit der linken Hand über das Heft fahrend setzt Edgar fort, „du brauchst", bricht ab und liest dann vermutlich vom Heft die Frage ab: „Welche Verkehrsschilder zeigen dir Hindernisse an?" Während er von Seite 26/27 zur Heftrückseite blättert, auf der eine Übersicht von Verkehrsschildern zu sehen ist (s. Abb. 1), schließt er mit einer Antwort an: „Baustelle schon". Piet dreht sich nun zu Edgar, sodass er wie dieser auf die Rückseite von Edgars Heft schauen kann. Er zeigt auf das Stoppschild auf Edgars Heftrückseite und sagt dabei: „Stopp, Stopp". Edgar erwidert, dass man da nur anhalten müsse, schaut Piet anschließend an und hebt dabei seine rechte Hand etwas an. Nachfolgend zeigt Piet auf ein anderes Schild, was in der Videoaufnahme nur schwer erkennbar ist, vermutlich handelt es sich um das ‚Verbot der Einfahrt', und sagt: „oder hier DIS Zeichen". Erneut mit dem Stift auf das Schild deutend sagt Edgar: „Verbot für Einfahrt", und ergänzt, dass man da nicht „drinne fahren" dürfe. Er bewegt seinen Stift zwischen den Fingern. Piet wiederholt: „drinne fahren" und schließt ein „aha" an. Wenn er da sei, erklärt Edgar mit seinem Stift auf einen Punkt in seinem Heft deutend, und: „der ist hier so", fährt er fort und deutet auf einen anderen Punkt in seinem Heft, dann dürfe man „nicht so fahren", schließt Edgar. Die letzte Aussage begleitet er, indem er mit dem Stift vom zuletzt zum zuerst gezeigten Punkt fährt.

2 Kinderperspektiven auf fachliche Gegenstände[3]

Für die Frage danach, was den fachlichen Gegenstand *im Sachunterricht* bildet, findet sich keine einfache Antwort. Die Sachunterrichtsdidaktik ist durch die Fachwissenschaften und Fachdidaktiken der (natur- und sozialwissenschaftlichen)

[3] Unser Dank gilt an dieser Stelle zum einem den Herausgeberinnen für ihre inhaltlich weiterführenden Anregungen im Überarbeitungsprozess. Zum anderen danken wir Julia Katharina Kanz für ihre Unterstützung bei der Datenaufbereitung sowie den Korrekturen.

Schulfächer sowie der Grundschulpädagogik transdisziplinär gerahmt. Im Perspektivrahmen der Gesellschaft für Didaktik des Sachunterrichts (GDSU 2013), in der die aktuelle Konzeption des Sachunterrichts dargelegt wird, werden fünf Fachperspektiven benannt (sozial- und naturwissenschaftlich, geografisch und historisch sowie technisch).

Im Vergleich zu anderen Fächern gehen die Inhalte des Sachunterrichts überwiegend aus Themen der Lebenswelt der Kinder hervor. Kahlert (2016) beschreibt hierzu, dass vom Kind und seinen Vorstellungen von der Welt ausgegangen werden soll, um „zu den Sachen" (Kahlert 2016, S. 90 f.), also zu fachlich gesichertem Wissen zu kommen. Er konstatiert weiter, dass dies ein Spannungsfeld darstellt, das bisher weder theoretisch noch unterrichtspraktisch gelöst ist. Festzuhalten ist, dass die *Perspektive der Kinder* im Diskurs um die Gegenstände bzw. Sachen des Sachunterrichts eine besondere Relevanz hat. In der didaktischen Forschung im Sachunterricht finden sich unterschiedliche Ansätze, wie die Kinderperspektiven auf fachliche Gegenstände erforscht werden (vgl. zusammenfassend z. B. Wiesemann/Wille 2014).

Einen zentralen Forschungsfokus der Sachunterrichtsdidaktik bilden Studien, die sich mit den Vorstellungen, den Erfahrungen und dem Vorwissen von Schüler*innen beschäftigen. Es lassen sich Ansätze im Kontext der Conceptual-Change-Forschung (Adamina et al. 2018) herausstellen sowie phänomenographische Ansätze, die von den Aneignungsweisen und Erfahrungen der Kinder ausgehen.

Im Fokus der Conceptual-Change-Forschung steht, wie sich unterrichtsrelevante Schüler*innen-Vorstellungen, die als Präkonzepte bezeichnet werden, zu spezifischen Gegenständen in Richtung belastbarer Konzepte entwickeln lassen (vgl. z. B. Engelen et al. 2002). Der interessierende Gegenstand, auf den sich die Vorstellungen beziehen, ergibt sich im Kontext dieser Forschung aus den Fachinhalten, z. B. in Form eines Phänomens oder eines Sachverhalts und wird aus je fachdisziplinärer Perspektive geklärt. Perspektivenübergreifende Themen wie „Mobilität" sind dabei weniger im Blick (vgl. Lange-Schubert und Tretter 2017). In diesem Forschungsansatz liegt somit der Fokus darauf, wie Präkonzepte durch Unterricht verändert werden können.

Im vorliegenden Beitrag liegt das Augenmerk hingegen darauf, wie Vorstellungen von Schüler*innen im Unterricht selbst hervorgebracht werden. Hierfür erachten wir folgende Perspektive als anschlussfähig: Sachunterrichtsforschung, die sich in der Tradition der didaktischen Rekonstruktion oder der Phänomenographie begreift, interessiert sich dafür, wie Kinder die Welt bzw. Phänomene in der Welt *erleben* (vgl. Pech et al. 2012). Im Unterschied zu Conceptual-Change-Forschung stehen die Aneignungsweisen und Formen des Umgangs von Kindern mit einem Phänomen im Fokus. Die Perspektiven der Kinder werden genutzt, um den „Kern der Sache“ (Seitz 2006) für die Kinder zu identifizieren, welcher dann erst im zweiten Schritt mit den Inhalten der Fachperspektiven verbunden wird. Die Perspektiven der Kinder werden dabei nicht (nur) vorab, also vor Unterrichtsbeginn erfasst, sondern der Blick wird auf Äußerungen und Handlungen gerichtet, die in der Unterrichtsinteraktion oder im Gespräch hervorgebracht werden, aus denen dann wiederum mögliche Vorstellungen auf die fachlichen Inhalte der Kinder rekonstruiert werden. Unter Vorstellungen können in diesem Kontext implizite und explizite handlungsleitende Erfahrungen sowie innere Bilder oder Vorwissen verstanden werden, die aufgrund von Interessen, Einstellungen und Motivation situativ hervorgebracht werden (vgl. z. B. Murmann 2013, S. 2). Vor allem mit dem Blick auf individualisierten oder inklusiven Sachunterricht konstatieren Wiesemann und Wille (2014) mit Verweis auf Seitz (2004, 2006) einen Paradigmenwechsel vom „Primat der Sache“ zum „Primat des Kindes“ (Wiesemann und Wille 2014, S. 4). Die Perspektive von Schüler*innen wird in Studien zum Sachunterricht mit unterschiedlichem Fokus rekonstruiert (vgl. z. B. zum (un)doing difference Flügel 2017; zu Lernpartnerschaften Grittner und Wagener 2018; Jähn 2019). Insbesondere die Forschung zum Philosophieren mit Kindern betont deren Aushandlungsprozesse und Konstruktionen (vgl. z. B. de Boer und Michalik 2018).

Daran anschließend gilt unser Interesse der Perspektive der Schüler*innen auf den fachlichen *Gegenstand* in *alltäglichen* Unterrichtssituationen – hier dem in der Szene oben beschriebenen Aufgabenbearbeitungsprozess.

Jegliche Forschung, die sich den Vorstellungen und Perspektiven von Kindern annähern möchte, stellt sich die Herausforderung, dass sie Vorstellungen nicht direkt erfassen kann. Forschende sind auf die sprachlichen, ikonischen und handlungsbezogenen Repräsentationen der Kinder angewiesen und müssen diese deuten. Je nach Anlage der Erhebung und Auswertung von Studien unterscheidet sich das, was als Vorstellungen beschrieben wird (vgl. Adamina et al. 2018; Duit 2003).

In diesem Beitrag findet die rekonstruktive Annäherung an die kindlichen Deutungsmuster im Sinne ihrer Vorstellungen zum fachlichen Gegenstand statt, wie sie in der Interaktion im Sachunterricht, sprachlich, schriftlich und in den Handlungen der Schüler*innen hervorgebracht werden. Im Fokus steht die ko-konstruierte Hervorbringung des fachlichen Gegenstandes durch die Akteur*innen in der realen Unterrichtssituation.

Im folgenden Kasten wird die in dem Fallbeispiel relevante Aufgabe in ihren fachlich-curricularen Kontext gestellt. Diese Kontextualisierung ist relevant, da sie über das Arbeitsheft, seine Abbildungen, Aufgabenformulierungen etc. in die

Situation hineinwirkt. Sie klärt jedoch nicht, was im Rahmen des Aufgabenbearbeitungsprozesses in der Situation für die bzw. für einzelne Teilnehmer*innen den Gegenstand bildet. Es wird vielmehr davon ausgegangen, dass der *Gegenstand* in der Situation *ko-konstruiert* wird. Grundlegend ist die Annahme, dass soziale Ordnung durch die Beteiligten in der Interaktion erzeugt wird (vgl. u. a. Garfinkel 1984; Bergmann 2008). Aus einer solchen Perspektive bilden Aufgaben „pädagogische Absichtserklärungen" (Herrle 2018, S. 25), in dem Sinne, dass ihre konkrete Realisierung erst in der Situation hervorgebracht wird. Wie Schüler*innen im Unterricht mit Aufgaben umgehen und wie dies eine fachliche Aushandlung strukturiert, ist nicht vorab festgelegt und davon abhängig, wie sich die beteiligten Schüler*innen und Lehrperson(en) aufeinander und auf bestimmte thematische Aspekte beziehen. Somit kann auch der Gegenstand an sich als in der Situation hervorgebracht verstanden werden (vgl. de Boer/Last in diesem Band). Gegenstand nachfolgender Analysen sind die „Praktiken der Aufgabenbearbeitung" (Breidenstein und Tyagonova 2020, S. 213)[4]. Indem Praktiken in den Blick genommen werden, mit denen Schüler*innen Aufgaben bearbeiten, Fragen beantworten oder stellen, kann rekonstruiert werden, wie der Unterrichtsgegenstand schülerseitig konstituiert wird (Breidenstein und Tyagonova 2020). Im vorliegenden Beispiel sind die Handlungen der Schüler*innen sowohl auf das Arbeitsheft und die darin enthaltene Aufgabenstellung bezogen als auch auf die Lehrperson, die als Ansprechpartnerin durch ihre Anwesenheit und phasenweise Nähe zum Gruppentisch verfügbar ist.

Einordnung des Fallbeispiels in die Themenbereiche des Sachunterrichts

Das Fallbeispiel entstammt einer Sachunterrichtsstunde im Rahmen der *Radfahrausbildung* in der vierten Klasse. Sie wird in Deutschland als Teil der Verkehrserziehung fast flächendeckend am Ende der vierten Klasse durchgeführt. Sachunterrichtsdidaktisch lässt sie sich in den Themenbereich ‚Mobilität' einordnen, der perspektivenübergreifend betrachtet werden soll, da Fachbezüge nicht aus einer konkreten Fachwissenschaft vorliegen, sondern eher in gesellschaftlichen Forderungen liegen, Kinder zu einer sicheren Verkehrsteilnahme zu befähigen (vgl. KMK 2012; Spitta 2015). Die Verkehrswacht führt als

[4] Die Praktiken der Aufgabenbearbeitung bilden einen von drei Untersuchungsgegenständen, die Breidenstein und Tyagonova (2020) im Kontext ihrer Überlegungen zu einer praxeologisch ausgerichteten, didaktisch interessierten Unterrichtsforschung als praxeologisch reformuliertes didaktisches Dreieck skizzieren. Schulisches Lernen wird von ihnen als Zusammenspiel von „Praktiken der Strukturierung, der Aufgabenbearbeitung und der Interaktionsorganisation" verstanden (Breidenstein und Tyagonova 2020, S. 213).

Ziel der Radfahrprüfung an, dass Regeln situationsorientiert angewendet werden müssen (Verkehrswacht Medien Service GmbH o. J.). Angestrebt wird, dass möglichst alle Schüler*innen am Ende der Ausbildungsphase die theoretische und praktische Prüfung bestehen und selbstständig auf dem Fahrrad am Straßenverkehr teilnehmen können.

In der beschriebenen Szene (s. o.) kann nachvollzogen werden, wie Schüler zwei Aufgaben im Arbeitsheft bearbeiten. Diese Aufgaben beziehen sich auf die Verkehrssituation, an einem *Hindernis vorbei* fahren zu müssen.

Die Straßenverkehrsordnung (StVO) regelt unter § 6 das Vorbeifahren, klärt jedoch nicht, was unter einem Hindernis zu verstehen ist. Der Begriff ‚Hindernis' hat grundsätzlich unterschiedliche Bedeutungsebenen/-dimensionen. Im Wörterbuch der deutschen Sprache werden folgende drei Bedeutungen für den Begriff ‚Hindernis' aufgeführt (www.dwds.de):

1. hindernder Umstand, Sachverhalt; Hemmnis, Schwierigkeit
2. etwas, was das direkte Erreichen eines Ziels, das Weiterkommen be- oder verhindert
3. auf einer (Renn-)Strecke aufgebaute Vorrichtung, die von beispielsweise Sportler*innen oder Pferden überwunden werden muss

3 Rekonstruktion des Bearbeitungsprozesses

Nachfolgend werden in einem ersten Schritt die Praktiken der Aufgabenbearbeitung[5] rekonstruiert. Hierfür wird analysiert, wie sich die Aushandlungen der Gruppe zwischen der Interaktion untereinander und mit der Lehrerin, sowie mit dem Material (Aufgabenstellung, Abbildungen) bewegen und wie somit *der fachliche Gegenstand konstruiert wird* (Abschn. 3.1).

In einem zweiten Schritt werden die schülerseitigen Vorstellungen zum fachlichen Gegenstand gebündelt, wie sie in der Interaktion sprachlich und in den Handlungen der Kinder hervorgebracht werden (Abschn. 3.2).

[5] Mit Praktiken werden bestimmte interaktive Aufgaben oder Anforderungen situativ bearbeitet. In Anlehnung an Deppermann werden Praktiken „[...] im Schnittpunkt einer form- und einer funktionsbezogenen Analyse" (Deppermann 2008, S. 16) untersucht.

3.1 Praktiken der Aufgabenbearbeitung

Geralds Frage, ob ein Baum ein Hindernis sei, kann als Lösungsversuch der Aufgabe 1 („Was können Hindernisse sein? Zähle auf!") gedeutet werden. Gerald ergänzt seine Frage um eine Begründung: *„weil, wenn man aufm Gehweg"*. Er verweist damit auf eine spezifische Situation bzw. seine Perspektive (auf dem Gehweg). Seine Begründung wird von der Lehrerin unterbrochen, indem sie parallel beginnt zu antworten. Sie bestätigt, dass ein Baum ein Hindernis sein kann – unter der Bedingung, dass er umgefallen ist. Als Ursache dafür, dass der Baum nicht mehr an seiner ursprünglichen Position steht (an der er für sie kein Hindernis sein würde), führt sie einen Sturm an. In diesem Beispiel bildet die Kontextualisierung – die spezifische Position des Baumes – die notwendige Voraussetzung dafür, dass ein Objekt ein Hindernis darstellt. In der (Frage-Antwort-)Sequenz zwischen Schüler und Lehrerin wird die Frage zum Thema, unter welchen Bedingungen etwas (hier ein Baum) zu einem Hindernis wird. Dies deutet darauf hin, dass die Frage „Was können Hindernisse sein?" aus Perspektive der Lehrerin nicht damit beantwortet ist, etwas zu nennen. Sie beendet ihre Erläuterung, indem sie sich vom Tisch entfernt und damit für die Jungen am Gruppentisch nicht mehr verfügbar ist.

Gerald widmet sich wieder seiner bisherigen Klebeaufgabe und macht dann mit dem Imperativ *„Guck"* darauf aufmerksam, dass seine Idee korrekt ist, indem er wiederholt, dass Bäume Hindernisse seien. Da er in seiner Wiederholung den Plural verwendet, hat seine Aussage einen verallgemeinernden Charakter. Indem er von Bäumen im Allgemeinen als Hindernisse spricht, fällt die von der Lehrerin erläuterte Bedingung (vom Sturm umgefallen) weg (er genügt damit der Aufzählungslogik der Fragestellung).

Edgar fragt dann danach, welche Schilder ein Hindernis sein können. Indem er die Formulierungen von Aufgabe 1 und 2 vermischt, konstruiert er eine neue Frage. Geralds Antwort bezieht sich auf Aufgabe 1. Er bezeichnet ein Schild als Hindernis unter der Bedingung, *„wenn du darauf nicht guckst"*. Ein Schild könnte zu einem Hindernis werden, so könnte man seinen Gedanken weiterführen, wenn man beispielsweise dagegen läuft bzw. fährt und es so zu einer Kollision kommt. Schilder können – wie auch Bäume – am Rand des Gehwegs stehen und den Platz dort somit einschränken. Gerald bringt seine Beispiele also aus seiner (kindlichen) Perspektive als Verkehrsteilnehmer auf dem Geh- oder Radweg ein, der das Verkehrsschild eventuell nicht in seiner Funktion als solches deutet. Edgar widerspricht *(„NEIN")*, fährt fort: *„du brauchst"* und gibt die Aufgabenstellung 2 wieder: *„Welche Verkehrsschilder zeigen dir Hindernisse an?"*. Damit korrigiert er seine vorherige Formulierung und verweist darauf, dass Verkehrsschilder gesucht sind. Im Sinne einer Reaktion auf seinen eigenen Widerspruch gilt *„Baustelle schon"* als ein solches. Die Funktion des Austauschs zwischen Edgar und Piet liegt zusammenfassend darin, den legitimen fachlichen Gegenstand zu definieren.

Piet scheint an Edgars Deutung anzuschließen, dass es zu klären gilt, welche Verkehrsschilder als Lösung der Aufgabe gelten. Er bringt das Stoppschild als nächstes Beispiel ein, indem er auf das Arbeitsheft deutet und zweimal *„stopp"* sagt. Edgar reagiert auf seinen Vorschlag, indem er ihm die Verhaltensnorm entsprechend der Straßenverkehrsordnung nennt – man müsse nur anhalten. Das einschränkende Adverb „nur" verdeutlicht, dass dieses Schild seiner Meinung nach nicht auf ein Hindernis hinweist. Piet schlägt ein weiteres der abgebildeten Schilder vor, welches Edgar als *„Verbot für Einfahrt"* definiert. Er erläutert erneut eine Handlungsnorm, diesmal nicht *„drinne"* fahren zu dürfen. Darauf signalisiert Piet sein Verstehen *„aha"*. Es wird allerdings nicht deutlich, wie er Edgars Aussage in Relation zur Fragestellung setzt. Edgar demonstriert die Bedeutung des Zeichens ‚Verbot der Einfahrt' nun mithilfe seines Hefts und Stifts gestisch, bevor sich das Gespräch der Jungen anschließend Organisatorischem zuwendet.

Für die Entwicklung der fachlichen Aushandlung im Hinblick auf die Praktiken der Aufgabenbearbeitung und der Frage, *was für die Jungen als Hindernis gilt bzw. welches Schild auf ein Hindernis hinweist,* sind die unterschiedlichen Funktionen der Interaktionspartner*innen interessant:

- Der Sequenz voran geht ein Wortwechsel mit der *Lehrerin,* in der die Jungen Beispiele für Hindernisse einbringen und die Lehrerin diese jeweils ablehnt und stattdessen erläutert, zu welchem Verhalten im Straßenverkehr das Schild auffordert. Auch zu Beginn der hier betrachteten Szene evaluiert sie Geralds Vorschlag und bietet damit eine Art Rückversicherung für die korrekte Beantwortung der Aufgabe (Skorsetz et al. 2021).
- Diese Funktion übernimmt im Verlauf der Szene der *Schüler Edgar.* Piet und Gerald nennen Vorschläge, die Edgar implizit bewertet. Er benennt die Handlungen, zu denen die Schilder aufrufen. Alternativ hätte er Piet beispielsweise sein Verständnis von *Hindernis* erläutern können. Darüber hinaus steuert er auch die inhaltliche Ausrichtung der Aushandlung.
- Diese unterschiedlichen Funktionen der Jungen im Verlauf der Aushandlung lassen den Eindruck von einem Spiel entstehen, indem einer die Rolle des Schiedsrichters innehat. Die (Selbst-)Positionierung der Schüler ist insofern interessant, als die sozialen Positionierungen der Jungen durchaus produktiv für die fachliche Aushandlung sind.

Das *Arbeitsheft* bildet einen wiederkehrenden Bezugspunkt der verbalen und nonverbalen Handlungen der Schüler und strukturiert, wie die Schüler den fachlichen Gegenstand konstituieren:

- Zum einen orientieren sich die Schüler an den auf der zu bearbeitenden Seite formulierten Fragen. Die Fragen werden zweimal explizit in die Interaktion eingebracht (von Edgar) und führen zu direkten Reaktionen (von Piet). Es schließen sich jeweils Interaktionen an, die sowohl als Aushandlung darüber gelesen werden können, welche Fragestellung zu bearbeiten ist, als auch darüber, was als Hindernis gilt.
- Des Weiteren werden die auf der Rückseite des Arbeitsheftes abgebildeten Verkehrsschilder (von Piet) genutzt, um Lösungsvorschläge in die Aushandlung einzubringen.
- Gerald ist im Verlauf der Interaktion damit beschäftigt, Figuren aus dem Arbeitsheft auszuschneiden und auf der vorgesehenen Seite aufzukleben.

3.2 Vorstellungen zum fachlichen Gegenstand

Die Rekonstruktion des Aufgabenbearbeitungsprozesses zeigt nicht nur, wie sich die Schüler aufeinander, auf die Lehrerin und auf das Material beziehen und wie sich dadurch das, was als fachlicher Gegenstand gilt, dynamisch entwickelt. Die Analyse macht auch die aufgabenbezogenen Vorstellungen zu den Bedeutungen des Begriffs ‚Hindernis' sichtbar, die die Schüler verhandeln:

Die Beispiele *Baum* und *Schild* verweisen auf einen Bedeutungsaspekt, der insbesondere für die Schüler Piet und Gerald relevant zu sein scheint: Ein Hindernis hindert mich (als Radfahrer*in) daran, gleichförmig weiter zu fahren.

Diese Vorstellung resultiert aus einer bestimmten Perspektive, die Gerald und Piet (im Gegensatz zur Lehrerin und Edgar) einnehmen. So argumentiert Gerald aus einer lebensweltlichen Perspektive, dass Bäume (und auch ein Schild) auf dem Gehweg ein Hindernis sein können *(„weil, wenn man aufm Gehweg")*. Seine Erfahrungen sind durch seine – sich bisher auf den Gehweg verortete – Mobilität geprägt. Die Lehrerin dagegen argumentiert aus der Perspektive einer Verkehrsteilnehmerin auf der Straße, also im Auto oder auf dem Fahrrad, aus der z. B. lediglich umgefallene Bäume ein Hindernis darstellen. Der Perspektivenwechsel wird in dieser Situation nicht thematisiert und nur im Vorwort des Arbeitshefts als Ziel der Radfahrprüfung erwähnt, aber gewissermaßen an die Eltern delegiert, indem dort ein gemeinsames Fahrtraining und Erklären in der

Ferienzeit vorgeschlagen wird (vgl. K&L Verlag 2019, S. 2). Neben dem Prozess der *Versachlichung* (vgl. Kahlert 2016) könnte hier eine *perspektivensensible* Begriffsarbeit sinnvoll sein, indem beispielsweise unterschiedliche Bedeutungsdimensionen des Begriffs ‚Hindernis' im Hinblick auf unterschiedliche Deutungen der unterschiedlichen Verkehrsteilnehmer*innen in einem Gespräch erarbeitet werden.

Dieser Beitrag macht auch deutlich, dass die gegenstandsbezogenen Vorstellungen von Schüler*innen immer situativ und in das dynamische und komplexe unterrichtliche Geschehen eingebettet sind. Es lohnt sich also, den Blick nicht nur auf die Konzepte und deren Weiterentwicklung (vgl. Adamina et al. 2018), sondern auch auf die situativen Aushandlungen zum fachlichen Gegenstand im Sachunterricht zu richten. So gelingen Einblicke in die Kinderperspektive auf den fachlichen Gegenstand, die in der „Komplexität von Lehren und Lernen im Zusammenspiel von Vermittlung und Aneignung" (Herzmann 2018, S. 184) hervorgebracht werden (vgl. auch de Boer et al. 2020; Einleitung in diesem Band) – in Interaktionsprozessen zwischen Lehrenden und Lernenden und dem Material.

Literatur

Adamina, Marco/Kübler, Markus/Kalcsics, Katharina/Bietenhard, Sophia/Engeli, Eva (2018): Vorstellungen von Schülerinnen und Schülern zu Themen des Sachunterrichts und des Fachbereichs Natur, Mensch, Gesellschaft – Einführung. In: Adamina, Marco/Kübler, Markus/Kalcsics, Katharina/Bietenhard, Sophia/Engeli, Eva (Hrsg.): „Wie ich mir das denke und vorstelle...": Vorstellungen von Schülerinnen und Schülern zu Lerngegenständen des Sachunterrichts und des Fachbereichs Natur, Mensch, Gesellschaft. Bad Heilbrunn: Klinkhardt, S. 7–20.

Bergmann, Jörg R. (2008): Harold Garfinkel und Harvey Sacks. In: Kardorff, Ernst von/Steinke, Ines/Flick, Uwe (Hrsg.): Qualitative Forschung. Ein Handbuch. 6. Aufl. Reinbek bei Hamburg: Rowohlt Taschenbuch-Verlag, S. 51–62.

Breidenstein, Georg/Tyagunova, Tanja (2020): Praxeologische und didaktische Perspektiven auf schulischen Unterricht. In: Kotthoff, Helga/Heller, Vivien (Hrsg.): Ethnografien und Interaktionsanalysen im schulischen Feld: Diskursive Praktiken und Passungen interdisziplinär. Tübingen: Narr Francke Attempto, S. 197–219.

de Boer, Heike/Bonanati, Marina/Breuning, Marek/Jähn, Daniela/Last, Sandra/Wagener, Matthea (2020): Schülerinnen mit unterschiedlichen (Lern-)Voraussetzungen im ‚Fachgespräch' – Mikroperspektiven auf videografierte Unterrichtsszenen. In: Skorsetz, Nina/Bonanati, Marina/Kucharz, Diemut (Hrsg.): Diversität und soziale Ungleichheit. Herausforderungen an die Integrationsleistung der Grundschule. Jahrbuch Grundschulforschung, Band (24). Wiesbaden: Springer VS, S. 222–233.

de Boer, Heike/Michalik, Kerstin (2018) (Hrsg.): Philosophieren mit Kindern – Forschungszugänge und -perspektiven. Opladen/Berlin/Toronto: Barbara Budrich Verlag.

Bonanati, Marina/Skorsetz, Nina (2021): Was ist Sache im inklusiven Sachunterricht? – Fachliches Lernen in inklusiven Lehr-/Lernsettings. In: Nadine Böhme/Benjamin Dreer/Heike Hahn/Sigrid Heinecke/Gerd Mannhaupt/Sandra Tänzer (Hrsg.): Eine Schule für alle – 100 Jahre Grundschule – Mythen, Widersprüche, Gewissheiten. Jahrbuch Grundschulforschung, Band (25). Wiesbaden: Springer VS, S. 181–186.

Deppermann, Arnulf (2008): Gespräche analysieren: Eine Einführung (Qualitative Sozialforschung). 4. Aufl. Wiesbaden: Springer VS.

Duit, Reinders (2003): Alltagsvorstellungen und Physik lernen. In: Ernst Kircher und Werner B. Schneider (Hg.): Physikdidaktik in der Praxis. Korrigierter Nachdr. Berlin: Springer (Physics and astronomy online library), S. 1–26.

Engelen, Achim/Jonen, Angela/Möller, Kornelia (2002): Lernfortschrittsdiagnosen durch Interviews – Ergebnisse einer Pilotstudie zum „Schwimmen und Sinken" im Sachunterricht der Grundschule. In: Spreckelsen, Kay/Möller, Kornelia/Hartinger, Andreas (Hrsg.): Ansätze und Methoden empirischer Forschung zum Sachunterricht. Bad Heilbrunn: Klinkhardt, S. 155–173.

Flügel, Alexandra (2017): „einfach mal sammeln, was ihr alles schon wisst" – Sachunterricht und Differenz. In: Widerstreit Sachunterricht, Oktober 2017, 23, S. 1–12. https://www.widerstreit-sachunterricht.de/ebeneI/superworte/differenz/fluegel.pdf [Zugriff am 06.10.21].

Garfinkel, Harold (1984): Studies in Ethnomethodology. Cambridge: Polity Press.

Gesellschaft für Didaktik des Sachunterrichts (GDSU) (2013): Perspektivrahmen. Bad Heilbrunn: Klinkhardt.

Grittner, Frauke/Wagener, Matthea (2018): Gemeinsam lernen im jahrgangsübergreifenden Sachunterricht. In: Miller, Susanne/Holler-Nowitzki, Birgit/Kottmann, Brigitte/Lesemann, Svenja/Letmathe-Henkel, Birte/Meyer, Nikolas/Schroeder, René/Velten, Katrin/Meyer, Nikolaus (Hrsg): Profession und Disziplin. Grundschulpädagogik im Diskurs. Jahrbuch Grundschulforschung, Band (22). Wiesbaden: Springer VS, S. 185–190.

Herrle, Matthias (2018): Soziale Ordnungen im Umgang mit Aufgaben. Interaktionsanalytische Perspektiven auf Fachlichkeit in Unterrichtsprozessen. In: Martens, Matthias/Rabenstein, Kerstin/Bräu, Karin/Fetzer, Marei/Gresch, Helge/Hardy, Ilonca/Schelle, Carla (Hrsg.): Konstruktionen von Fachlichkeit: Ansätze, Erträge und Diskussionen in der empirischen Unterrichtsforschung. Bad Heilbrunn: Klinkhardt, Julius, S. 125–138.

Herzmann, Petra (2018): Lernen sichtbar machen. In: Proske, Matthias (Hrsg.): Kompendium qualitativer Unterrichtsforschung: Unterricht beobachten - beschreiben - rekonstruieren. Verlag Julius Klinkhardt, S. 171–188.

Jähn, Daniela (2019): Zur Anbahnung Forschenden Lernens im Sachunterricht. In: Knörzer, Martina/Förster, Lars/Franz, Ute/Hartinger, Andreas (Hrsg.): Forschendes Lernen im Sachunterricht. Bad Heilbrunn: Klinkhardt, S. 107–113.

Kahlert, Joachim (2016): Der Sachunterricht und seine Didaktik. 4. Aufl. Bad Heilbrunn: Julius Klinkhardt.

K&L Verlag (in Zusammenarbeit mit Verkehrswacht Kreis Gütersloh e. V./Verkehrswacht Iserlohn e. V./Kreisverkehrswacht Mettmann e. V./Verkehrswacht Münster e. V./Verkehrswacht Rhein-Kreis-Neuss e. V.) (2019): Kinder sicher im Verkehr. Mal- und Arbeitsbuch für die Radfahrausbildung. Detmold: K&L.

KMK (Sekretariat der Ständigen Konferenz der Kultusminister der Länder in der Bundesrepublik Deutschland) (2012): Empfehlung zur Mobilitäts- und Verkehrserziehung in der Schule. Beschluss der Kultusministerkonferenz vom 07.07.1972 i. d. F. vom 10.05.2012. Bonn: Sekretariat der KMK.

Lange-Schubert, Kim/Tretter, Tobias (2017): Inklusives Lernen im naturwissenschaftlichen Sachunterricht. Vom guten Unterricht in heterogenen Lerngruppen. In: Hellmich, Frank/Blumberg, Eva (Hrsg.): Inklusiver Unterricht in der Grundschule. Stuttgart: Verlag W. Kohlhammer, S. 268–293.

Murmann, Lydia (2013): Dreierlei Kategorienbildung zu Schülervorstellungen im Sachunterricht? Text, Theorie und Variation – Ein Versuch, methodische Parallelen und Herausforderungen bei der Erschließung von Schülervorstellungen aus Interviewdaten zu erfassen. In: Widerstreit Sachunterricht Oktober 2013, 19, S. 1–15. https://www.widerstreit-sachunterricht.de/ebenel/superworte/forschung/kategorie.pdf [Zugriff am 06.10.21].

Pech, Detlef/Schomaker, Claudia/Lüschen, Iris/Kiewitt, Nina (2012): Phänomenographische Untersuchungen für den Sachunterricht. In: Hellmich, Frank/Förster, Sabrina/Hoya, Fabian (Hrsg.): Bedingungen des Lehrens und Lernens in der Grundschule. Bilanz und Perspektiven. Jahrbuch Grundschulforschung, Band (16). Wiesbaden: VS Verlag für Sozialwissenschaften, S. 221–228.

Seitz, Simone (2006): Inklusive Didaktik: Die Frage nach dem „Kern der Sache“. In: Zeitschrift für Inklusion-online.net 2006, 1. https://www.inklusion-online.net/index.php/inklusion-online/article/view/184/184 [Zugriff: 06.10.2021].

Seitz, Simone (2004): Was Kinder an Zeit berührt. Einblicke. Forschungsmagazin der Carl von Ossietzky Universität Oldenburg. In: Einblicke Herbst 2004, 40, S. 22–24.

Skorsetz, Nina/Bonanati, Marina/Kucharz, Diemut (2021): Was ist ein Hindernis? – Fachliches Lernen im inklusiven Sachunterricht am Beispiel der Verkehrserziehung bzw. Mobilitätsbildung. In: Zeitschrift für Grundschulforschung, 14, 1, S. 83–98.

Spitta, Philipp (2015): Mobilitätsbildung. In: Kahlert, Joachim/Fölling-Albers, Maria/Götz, Margarete/Hartinger, Andreas/Miller, Susanne/Wittkowske, Steffen (Hrsg.): Handbuch Didaktik des Sachunterrichts. 2. Aufl. Bad Heilbrunn: Klinkhardt, S. 199–203.

Wiesemann, Jutta/Wille, Friederike (2014): Formate didaktischer Forschung zum Sachunterricht. In: Widerstreit Sachunterricht April 2014, 20, S. 1–6. https://www.widerstreit-sachunterricht.de/ebenel/superworte/forschung/wiesemann_wille.pdf [Zugriff am 06.10.21].

Internetquellen

Berlin-Brandenburgischen Akademie der Wissenschaften (o. J.): DWDS – Digitales Wörterbuch der deutschen Sprache. Hindernis, das. https://www.dwds.de/wb/Hindernis [Zugriff am 06.10.2021].

Forum Verlag Herkert GmbH (2021): Das Portal zur Straßenverkehrsordnung (StVO). § 6 Vorbeifahren. https://www.stvo.de/strassenverkehrsordnung [Zugriff am 01.09.2021].

Verkehrswacht-Medien-Service GmbH der Deutschen Verkehrswacht (o. J.): Verkehrserziehung in der Sonderpädagogik. https://www.verkehrswacht-medien-service.de/grundschule/verkehrserziehung-gs/verkehrserziehung-inder-sonderpaedagogik/ [Zugriff am 06.10.2021].

Beobachten im Deutschunterricht der Grundschule

„Sch, mit drei oder mit zwei?" – Frühe Zugänge zum Schreiben beobachten

Sandra Last

Zusammenfassung

Dieser Beitrag stellt eine Lernprozessbeobachtung aus einem sprachlichen Anfangsunterricht vor, in dem Schüler*innen zur Produktion eigener Texte angeregt werden, sodass sie früh Zugänge zum Schreiben finden können. In der kurzen Szene von Jamie zeigt sich, wie sich Erstklässler*innen beim freien und selbstständigen Schreiben Aspekte der Phonem-Graphem-Korrespondenz interaktiv erschließen und welche Fragen dabei für sie entstehen, deren fachliche Tiefe den Erwachsenen verborgen bleiben kann.

Ergänzende Information Die elektronische Version dieses Kapitels enthält Zusatzmaterial, auf das über folgenden Link zugegriffen werden kann https://doi.org/10.1007/978-3-658-35355-1_10. Die Videos lassen sich durch Anklicken des DOI Links in der Legende einer entsprechenden Abbildung abspielen, oder indem Sie diesen Link mit der SN More Media App scannen.

S. Last (✉)
Institut für deutsche Sprache und Literatur, Pädagogische Hochschule Ludwigsburg, Ludwigsburg, Deutschland
E-Mail: sandra.last@ph-ludwigsburg.de

H. de Boer et al. (Hrsg.), *Beobachten im fachdidaktischen Kontext*, Edition Fachdidaktiken, https://doi.org/10.1007/978-3-658-35355-1_10

Abb. 1 Schreibprodukt von Jamie (© Sandra Last)

1 Lernprozessbeobachtung – Jamie und das <sch> [1]

Die folgende Lernprozessbeobachtung hat sich im Februar in einer ersten Klasse ereignet. Gemeinsam wurde in der Klasse eine Kurzgeschichte gelesen, die von einem Pinguin handelt, dem es am Südpol zu kalt ist und der in ein wärmeres Land zieht. Danach ist es die Aufgabe der Schüler*innen, sich in die Situation des Pinguins hineinzuversetzen und drei Sprechblasen auszufüllen (Abb. 1 und 2). Jamie schreibt in die erste Sprechblase *<Mensch isch wil Nischt Mea Hi sain“>. Als die Beobachtungssequenz beginnt, ist sein Arbeitsblatt noch leer.

„Sch, mit drei oder mit zwei“?
Nachdem Jamie eine Weile überlegt hat und gesagt hat, er wisse nicht so genau, was er schreiben soll, schaut er plötzlich zur Erwachsenen hinter der Kamera und sagt: „Ich weiß nicht, wie Mensch geschrieben wird! Mensch, ich will nicht mehr hier sein! [...].“

Die Erwachsene fragt: „Was hörst du denn vorne? M:“ und Jamie antwortet mit: „Me:.“ Er beginnt sofort damit, ein großes *M* aufzuschreiben. [...] Dann sagt Jamie „Me::-n“ und schreibt ein *e* und ein *n* hinter das *M*

[1] Die hier vorgestellte Sequenz entstammt dem Datenmaterial meiner Dissertationsstudie „Interaktive Aufgabenbearbeitung im sprachlichen Anfangsunterricht – eine videographische Studie über die Bearbeitung von Lese- und Schreibaufgaben in Klasse 1.“

Abb. 2 Jamie (rechts) und Arnold (links) (▶ https://doi.org/10.1007/000-68d) (© Sandra Last)

(*Men*). Er schaut auf, sein Blick geht zur Erwachsenen. Diese sagt kurz darauf „sch.“ Jamie sagt: „s?“, er spricht ein stimmhaftes /z/ (wie in *Sonne*). Die Erwachsene sagt noch einmal „sch.“ Jamie entgegnet: „Jetzt n s? und dann“ und beginnt, während er spricht, ein *s*, ein *c* und ein *h* aufzuschreiben. Die Erwachsene geht wortlos zu einer anderen Schülerin. Ella sagt (aus dem Off): „Ich weiß schon, wie ein sch geschrieben wird.“ Nachdem Jamie *Mensch* zu Ende aufgeschrieben hat, schaut er auf und sagt zu Ella: „Sch! Mit drei oder mit zwei, Milsch[2].“ Ella sagt: „Ess und ce, ess und ce.“ Jamie sagt: „Ne, das ist kein ce. Sik, sik das heißt ja nicht Sack, Sack[3]!“

Jamie richtet seinen Blick wieder auf sein Schreibblatt und beginnt mit dem Lautieren des nächsten Wortes. Er sagt: „Mensch (--) e (--) i:::-sch.“ Er dreht sich zu Arnold und sagt: „Oha, Arnold, wie wird wieder sch? Mit drei?“ Arnold schaut weiterhin auf sein Arbeitsblatt und verschriftet seine Schreibidee. Jamie blickt im Raum umher, es vergehen 15 Sekunden. Dann sagt Jamie: „Oha, aber wie wird sch?“ Jamie schaut aus dem Sichtfeld der Kamera, vermutlich zu einem anderen Schüler. „Sch mit drei?“ Arnold zeigt auf eines seiner geschriebenen Worte und sagt: „Sch mit drei!“ Jamie sagt: „Isch." Ella sagt: „s (-) ce (-) ha." Jamie schreibt ein *i* auf, sagt: „s" schreibt ein *s* auf, sagt „ce", schreibt ein *c* auf, sagt „ha" und schreibt ein *h* auf (*isch*). […]

Jamie hat *wil* geschrieben und möchte als nächstes *nicht* schreiben. Er sagt „ne::sch" und schreibt *ne* auf. Er sagt: „Oha, schon wieder ein sch." Es vergehen 12 Sekunden. Jamie wendet sich zu Arnold und sagt: „Wie wird jetzt wieder sch geschrieben? Mit drei oder zwei?" Ella sagt: „s (-) ce (-) ha." Jamie sagt: „Es gibt ja auch ce: (-) hö."

2 „Sch! Mit drei oder mit zwei?" oder: Di- und Trigrapheme als fachlicher Gegenstand

In dieser kurzen Lernprozessbeobachtung von Jamie, einer Erwachsenen und seinen Mitschüler*innen passiert viel in kurzer Zeit. Jamie äußert zuerst seine Schreibidee, die er nach und nach verschriftet. Dazu hört er die Lautstruktur der Wörter genau ab und überführt die artikulierten Laute in Buchstaben. Dass dies nicht so einfach ist, zeigt sich an den Fragen, die Jamie an die Erwachsene und seine Mitschüler*innen richtet. Schreibt man das /sch/ nun mit zwei oder mit drei Buchstaben? Und dann möchte Jamie ausgerechnet drei Wörter schreiben, die diesen Laut beinhalten. Um zu verstehen, vor welcher Herausforderung Jamie beim Verschriften seiner Schreibidee steht, erweist sich ein Blick auf den fachlichen Gegenstand Schrift als relevant. Dieser ist auf der Phonem- und Graphemebene des Schriftsystems verortet, auf die der sprachliche Anfangsunterricht, den Jamie besucht, besonders ausgerichtet ist.

Das phonologische Prinzip der Schrift

In Jamies Anfangsunterricht liegt der Fokus auf dem phonologischen Prinzip der Schrift, das neben dem silbischen, dem morphologischen und dem syntaktischen als wichtiges Prinzip der Orthographie gilt (vgl. z. B. Schründer-Lenzen 2013: 27 ff.). Die deutsche Schrift basiert auf einem phonologischen System, das heißt, die Schriftzeichen lassen sich auf Aspekte der Lautform von Wörtern beziehen. Das phonologische Prinzip besagt, dass die kleinsten Einheiten der Schrift (die Phoneme und die Grapheme) einander repräsentieren können (vgl. Dahmen und

---

[2] Auf der Anlauttabelle, die die Klasse benutzt, ist für das Graphem <ch> eine Packung Milch abgebildet.

[3] Auf der Anlauttabelle, die die Klasse benutzt, ist für das Graphem <ck> ein Sack abgebildet.

Weth 2018: 125). Dieser Aspekt wird auch Kodierung genannt und „beschreibt die Übersetzung von lautsprachlichen Einheiten in die Einheiten der Schriftsprache beim Schreiben" (Dahmen und Weth 2018: 125). Allerdings entsprechen die Buchstaben nicht in einer 1:1-Zuordnung den Lauten der gesprochenen Sprache, weshalb sie auch als „lautorientierte", nicht aber als „lautgetreue" Alphabetschrift gilt (vgl. z. B. auch Jeuk und Schäfer 2019: 26 ff.).

Phoneme und Grapheme

Die Phoneme und die Grapheme liegen auf der untersten Ebene des Sprachsystems, die in der Sprachwissenschaft im Rahmen der Phonologie und der Graphematik untersucht werden. Das *Phonem* gilt als die kleinste bedeutungsunterscheidende Einheit des Lautsystems (gesprochene Sprache), das *Graphem* als die kleinste bedeutungsunterscheidende Einheit des Schriftsystems (geschriebene Sprache) (vgl. Dürscheid 2016: 130). Phoneme und Grapheme stehen in einem komplizierten Verhältnis zueinander, können aber in Verbindung gesetzt werden, was auch unter dem Begriff der *Graphem-Phonem-Korrespondenz* gefasst wird. Darunter wird „eine kontextfreie Ersetzungsregel verstanden, bei der ein Phonem oder eine Folge von Phonemen mit einem Graphem oder einer Folge von Graphemen korrespondiert" (Dahmen und Weth 2018: 136).

Phoneme unterscheiden sich von den Lautrealisierungen (den Phonen) insofern, als dass sie auf einer abstrakteren Ebene diejenigen Sprachlaute abbilden, die Bedeutungen unterscheiden (z. B. /h/ und /d/ in Hose und Dose).[4] Grapheme unterscheiden sich von Buchstaben, da sie sich auf diejenigen Einheiten beziehen, die anhand der Analyse des Schriftsystems herausgefiltert werden können und aus denen größere schriftsprachliche Einheiten (Silben, Morpheme und Wortformen) aufgebaut werden können (vgl. Eisenberg 2016: 66).

Das Phoneminventar der deutschen Sprache umfasst rund 40 Phoneme, die aber nicht 40 Graphemen gegenüberstehen. Die genaue Anzahl des deutschen Graphem-Inventars kann je nach linguistischer Auffassung variieren (vgl. z. B.

---

[4] Die Linguistinnen Dahmen und Weth vergleichen den Unterschied zwischen Phonen und Phonemen mit den Notenzeichen auf einem Musikblatt. „Die Notenzeichen selbst sind nicht hörbar, sie sind keine Lautereignisse, sondern markieren die Töne innerhalb eines abstrakten Systems. Erst wenn die Töne gesungen oder auf einem Instrument gespielt werden, werden sie zu hör- und messbaren Lautereignissen [...]" (Dahmen/Weth 2018:18). Selbiges gilt für Phone und Phoneme. Wenn wir sprechen, äußern wir Lautrealisierungen (Phone), die sich (mehr oder weniger) auf die abstrakten Phoneme unserer Sprache beziehen können. Phoneme werden in der Linguistik in Schrägstrichen (//), die konkrete Lautrealisierung (die Phone) in eckigen Klammern ([]) dargestellt.

Dürscheid 2016: 134 f.). Dies gilt insbesondere für die im Beobachtungsprotokoll thematisierten Mehrgraphe (<ch> und <sch>). Für diesen Beitrag wird auf eine Graphem-Definition Bezug genommen, die von Eisenberg im Duden veröffentlicht wurde:

> „Zu den Graphemen gehören alle Einzelbuchstaben, die eine Sprache als kleinste segmentale Einheiten verwendet, und außerdem alle Buchstabenverbindungen (sogenannte Mehrgraphe), die wie Einzelbuchstaben als kleinste, systematisch unteilbare Einheiten zu gelten haben" (Eisenberg 2016: 66).

Dieser Definition zufolge werden das <ch> und das <sch> als Grapheme des Deutschen verstanden, weil durch sie Bedeutung unterschieden werden kann (z. B. <Kirche> und <Kirsche>). Allerdings bestehen diese Mehrgraphe wiederum aus zwei bis drei Segmenten, die zum Teil ebenfalls Grapheme des Deutschen sind (<s> und <h>). Diese linguistische Problematik zeigt sich auch für Kinder im Schriftspracherwerb als herausfordernd, denn sie haben die einzelnen Grapheme bereits in anderen Kontexten kennengelernt. In den Wörtern <Computer>, <Sonne> oder <Hut>, die den Kindern auf ihrer Anlauttabelle präsentiert werden, haben diese Grapheme eine andere Funktion als in den Mehrgraphen <ch> und <sch>. Dies wird auch deutlich, wenn andere Sprachen kontrastiv herangezogen werden. So wird das /sch/ im Serbischen (<š>) als auch im Türkischen (<ş>) mit einem Zeichen notiert.

Ein phonologisch ausgerichteter Anfangsunterricht

Bei einem phonologisch ausgerichteten sprachlichen Anfangsunterricht wird der Bezug zur Lautung betont. Schüler*innen und Lehrkräfte agieren darin mit Lautrealisierungen (Phonen), die aus Wörtern isoliert und in Buchstaben überführt werden. Dazu wird meist die Explizitlautung verwendet, das heißt, die zu schreibenden Wörter werden überdeutlich und überdehnt ausgesprochen (vgl. Kruse und Schüler 2021: 112). Ein solches lautbezogenes Erlesen und Erschreiben von Wörtern findet im sprachlichen Anfangsunterricht in Interaktionen statt, das zeigt auch das Beispiel von Jamie. Die geäußerten Lautrealisierungen können dabei sowohl auf die (abstrakte) Bezugsebene der Phoneme als auch auf die der Grapheme referieren. Diese Ebenen mit zu bedenken, kann helfen, die Äußerungen von Schüler*innen und Lehrer*innen nachzuvollziehen und besser verstehen zu können.

3 Vom fachlichen Gegenstand zum Lerngegenstand, oder: Die Entstehung eines Lerngegenstandes

Dies stellt eine wichtige Seite des Lerngegenstandes dar, nämlich die Gegenstandsseite, die mit Wissensbeständen der Fachwissenschaft und -didaktik erklärt werden kann. Um aber Hinweise auf das Lernen von Kindern mit diesem Gegenstand zu gewinnen, wird der Blick auf das prozesshafte Geschehen relevant (vgl. auch de Boer/Last i. d. B.).

In Anlehnung an de Boer (2015: 18 ff.) verstehe ich Unterricht als Ereignis der Wissens*konstruktion* innerhalb klassenöffentlicher Gespräche zwischen Lehrer*innen und Schüler*innen. Unterricht gilt somit als ein Interaktionsraum, in dem eine kollektive Bedeutungsgenese stattfindet, die an das wechselseitige Deuten und Interpretieren gebunden ist (vgl. de Boer 2015: 18). Denn:

> „Eine an Verstehensprozessen und Aushandlungen interessierte Forschungsperspektive legt den Fokus auf die Analyse von Lernprozessen und untersucht, wie Lernen in der Interaktion hergestellt wird und z. B. zu Verstehen oder Nichtverstehen, zu Partizipation […] oder Ko-Konstruktionsprozessen […] führt" (de Boer 2015: 20).

Ohlhus verweist ebenfalls auf die zentrale Rolle der Interaktion, damit aus einem fachlichen Gegenstand ein Lerngegenstand entsteht: „Erst die gemeinsame Aktivität und die Haltungen […] machen aus einem Objekt einen solchen je in und für die Situation hergestellten didaktischen Lerngegenstand" (Ohlhus 2017: 154). Daraus zieht er die Konsequenz, dass die Herstellung eines Lerngegenstandes nichts sei, was Lehrkräfte allein und ohne die Kooperation mit ihren Schüler*innen vollbringen könnten (vgl. Ohlhus 2017: 154).

Für das Verständnis eines „Lerngegenstandes" bedeutet dies, dass dieser nicht bereits a priori vorliegt, sondern durch die am Unterricht beteiligten Akteur*innen hervorgebracht wird. Die Perspektive auf die Herstellung des Lerngegenstandes zu richten, kann insbesondere durch die Lernprozessbeobachtung gelingen, da sie eine Prozessperspektive einnimmt und die Zugänge der Schüler*innen rekonstruiert (vgl. Last i.V.).

4 Die Rekonstruktion des Bearbeitungsprozesses

In diesem Sinne bedeutet, den Bearbeitungsprozess zu rekonstruieren, die Sequentialität der Interaktion zu berücksichtigen und den Zusammenhang der Äußerungen und Handlungen im Blick zu behalten (vgl. de Boer 2012: 77).

Situationen im Unterricht sind komplex und dynamisch. Interaktant*innen handeln nicht immer intentional, ihre Handlungen und Äußerungen sind jedoch für sie in der jeweiligen Situation sinnvoll. Dieser Sinn kann in der Rekonstruktion zugänglich gemacht werden (vgl. Last 2021a; Merklinger und Last 2019: 71 f.). In diesem Beitrag erfolgt die Rekonstruktion des Bearbeitungsprozesses vor dem Hintergrund der Fragestellung:

Wie werden mehrgliedrige Grapheme beim freien Schreiben interaktional zum Lerngegenstand gemacht und welche fachlichen Herausforderungen entstehen dabei?

Zur Beantwortung dieser Fragestellung verfolgt dieser Beitrag das methodische Vorgehen der Interaktionsanalyse (vgl. Krummheuer 2012: 234 f.).

„Ich weiß nicht, wie Mensch geschrieben wird!" – Schreibherausforderungen erkennen

Die Sequenz beginnt mit einer Frage, die Jamie zur Verschriftung des Wortes <Mensch> stellt: „Ich weiß nicht, wie Mensch geschrieben wird! Mensch, ich will nicht mehr hier sein!". Was genau Jamie an diesem Wort Kopfzerbrechen bereitet, wird durch seine Frage nicht geklärt: Braucht er die Phonem-Graphem-Korrespondenz des Wortanfangs? Ist es die Ko-Artikulation (die Lautverschmelzung), die ihm die Ermittlung der Einzellaute und die Überführung in die Schreibung erschwert? Stellt sich für ihn die Frage nach einer bestimmten Phonem-Graphem-Korrespondenz innerhalb des Wortes oder am Wortende? Oder möchte er wissen, wie ein bestimmter Buchstabe geschrieben wird? In der Antwort der Erwachsenen ist eine dieser Interpretationen enthalten. Indem sie mit „Was hörst du denn vorne? M:" antwortet, interpretiert sie Jamies Äußerung als Frage nach dem Wortanfang. Ein Gespräch darüber, was genau Jamie „nicht weiß", bei dem er dazu angehalten wäre, seine empfundene Herausforderung zu versprachlichen, findet nicht statt. Die Interaktion orientiert sich vielmehr an gängigen Mustern des lautorientierten Erschreibens von Wörtern: Vom Wortanfang zum Wortende wird das zu schreibende Wort auflautiert und Buchstabe für Buchstabe verschriftet.

Zugleich handelt es sich bei der Äußerung „Was hörst du denn vorne?" um eine rhetorische Frage, da die Erwachsene die Antwort gleich selbst mitliefert „m:." In Jamies weiterem Handeln wird deutlich, dass nicht der Wortanfang Jamies Hürde darstellt, da er das Wort bis *Men* eigenständig aufschreibt. Vielmehr liegt seine Herausforderung in der letzten Phonem-Graphem-Korrespondenz.

Phonemebene vs. Graphemebene
Jamies Pausieren und seinen Blick, den er an die Erwachsene richtet, interpretiert die Erwachsene als Aufforderung zur Vorgabe der letzten noch aufzuschreibenden Phonem-Graphem-Korrespondenz. Mit der Lautrealisierung „sch", die sie äußert, kann die Erwachsene sowohl das Phonem /ʃ/ als auch das Graphem <sch> meinen. Jamie äußert einen anderen Laut, ein stimmhaftes „s", das sich auf Phonemebene von der Vorgabe der Erwachsenen unterscheidet, aber auf Graphemebene Sinn ergibt: Jamie versprachlicht den ersten Buchstaben des Trigraphen <sch>. Er weiß also, dass es sich bei dem ersten zu verschriftenden Buchstaben um das <s> (also „s") handelt. Da die Erwachsene „sch" wiederholt, wird deutlich, dass sie sich nicht auf Graphem-, sondern auf Phonemebene befindet, denn sie stellt sicher, dass Jamie den Laut richtig verstanden hat. Jamies folgende Äußerung „jetzt n s? und dann" verbunden mit dem Aufschreiben der drei Buchstaben unterstreicht die Deutung, dass er einen buchstabenorientierten Zugriff wählt. Die Erwachsene scheint dies in der Situation nicht zu bemerken, da sie einerseits vom Wortbeginn und nicht von der Stelle ausgeht, die Jamie herausfordert, und andererseits am Phonem /ʃ/ und nicht am Graphem <sch> orientiert ist. Dies verstellt ihren Blick auf Jamies Problem und versperrt zugleich die Sicht auf sein Können.

„Ne, das ist kein ce" – Graphem-Phonem-Korrespondenzen differenzieren
Nach Fertigstellung des erfragten Wortes verlässt die Erwachsene den Tisch. Ella steigt aus dem Off in die Interaktion ein und stellt heraus: „Ich weiß schon, wie ein sch geschrieben wird." Auch Jamie hat zuvor gezeigt, dass er weiß, wie ein sch geschrieben wird. Angeregt durch Ellas Äußerung konkretisiert Jamie nun seine Frage: „Sch! Mit drei oder mit zwei, Milsch." Im Interaktionsprozess wird Jamies Frage nun deutlicher; sie bezog sich darauf, ob das ermittelte Phonem /ʃ/ im gesprochenen Wort Mensch ein Trigraph ist, also „mit drei" Buchstaben geschrieben wird oder ein Digraph, also „mit zwei" Buchstaben geschrieben wird. Für den zweiten Fall führt Jamie das Beispielwort „Milch" an, das für das <ch> auf seiner Lauttabelle zu sehen ist. Da Jamie aus einer rheinländischen Region kommt, in der für /ch/ stets „sch" gesprochen wird, steht er vor der Herausforderung, dass einem Phonem (/ʃ/) zwei Grapheme zugeordnet werden können (<sch> und <ch>).

Ella schließt auf Graphemebene an, wenn sie sagt „ess und ce, ess und ce", da sie sich auf die ersten beiden Buchstaben des Graphems (also <s> und <c>) bezieht. Jamie deutet ihre Äußerung aber auf Phonemebene und stellt fest: „Ne, das ist kein ce." Dies begründet er mit der Aussprache der von Ella geäußerten Buchstabenfolge „ess und ce" als „sik, sik" und führt als Gegenbeispiel an „das heißt ja nicht Sack, Sack." Jamie entdeckt hier, angestoßen durch die Äußerung

Ellas, dass Buchstaben anders klingen können, je nach Position, in denen sie auftreten. In diesem Sinne bringen beide Kinder wichtige Beiträge in die Interaktion: Ella benennt zwei der drei Buchstaben des Graphems, Jamie stellt fest, dass die lautliche Realisierung des <c> innerhalb dieses Graphems nicht dem Lautwert in anderen Wörtern entspricht. Implizit machen sie somit die Differenz zwischen Phonem- und Graphemebene interaktional zum Thema.

„Es gibt ja auch ‚ce- hö'" – Trigraph oder Digraph: Das bleibt hier die Frage!
Bei der Verschriftung seiner Schreibidee möchte Jamie noch zwei weitere Male Wörter schreiben, die in seiner Lautung ein /ʃ/ enthalten (<ich> und <nicht>). Direkt beim zweiten Wort (<ich>) stellt sich für ihn wieder die Frage: „Oha, Arnold, wie wird wieder sch? Mit drei?" Arnold sagt: „Sch mit drei" und zeigt dabei auf seine Schreibung des Wortes <isch>. Er befindet sich also auf Graphemebene, da er die Buchstaben aufzählt und sich direkt auf Schrift bezieht. Auch Ella argumentiert von der Graphemebene aus, indem sie die Buchstaben benennt: „s (-) ce (-) ha." Diese Verschriftungsvorschläge werden von Jamie in seine Schreibung übernommen.

Nachdem Jamie nun verschriftet hat <*Mensch isch wil> folgt nun das dritte Wort, das für Jamie ein /ʃ/ beinhaltet (<nicht>). Er sagt: „Oha, schon wieder ein sch." Diese Entdeckung führt ihn erneut zu der Frage: „Wie wird jetzt wieder sch geschrieben? Mit drei oder zwei?" Diese Frage zeigt, dass er die vorherigen Antworten von Arnold und Ella nicht für alle Wörter übernimmt, sondern dass die Schreibung immer wieder aufs Neue aushandlungsbedürftig ist. Ella bleibt bei „se (-) ce (-) ha", was Jamie dazu führt, seine Herausforderung noch konkreter zu benennen: „Es gibt ja auch ce (-) hö."

5 Reflexion von Jamies aufgabenbezogenem Zugang

Das sequenzanalytische Vorgehen der Interaktionsanalyse deckt drei zentrale Herausforderungen bei der interaktiven Verschriftung im sprachlichen Anfangsunterricht auf, an die sich Überlegungen zu Jamies aufgabenbezogenem Aneignungsprozess anschließen:

a) *Interaktional bedingte Intransparenz der jeweiligen Bezugsebene:*
Die Erwachsene befindet sich auf Phonemebene, was ihren Blick auf Jamies geäußerten Laut (das stimmhafte [z]) verstellt: Sie interpretiert diese Lautrealisierung als Phonem, dabei zeigt der Interaktionsverlauf, dass Jamie den ersten

Buchstaben des mehrgliedrigen Graphems <sch> benennt. Jamie befindet sich also auf Graphemebene (zu dieser Problematik vgl. auch Last 2021b).

b) *Schreibkonvention vs. lautlicher Klang:*
Innerhalb des Graphems <sch> klingt das <c> nicht wie in anderen Wörtern (z. B. <Clown> oder <Sack>), dennoch bleibt der Buchstabenname „ce" gleich. Insbesondere innerhalb des Trigraphen <sch> haben das <c> und das <h> eine konventionelle Funktion, die sich akustisch im Phonem nicht wiederfinden lässt (anders als im Diphthong <au>, bei dem man sowohl ein [a] als auch ein [u] hören kann).

c) *Aushandlungsbedürftigkeit von Schreibkonventionen und Entstehung eines Lerngegenstandes:*
Die Herstellung der Phonem-Graphem-Korrespondenz /ʃ/ = <sch> oder <ch> wird interaktional zum Lerngegenstand. Dabei zeigt sich, dass für Jamie dialektal bedingt nur das Phonem /ʃ/ existiert, das mit zwei mehrgliedrigen Graphemen korrespondiert; mit <sch> und mit <ch>. In der Interaktion zwischen Jamie, Arnold und Ella zeigt sich dies als aushandlungsbedürftig, da Arnold und Ella von nur einem Graphem, dem <sch> ausgehen. Es bleibt hier offen, ob Arnold und Ella bereits beide Grapheme kennen und ob sie das Ausmaß von Jamies Frage überhaupt verstehen.

Anhand dieser interaktionalen Herausforderungen lassen sich Konsequenzen für Jamies aufgabenbezogenen Zugang ableiten:

- Jamie gelingt es, in der Interaktionssequenz zwischen ihm und der Erwachsenen seine Zielperspektive im Blick zu behalten und den Übertrag von der Phonem- zur Graphemebene über das Aufschreiben des Graphems <sch> für die Erwachsene deutlich zu machen.
- Innerhalb des Interaktionsprozesses wird sichtbar, dass Jamie sich fragt, ob er <sch> oder <ch> *schreiben* muss. Dies kann der Erwachsenen aus ihrer Perspektive heraus, die an der *lautlichen* Aufgliederung des Wortes orientiert ist, nicht deutlich werden. Verstärkt wird diese Herausforderung dadurch, dass Jamies Dialekt die Herstellung der Phonem-Graphem-Korrespondenz erschwert, was der Erwachsenen, die denselben Dialekt spricht, vermutlich nicht bewusst ist.
- Jamie ist innerhalb der Sequenz besonders aufmerksam auf das Phonem /ʃ/, das ihm bei der Bearbeitung seiner Schreibaufgabe und beim Formulieren seiner Schreibidee mehrfach begegnet. Auch macht er die Diskrepanz zwischen Phonem- und Graphemebene implizit über den akustischen Vergleich mit anderen Wörtern deutlich („das heißt ja nicht Sack").

- Die Antwort seiner Klassenkamerad*innen „s ce ha" könnte Jamie für den weiteren Verschriftungsprozess des Phonems /ʃ/ hinnehmen. Jamie aber hat ein Bewusstsein für die beiden Mehrgraphe <ch> und <sch> entwickelt, das ihm eine Entscheidung für eines der beiden Grapheme abverlangt. Obwohl es auf lange Sicht sicher eine Zielperspektive darstellt, dass Jamie diese Entscheidung eigenständig treffen kann, kann sich seine fragende Haltung gerade zu Beginn des Schriftspracherwerbs als lernförderlich erweisen. Eine Haltung, von der die anderen Schüler*innen, die noch nicht von zwei Graphemen ausgehen, lernen können.

6 Reflexion des aufgabenbezogenen Zugangs der Schüler*innen mit Blick auf fachliche Anschlussaufgaben

Vor dem Hintergrund der Lernprozessbeobachtung von Jamie und seinen Mitschüler*innen sowie der Sequenzanalyse des Ko-Konstruktionsprozesses und Jamies aufgabenbezogenem Zugang soll nun die Frage beantwortet werden, welche fachlichen Aufgaben sich hieran anschließen lassen.

Im Verlauf der Lernprozessbeobachtung wird deutlich, dass Jamie gemeinsam mit seinen Mitschüler*innen die Differenz zwischen Trigraph und Digraph interaktional zum Lerngegenstand macht. Um nun an diesem entwickelten Lerngegenstand anzuschließen, erscheint eine tiefgreifendere Auseinandersetzung mit dieser Differenz (also zwischen <ch> und <sch>) als geeignete Anschlussmöglichkeit.

Als direkter Anschluss wäre eine Aufgabe sinnvoll, in der die Schüler*innen *schriftinduziert* für die beiden unterschiedlichen Phoneme /ç/ und /ʃ/ sensibilisiert werden. Eine schriftferne, rein auf den lautlichen Unterschied bezogene Übung, in der Jamie die Aussprache eines Wortes rein über Bilder tätigen müsste, wäre dabei wenig sinnvoll, da die Schüler*innen so keinen Anhaltspunkt für den lautlichen Unterschied hätten. Doch über die Schrift wird ersichtlich, welches standardsprachliche Phonem gesprochen werden muss. Dazu könnte sich ein „Pairs"-Spiel eignen, in dem die abgebildeten Wörter richtig benannt und dann den bekannten Symbolen der Anlauttabelle zugeordnet werden sollen (Abb. 3).

Eine solche Aufgabe könnte für die bedeutungsunterscheidende Qualität (insbesondere bei Kirsche und Kirche) sensibilisieren und helfen, eine Verbindung zwischen Lautung und Schreibung zu erkennen, die im zweiten Schritt in der richtigen Schreibung münden könnte.

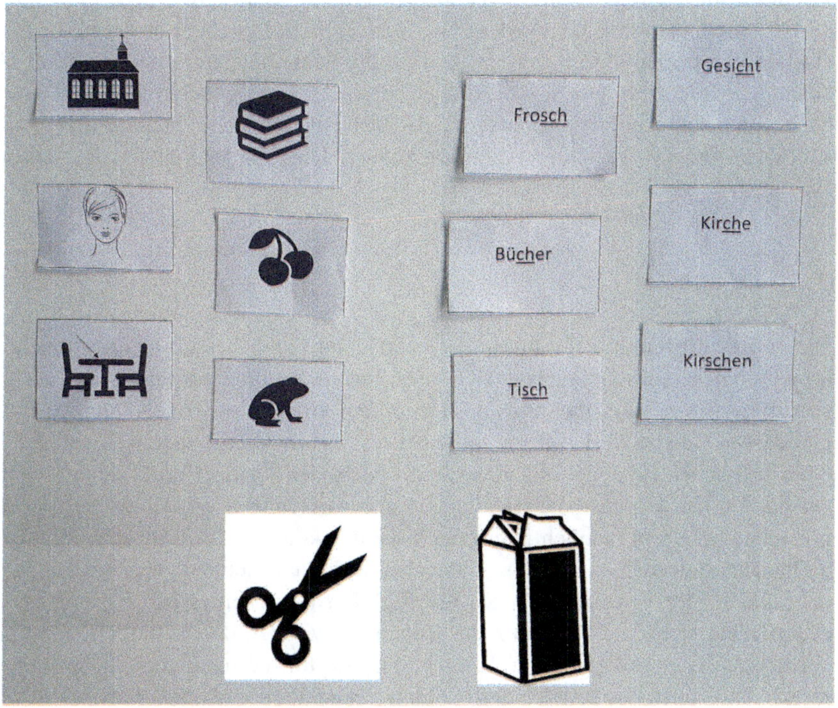

Abb. 3 Pairs-Spiel: Di- und Trigraphe (© Sandra Last)

Als zweite Anschlussmöglichkeit nach diesem Pairs-Spiel könnten die Schüler*innen eine Sortier- oder Zuordnungsaufgabe bearbeiten, in der sie eine Vielzahl von Wörtern mit <sch> oder <ch> in verschiedene Kategorien sortieren. Dazu könnten zunächst regelhafte Wörter, wie *Wörter mit -chen* (z. B. *Brötchen, Mädchen, Hähnchen, Würstchen*), oder hochfrequente Wörter, *die ein <ch> beinhalten* (z. B. *ich, sich, nicht, dich, mich, richtig, wichtig, Gesicht, Gericht*), verwendet werden. Eine weitere Sortierkategorie könnte die Beachtung des *vorausgehenden Vokals* sein, da auch nach <e> und <ei> meist <ch> erfolgt (z. B. *echt, schlecht, Specht, frech, rechnen, Eiche, Teich, reich, weich, zeichnen*). Wörter, in denen sich als vorausgehender Vokal <u> oder <a> findet, werden hingegen häufiger mit <sch> geschrieben (z. B. *Dusche, Tasche, Muschel, nuscheln, Asche, Flasche, waschen*).

Diese Sortieraufgabe kann beliebig ausgeweitet werden und nach einer Zeit durch Ausnahmen ergänzt werden. Die Schüler*innen könnten dazu auch einen eigenen kleinen Hefter anlegen, in dem sie die Schreibungen mit *sch* und mit *ch* üben. Abschließend lässt sich festhalten, dass der Erwerb der richtigen Schreibung einen Langzeitprozess darstellt, der sich über mehrere Monate und Jahre streckt. Die hier vorgestellten Aufgaben können daher nur Startpunkte auf diesem Weg sein.

7 Fazit

Die in diesem Beitrag aufgeführte Perspektive auf fachliches Lernen im sprachlichen Anfangsunterricht zeichnet sich insbesondere dadurch aus, dass sie den Verschriftungsprozess als interaktiven Herstellungsprozess von Bedeutung begreift und dessen Genese in den Blick nimmt. Dies hat zur Folge, dass die Entstehung eines fachlichen Lerngegenstandes aus der Sicht der Schüler*innen nachgezeichnet werden kann, sodass die Handlungen und Äußerungen von Kindern in ihrem Entstehungsprozess fachlich interpretiert werden können.

In der vorgestellten Sequenz wird aber nicht nur sichtbar, wie der Lerngegenstand in der gemeinsamen Ko-Konstruktion hergestellt wird. Es zeigt sich ebenso, wie sich eine Differenz der Zugänge zwischen den Schüler*innen und der Erwachsenen vollzieht, die dadurch, dass sie für die Interaktant*innen unbemerkt bleibt, auch das Können des Schülers verstellt. Dies hängt vor allem mit der jeweiligen Bezugsebene zusammen, auf der die Interaktionsteilnehmer*innen die Äußerungen des anderen deuten. Für den sprachlichen Anfangsunterricht zeigt es sich als relevant, ob getätigte Lautrealisierungen beim Verschriften als Verweise auf die Phonem- oder auf die Graphemebene gedeutet werden. Diese Erkenntnis ergibt sich aus dem sequenziellen und interaktionistischen Blick, der aufmerksam werden lässt für die Komplexität von Verschriftungsprozessen in Klasse 1.

Da jede Unterrichtsstunde über Phasen verfügt, in denen Kinder Aufgaben bearbeiten, ist eine zentrale Tätigkeit von Lehrpersonen, diese Aufgabenbearbeitungsprozesse zu begleiten und in die Interaktion mit einzelnen Schüler*innen zu treten. Die Lernprozessbeobachtung kann für die eigene, begrenzte Deutungskraft der getätigten Schüler*innenäußerungen sensibilisieren und dazu beitragen, die eigene Deutung im Interaktionsprozess (und danach) zu reflektieren. Diese Sensibilisierung kann vor allem dabei helfen, genau zu beobachten und zu erkennen, welche Beiträge alle an der Interaktion Beteiligten leisten, damit ein Lerngegenstand entsteht. Dies ist relevant, um die Äußerungen der Schüler*innen fachlich verstehen und aufeinander beziehen zu können, um so die Herstellung von neuen Bedeutungen (und damit fachliches Lernen) voranzutreiben.

Literatur

de Boer, Heike (2015): Lernprozesse in Unterrichtsgesprächen. In: de Boer, Heike/Bonanati, Marina (Hrsg.): Gespräche über Lernen – Lernen im Gespräch. Wiesbaden: Springer VS Verlag, S. 17–37.

de Boer, Heike (2012): Pädagogische Beobachtungen. In: de Boer, Heike/Reh, Sabine (Hrsg.): Beobachten in der Schule – Beobachten lernen. Wiesbaden: Springer VS Verlag, S. 65–80.

Dahmen, Silvia/Weth, Constanze (2018): Phonetik, Phonologie und Schrift. Paderborn: Ferdinand Schöningh.

Dürscheid, Christa (2016): Einführung in die Schriftlinguistik. 5. akt. Auflage. Göttingen: Vandenhoeck & Ruprecht.

Eisenberg, Peter (2016): Phonem und Graphem. In: Wöllstein, Angelika und der Dudenredaktion (Hrsg.): Duden – Die Grammatik. Band 4. 9. überar. und aktual. Aufl. Berlin: Dudenverlag.

Jeuk, Stefan/Schäfer, Joachim (2019): Schriftsprache erwerben. Didaktik für die Grundschule. 5. akt. Aufl. Berlin: Cornelsen.

Krummheuer, Götz (2012): Die Interaktionsanalyse. In: Heinzel, Friederike (Hrsg.): Methoden der Kindheitsforschung. Weinheim: Beltz Juventa, S. 234–247.

Kruse, Norbert/Schüler, Lis (2021): Kritische Betrachtungen zu Diskurslinien der Schrifterwerbsdidaktik. In: Schüler, Lis (Hrsg.): Elementare Schriftkultur in heterogenen Lernkontexten. Zugänge zu Schrift und Schriftlichkeit. Hannover: Klett Kallmeyer, S. 110–125.

Last, Sandra (2021a): ‚Genau, das ist das Knifflige zu unterscheiden!' – Die Komplexität fachlicher Gespräche im sprachlichen Anfangsunterricht. In: Böhme, Nadine/Dreer, Benjamin/Hahn, Heike/Heinecke, Sigrid/Mannhaupt, Gerd/Tänzer, Sandra (Hrsg.): Mythen, Widersprüche und Gewissheiten der Grundschulforschung. Wiesbaden: Springer VS, S. 165–171.

Last, Sandra (2021b): Sprechen über Schrift. In: Schüler, Lis (Hrsg.): Elementare Schriftkultur in heterogenen Lernkontexten. Hannover: Klett/Kallmeyer, S. 131–138.

Last, Sandra (i.V.): Interaktive Aufgabenbearbeitung im sprachlichen Anfangsunterricht – eine videographische Studie über die Bearbeitung von Lese- und Schreibaufgaben in Klasse 1 (Arbeitstitel). Dissertation PH Ludwigsburg.

Merklinger, Daniela/Last, Sandra (2019): Aufgabenbezogene Lernprozessbeobachtung als phasen-übergreifendes Thema in der Grundschulbildung. In: Donie, Christian/Foerster, Frank/Obermayr, Marlene/Deckwerth, Anne/Kammermeyer, Gisela/Lenske, Gerlinde/Leuchter, Miriam/Wildemann, Anja (Hrsg.): Grundschulpädagogik zwischen Wissenschaft und Transfer. Wiesbaden: Springer VS, S. 71–80.

Ohlhus, Sören (2017): Vom Gegenstand zum Lerngegenstand. Zur interaktiven Inszenierung von Wissen im Mathematikunterricht der Grundschule. In: Hauser, Stefan/Luginbühl, Martin (Hrsg.): Gesprächskompetenz in schulischer Interaktion – normative Ansprüche und kommunikative Praktiken. Bern: Hep, S. 124–157.

Schründer-Lenzen, Agi (2013): Schriftspracherwerb und Unterricht. 4. überar. Aufl. Wiesbaden: Springer VS.

„Leiter (-) von vorne" – Ein Anlautspiel im Kontext von Mehrsprachigkeit beobachten

Cathrin Vogel

Zusammenfassung

Der vorliegende Beitrag nimmt die Lernprozessbeobachtung im Kontext von Mehrsprachigkeit in den Blick. Es wird danach gefragt, wie sich zwei Schülerinnen mit metasprachlichen Phänomenen auseinandersetzen und welche Rolle Mehrsprachigkeit dabei und bezüglich schulischer Strukturen spielt. Hierzu wird sowohl ein Aufgabenformat vorgestellt, das die Möglichkeit zur (mehrsprachigen) Sprachreflexion anbietet, als auch gezeigt, wie sich mehrsprachige Schülerinnen im Anfangsunterricht mit dem phonologischen Zugang auseinandersetzen. Die Rekonstruktion ihrer aufgabenbezogenen Aneignungsprozesse wird in einem letzten Schritt an didaktische Überlegungen rückgebunden.

Ergänzende Information Die elektronische Version dieses Kapitels enthält Zusatzmaterial, auf das über folgenden Link zugegriffen werden kann https://doi.org/10.1007/978-3-658-35355-1_11. Die Videos lassen sich durch Anklicken des DOI Links in der Legende einer entsprechenden Abbildung abspielen, oder indem Sie diesen Link mit der SN More Media App scannen.

C. Vogel (✉)
Fachbereich Bildungswissenschaften, Institut für Grundschulpädagogik, Universität Koblenz-Landau, Campus Koblenz, Koblenz, Deutschland
E-Mail: cvogel@uni-koblenz.de

H. de Boer et al. (Hrsg.), *Beobachten im fachdidaktischen Kontext*, Edition Fachdidaktiken, https://doi.org/10.1007/978-3-658-35355-1_11

1 Lernprozessbeobachtung: Yamina, Maham und das Würfelspiel

1.1 Ausgangssituation

Die folgende Situation zeigt Yamina und Maham (1. Klasse, 5. Woche nach Schulbeginn; September 2020). Yamina kam 2018, Maham 2016 aus Syrien nach Deutschland; ihr sprachliches Repertoire umfasst u. a. Deutsch und Arabisch. Die Schülerinnen setzen sich im Anfangsunterricht mit der Isolation von Lauten auseinander und haben bereits Erfahrungen mit den An- und Auslauten [a], [e], [l], [m], [p] und [s] gesammelt. Sie orientieren sich hierbei an der Anlauttabelle aus dem Lehrgang *Einsterns Schwester.*[1] In der beobachteten Szene spielen die beiden Schülerinnen gemeinsam ein Würfelspiel. Hierzu befinden sie sich gemeinsam mit Cathrin Vogel, die das Spiel anleitet, in einem separaten Raum. Um sicher zu stellen, dass die abgebildeten Begriffe bekannt sind, wurde zuvor gemeinsam überlegt, welche Wörter durch die Bilder repräsentiert werden.

1.2 Das Würfelspiel

Das Würfelspiel besteht aus 24 Feldern sowie einem Start- und einem Zielfeld (vgl. Abb. 1). Es geht darum, über die Lautung des Wortes das Phonem /l/ jeweils zu identifizieren und als erste*r das Zielfeld zu erreichen. Gewürfelt wird abwechselnd mit einem Würfel mit den Ziffern 1–3, damit möglichst viele Felder besucht werden. Das zum Bild passende Wort soll genannt und ein eventuell vorhandenes Phonem /l/ identifiziert werden. Wenn ein /l/ korrekt identifiziert wurde, darf zwei Felder vorgerückt werden und das andere Kind darf würfeln. Wenn nicht, bleibt die Spielfigur stehen und das andere Kind ist an der Reihe. In 19 der 24 Wörter ist im An-, Auslaut oder in beiden ein /l/ standardlautlich hörbar. Fünf Bilder repräsentieren Wörter, in denen im Deutschen kein /l/, aber dafür im Arabischen das Phonem /l/ über die Lautung identifizierbar ist. Damit bietet das Würfelspiel die Möglichkeit, den Zugriff auf die arabische Sprache und damit auch auf Mehrsprachigkeit insofern strategisch zu nutzen, als dass Schüler*innen, deren sprachliches Repertoire Arabisch umfasst, im Spiel schneller ans Ziel kommen können. Zu Beginn der Aufgabenbearbeitung wurde den Schülerinnen das Spiel erklärt: *Hörst du ein [l]? Ich habe gehört, dass ihr nicht nur Deutsch sprecht, sondern auch noch andere Sprachen kennt. Vielleicht fallen euch die Wörter ja auch in*

[1] Erschienen im Cornelsen Verlag (2015).

Abb. 1 Das Würfelspiel (© Cathrin Vogel)

einer anderen Sprache ein und ihr könnt mal hören, ob ihr dort auch ein [l] hört. Manchmal hört man im Deutschen kein [l], aber dafür in einer anderen Sprache.[2] Die explizite Aufforderung, auch nicht-deutsche Sprachen einzubinden, ist deshalb relevant, da die Schülerinnen möglicherweise zum ersten Mal die Erfahrung machen, dass im schulischen Kontext auch nicht-deutsche Sprachen eine Rolle spielen und sie damit verschiedene sprachliche Ressourcen anhand eines Lerngegenstands nutzen können. Obwohl die Aufgabe auf der Basis von deutschen und arabischen Wörtern konzipiert wurde, können die Schülerinnen frei auf ihr sprachliches Repertoire zugreifen, ohne auf die Nutzung des Arabischen begrenzt zu sein (Abb. 2, 3 und 4).

---

[2] Zu Beginn der Videoaufnahme haben die Schülerinnen gezeigt, dass sie auch Arabisch sprechen, und haben für das Bild *Tonne/Müll* beispielhaft das arabische Wort gesagt.

Abb. 2 Yamina (links) und Maham (rechts) (▶ https://doi.org/10.1007/000-68e) (© Cathrin Vogel)

1.3 Lernprozessbeobachtung[3]

„Leiter (-) von vorne"
Yaminas grüne Spielfigur steht auf dem Bild *Lupe* und Mahams rote Spielfigur auf dem Bild *Tonne.*

Yamina und Maham schauen sich gegenseitig an, Yamina deutet mit der Hand auf Maham und sagt: „Mach jetzt." Maham würfelt. Sie würfelt eine Zwei. Sie steht mit der roten Spielfigur auf dem Bild *Tonne* und geht zwei Felder weiter und sagt dabei: „Eins, zwei." Yamina hat ihren Blick auf das Spielfeld gerichtet. Maham kommt auf das Bild *Leiter.* Sie bewegt ihre Lippen, so als spräche sie tonlos das zu dem Bild passende Wort aus, dabei bewegen sich ihre Augen zwischen Spielfeld, Yamina, Kamera und dem Raum hin und her. Yamina schaut Maham an (18).[4]

[3] An dieser Stelle möchte ich mich bei den Herausgeberinnen bedanken, die mich während der Anfertigung dieses Beitrags intensiv begleitet und durch konstruktive Anregungen unterstützt haben.

Abb. 3 Maham bei ihrem Spielzug (© Cathrin Vogel)

Abb. 4 Yamina bei ihrem Spielzug (© Cathrin Vogel)

Maham sagt: „Leiter[5]“, wobei sich ihre Stimmlage zum Ende hin hebt. Sie blickt hinter die Kamera, wo sich die anleitende Person befindet (11). Maham sagt: „Leiter von erster.“

Yamina sagt: „Jetzt“ und würfelt. Sie würfelt eine Drei und sagt: „Dreimal.“ Sie nimmt die grüne Spielfigur, die auf dem Bild *Lupe* steht und geht drei Felder vor, wobei sie die Bilder *Tonne, Gabel* und *Leiter* nacheinander mit der Spielfigur antippt. Dabei sagen beide Schülerinnen: „Eins, zwei, drei.“ Yaminas Spielfigur steht nun auf dem Feld *Leiter.* Sie blickt hinter die Kamera und sagt: „Leiter (-) von vorne.“ Yamina nickt in Mahams Richtung und schaut sie an. Maham schaut Yamina an und kichert. Yamina schaut hinter die Kamera und sagt: „Das L (Buchstabenname [ɛl]) hö/hö/hört man von vorne.“ Maham schaut Yamina an und sagt: „Nein, von erste (-) Leiter l (Lautbezeichnung [l::]) [xxx]“, Yamina schaut zu Maham und sagt: „Ja, hab ich gesagt von/von vorne.“ Maham lacht und fragt: „Warum? (-) Warum nicht von erste? Und warum nicht/.“ Sie stoppt, blickt in Richtung Tür und sagt: „Von die Tür?“ Während Maham „Tür“ sagt und lacht, sagt Yamina: „Jetzt mach.“ Dabei verschiebt sie das Spielfeld und die grüne Spielfigur fällt um. Yamina stellt die grüne Spielfigur wieder auf und Maham würfelt.

2 Mehrsprachigkeit im Anfangsunterricht

Die Grundschule ist eine Schule für *alle* Kinder (ohne Selektion), sodass die Heterogenität der Schüler*innen besonders groß ist. An die Institution Grundschule und die dort Lehrenden ergibt sich somit die Anforderung, dieser Heterogenität gerecht zu werden. Das bedeutet, den Kindern mit all ihren Potenzialen einen Raum zur Entfaltung und (Weiter-)Entwicklung zu bieten, sodass sich die Grundschule für sie als ein Ort zeigt, an dem sie sich mit ihrer sprachlichen Vielfalt wertgeschätzt fühlen. Dieser Beitrag vertritt die Grundhaltung, dass Kindern im schulischen Kontext dann Wertschätzung entgegengebracht wird, wenn sie sich mit all ihren Voraussetzungen, Bedürfnissen und hier v. a. ihrem sprachlichen Repertoire in die Gestaltung von Schule und Unterricht einbringen

[4] Angelehnt an die Transkriptionskonvention GAT 2 (vgl. Selting et al. 2009) werden Pausen wie folgt gekennzeichnet: (-) kurze geschätzte Pause; (18) bzw. (11) gemessene Pause von 11 bzw. 18 s Dauer.

[5] Phonetisch wird *Leiter* [laɪ̯tɐ] realisiert.

können, um das Potenzial von Mehrsprachigkeit[6] auszuschöpfen. Darüber hinaus geht dieser Beitrag davon aus, dass auch nicht-mehrsprachige Schüler*innen davon profitieren können und alle Mehrsprachigkeit als Normalität erfahren (s. hierzu u. a. Terhart und Winter 2020: 30 ff.).

Damit steht diese Haltung Perspektiven gegenüber, die durch den ‚monolingualen Habitus' geprägt sind. Mit diesem Begriff verweist Gogolin (2008) darauf, dass im schulischen Kontext die Norm der Einsprachigkeit grundgelegt wird, und die Mehrsprachigkeit der Gesellschaft in Konzepten und im Lehrer*innenhandeln innerhalb der Institution Schule nicht abgebildet oder berücksichtigt wird. Diese einsprachige Normalitätsvorstellung führt bis hin zu einer defizitorientierten Perspektive auf Mehrsprachigkeit im Kontext von Schule.

2.1 Mehrsprachigkeit als Normalität im Anfangsunterricht

Um dieser defizitorientierten Perspektive entgegenzuwirken und Mehrsprachigkeit als ‚Normalität' erfahren zu können, ist es wichtig, dass die Familiensprachen aller Schüler*innen in der Grundschule eine Rolle spielen. Wenn Mehrsprachigkeit als gegebene Bedingung anerkannt wird, kann dies eine Perspektive auf Mehrsprachigkeit eröffnen, die diese nicht als Abweichung von der Norm betrachtet.[7]

Jeuk (vgl. 2017: 269) weist darauf hin, dass in den KMK-Standards von 2004 zwar angemerkt wird, dass mehrsprachige Schüler*innen zu Teilen andere Voraussetzungen als einsprachige Schüler*innen mitbringen und diese unterschiedliche Vorerfahrung auch für den Unterricht genutzt werden sollte, jedoch lassen sich hier weder Hinweise auf damit einhergehende Lernfelder noch auf konkrete Umsetzungsmöglichkeiten finden. Vielmehr „wird selbstverständlich eine einsprachige Norm zu Grunde gelegt" (Jeuk 2017: 269). Dies hat zur Folge, dass ein mehrsprachiger Anfangsunterricht weitestgehend keine Berücksichtigung in Bildungsstandards und -plänen findet, was dazu führt, dass in unterrichtlicher

[6] Nach dem Verständnis von Terhart und Winter, die sich auf Otheguy et al. (2015) und García (2009) beziehen, sind Personen mehrsprachig, wenn sie „über ein Gesamtrepertoire unterschiedlicher sprachlicher Mittel [verfügen] und […] in verschiedenen Situationen flexibel auf verschiedene Aspekte ihrer mehrsprachigen Kompetenz zurückgreifen [können], um Kommunikationssituationen effektiv zu bewältigen" (Terhart und Winter 2020: 31). Zur Herleitung dieses Verständnisses s. Terhart und Winter (2020: 30 f.).

[7] Welches Spannungsverhältnis der Normalitätsbegriff im Kontext von Mehrsprachigkeit in sich trägt, benennen u. a. Terhart und Winter (2020: 31) in Anlehnung an Dausien und Mecheril (2006).

Praxis größtenteils auf DaZ[8]-didaktische Konzepte zurückgegriffen wird (vgl. Jeuk 2017: 269). So wird das Potenzial von Mehrsprachigkeit häufig nicht ausgeschöpft, sondern die Förderung mehrsprachiger Schüler*innen beim Erwerb der deutschen Sprache steht im Vordergrund. *Das Deutsche* bildet also die Norm, andere Sprachen gelten als Abweichung. Mehrsprachigkeit zeigt sich hier häufig als Nachteil für die Schüler*innen und nicht als zusätzliche Ressource.[9] Dadurch eröffnet sich eine defizitorientierte Perspektive auf Mehrsprachigkeit und Schule (re)produziert in diesem Kontext soziale Ungleichheit bis hin zur Diskriminierung und somit auch den monolingualen Habitus.

Diese Problematik zeigt sich auch im sprachlichen Anfangsunterricht. Es gibt zwar Aufgabenformate für den Anfangsunterricht und auch Konzeptionen, die das Potenzial von Mehrsprachigkeit ausschöpfen (vgl. u. a. Fürstenau 2019), jedoch besteht weiterhin Bedarf an der Entwicklung von Aufgaben und Konzepten für den Anfangsunterricht, die Mehrsprachigkeit mitbedenken und ihr Potenzial nutzen.[10] Kruse, Heinzel und Becker nehmen sich mit dem Teilprojekt *Mehr Sprache(n) – mehr Kultur(en) im Grundschulunterricht* der Problematik insofern an, als dass das Projekt u. a. die Auseinandersetzung von Grundschullehramtsstudierenden mit mehrsprachigkeitsdidaktischen Konzepten anstrebt (vgl. Kruse et al. 2019).

Solche Formate können an die Vorerfahrungen und die Bedürfnisse der Schüler*innen anschließen. Dazu ist es u. a. relevant, den Blick auf die Art der vorhandenen Mehrsprachigkeit zu richten. Yamina und Maham sprechen beide Arabisch, weshalb im Folgenden die arabische Sprache fokussiert wird.

2.2 DAS Arabische?

Weltweit sprechen ca. 280 Mio. Menschen Arabisch (vgl. Zeldes und Kanbar 2014: 136). Es gibt jedoch nicht das Arabische, sondern viele dialektale und

[8] Deutsch als Zweitsprache.

[9] Eine große Rolle spielt dabei auch, welche Sprachen gesprochen werden: Manche Sprachen gelten als prestigeträchtiger als andere, so erfahren Englisch oder Französisch bspw. mehr Anerkennung als Arabisch oder Türkisch (vgl. u. a. Plewnia und Rothe 2011). Das geht auch mit der Perspektive Gogolins (2008) einher, die in diesem Kontext vom *monolingualen Habitus* spricht.

[10] Solche Formate ließen sich ebenso aus der Perspektive einer prozessorientierten pädagogischen Diagnostik am Schulanfang nutzbar machen.

territoriale Varietäten.[11] Dabei sind die Unterschiede sogar so groß wie im Deutschen zwischen Platt- und Schweizerdeutsch (vgl. Zeldes und Kanbar 2014: 137). Darüber hinaus ergibt sich nicht nur eine entscheidende Differenz zwischen den verschiedenen Dialekten und territorial begründeten Unterschieden, sondern auch zwischen gesprochenem und geschriebenem Arabisch. Für beide Realisierungen wird eine strikte Trennung vorgenommen, sodass Menschen, die die arabische Sprache sprechen sowie ihre Schrift lesend und schreibend beherrschen, immer (mindestens) zweisprachig sind – auch in ihrem Selbstverständnis (vgl. Zeldes und Kanbar 2014: 138).

Mit Blick auf die arabische Schrift ist wohl die Schreib- und Leserichtung der eindrücklichste Unterschied: Die arabische Schrift wird von rechts nach links geschrieben und gelesen (vgl. Zeldes und Kanbar 2014: 140). Könnte sich diese Richtung in gewisser Weise auch auf die *Denkrichtung* auswirken? Wird aus der Perspektive eines lateinischen Schriftsystems auf die Schreib- und Leserichtung geblickt, bezeichnet bspw. die richtungsgebende Präposition *vorne* in der linearen Abfolge die Position ganz links, während sich *vorne* im arabischen Schriftsystem ganz rechts befindet. Wichtig ist, dass die Unterschiedlichkeit nicht unbedingt zu Interferenzen führen muss, sondern auch bedeutet, dass arabisch-deutsch-sprachige Schüler*innen über das zusätzliche Wissen verfügen, dass es sowohl Schriftsysteme gibt, die von links nach rechts als auch solche, die von rechts nach links gelesen und geschrieben werden.

Obgleich das der obigen Beobachtung zugrunde liegende Würfelspiel einen phonologischen Zugang vorgibt, gilt es, diese Unterschiedlichkeit der Systeme im Blick zu behalten, da die Aufgabe vorerst keine Rückschlüsse auf die Schrifterfahrungen der beiden Schülerinnen zulässt.

Es zeigt sich, wie komplex unterschiedliche Sprachen und Schriftsysteme sind und wie irreführend eine oberflächliche Betrachtung sein kann. Es ist notwendig, den Blick auf nicht-deutsche Sprachen und ihre Schriftsysteme zu reflektieren, um sowohl einem eurozentristischen als auch monolingualen Blick als gegebene Norm entgegenzuwirken.

2.3 Sprachreflexion

Sprachbetrachtung und damit auch das Sprechen über Sprache sind anspruchsvolle Tätigkeiten. Umso gewinnbringender kann es sein, diese Sprachbetrachtung

---

[11] „Eine Varietät ist eine Sprache in der Sprache oder eine strukturell abgrenzbare Subsprache (Teilsprache) innerhalb einer Gesamtsprache" (Felder 2016: 9).

nicht nur aus einer, sondern aus unterschiedlichen Perspektiven vorzunehmen. Mehrsprachige Schüler*innen können diese Betrachtung aus mindestens zwei Perspektiven vornehmen. Sie haben also einen Zugriff auf unterschiedliche Ressourcen.

Bien-Miller et al. (2017) weisen aus grundschulpädagogischer Perspektive auf den Zusammenhang von Mehrsprachigkeit und Sprachbewusstheit hin. Sie nehmen auf der einen Seite in den Blick, dass es laut KMK-Bildungsstandards

> „Aufgabe des Deutschunterrichts in der Grundschule ist […], eine grundlegende sprachliche Bildung zu vermitteln, damit sie [die Schüler*innen; C. V.] in gegenwärtigen und zukünftigen Lebenssituationen handlungsfähig sind“ (KMK 2004: 6)

und Sprachbewusstheit ein Teil dieser Sprachhandlungsfähigkeit ist. Andererseits legen sie den Fokus auf die Rolle der Sprachbewusstheit im Kontext von Mehrsprachigkeit bzw. die Rolle von Mehrsprachigkeit im Kontext von Sprachbewusstheit. Hier weisen sie darauf hin, dass eine Auseinandersetzung bisher eher in internationalen Untersuchungen stattgefunden habe und weniger in nationalen. Die internationale Forschung bietet Hinweise darauf,

> „dass Sprachbewusstheit bei Mehrsprachigen früher einsetzt und stärker ausgeprägt ist als bei Einsprachigen (vgl. Galambos und Hakuta 1988; Galambos und Goldin-Meadow 1990; Snow et al. 1991; Comdal 1999; Sanz 2007)“ (Bien-Miller et al. 2017: 195).

Es ist zu vermuten, dass die sprachreflexiven Fähigkeiten mehrsprachiger Kinder teilweise früher und stärker ausgeprägt sind als die einsprachiger Kinder. Diese Fähigkeiten lassen sich in entsprechenden Aufgabenformaten, die Schulanfang und Mehrsprachigkeit miteinander in Verbindung bringen, zum Vorschein bringen.

Als ein Hinweis auf Sprachbewusstheit arbeiten Bien-Miller et al. (2017: 203) u. a. situationsgebundene metasprachliche Äußerungen heraus. Zu diesen gehören u. a. Selbst- und Fremdkorrekturen, die spontan im Bearbeitungsprozess geäußert werden (Bsp.: „Nein, das spricht man ‚jo‘ aus“ [Bien-Miller et al. 2017: 203]).

Da die Studie jedoch am Ende der Grundschulzeit durchgeführt wurde und sich in dem oben dargestellten Beobachtungsprotokoll bereits erste Kompetenzen im Hinblick auf Sprachbewusstheit zum Schulanfang rekonstruieren lassen, eröffnet sich die Möglichkeit zur vertiefenden Untersuchung der Zusammenhänge auch im Anfangsunterricht. Inwiefern diese Kompetenzen in der Mehrsprachigkeit der beiden Schülerinnen begründet sind, bleibt an dieser Stelle jedoch vorerst offen.

3 Rekonstruktion des Bearbeitungsprozesses von Yamina und Maham

Auf Grundlage der theoretischen Überlegungen wird das oben dargestellte Beobachtungsprotokoll sequenzanalytisch betrachtet, um so den Lernprozess von Yamina und Maham in den Blick zu nehmen und ihre interaktive Auseinandersetzung mit dem Lerngegenstand zu rekonstruieren. Anschließend werden die aufgabenbezogenen Zugänge der beiden Schülerinnen rekonstruiert und mögliche didaktische Anschlussaufgaben formuliert.

Leiter von erster?
Die bei Maham beobachtbare tonlose Artikulationsbewegung des Wortes *Leiter* lässt die Interpretation zu, dass sie überlegt, ob und wo sie den Laut [l] hören kann. Yamina zeigt mit ihrem Blick zu Maham Interesse an deren Äußerung.

Zwischen dem Würfeln und der Wortbenennung Mahams vergehen 18 s, was darauf schließen lässt, dass Maham überlegt, welches Wort durch das Bild auf dem besetzten Feld repräsentiert wird. Darauf deutet auch hin, dass Maham „Leiter" sagt. Das Anheben ihrer Stimme lässt einen ihr bewussten Zweifel vermuten. Ihr Blick hinter die Kamera, „wo sich die anleitende Person befindet", unterstreicht Mahams fragende Haltung. Nach 11 s kommt sie zu dem Schluss, dass *Leiter* hier das passende Wort ist und benennt mit „von erster" die lautliche Position von /l/. Bei der Formulierung „von erster" handelt es sich um eine ordinale Zuordnung; d. h., Maham gibt hier an, welchen Rangplatz der Laut [l] bei der lautlichen Realisierung des Wortes *Leiter* ([laɪ̯tɐ]) hat – den Laut [l] hört sie zuerst. In der unterrichtlichen Praxis bezeichnen die Schüler*innen die Position des Lauts [l] mit *vorne* und *hinten* – *in der Mitte* spielt bisher noch keine Rolle – oder *am Anfang* und *am Ende*. Offen bleibt, ob Maham mit *von erster* Bezug zum unterrichtlich etablierten Terminus *am Anfang* nimmt oder ob sie hier unabhängig von unterrichtlicher Praxis eine eigene Formulierung wählt. Ein Hinweis darauf, dass sich Maham auf eine der im Unterricht verwendeten Bezeichnung bezieht, ist, dass im Arabischen sowohl *erste(r)* als auch *Anfang* أول [ʔawwal] heißt. Wird die Mehrsprachigkeit Mahams außer Acht gelassen, könnte es so aussehen, als wählte sie mit *von erster* eine neue, nicht am Unterricht orientierte Bezeichnung. Durch den sprachkontrastiven Vergleich lässt sich jedoch zeigen, dass sie sich sehr wohl an der unterrichtlichen Logik orientiert.

‚von vorne' oder ‚von erster'?
Yamina nimmt die Schlussfolgerung Mahams hin, indem sie mit dem Spiel fortfährt und würfelt. Es fällt auf, dass Maham keine zwei Felder vorgeht, obwohl sie

den Laut identifiziert hat. Bei Yaminas Aussage „Leiter (-) von vorne" benennt auch sie vermutlich, wo sie den Laut [l] identifiziert hat. Offen bleibt an dieser Stelle, ob sie die Lautstruktur analysiert hat oder ob sie sich an der vorherigen Auseinandersetzung Mahams mit dem Wort *Leiter* orientiert. Auf Zweiteres könnte hindeuten, dass auch Yamina die Präposition *von* verwendet, ohne dass dies der im Unterricht etablierten Bezeichnung entspricht. In jedem Fall wählt Yamina eine andere Formulierung als Maham: „von vorne" vs. „von erster". Die Präposition *von* bringt Yamina mit dem Adverb *vorne* in Verbindung. Damit nimmt sie einerseits Bezug auf den unterrichtlich etablierten Terminus *vorne,* fügt jedoch auf der anderen Seite ebenfalls die Präposition *von* ein.

Durch das Nicken in Mahams Richtung macht sie deutlich, dass ihr Spielzug abgeschlossen ist. Für Maham scheint der Zug nicht eindeutig abgeschlossen. Das Nicht-Fortfahren Mahams interpretiert Yamina womöglich so, dass ihre Äußerung zum Bild *Leiter* noch nicht ausreichend ist, möglicherweise vermutet sie auch, dass die anleitende Person mit ihrer Antwort noch nicht zufrieden ist. Darauf könnte ihr Blick hinter die Kamera hindeuten. Sie ergänzt ihre Analyse des Wortes mit „Das L (Buchstabenname [ɛl]) hö/hö/hört man von vorne" und nimmt damit auch Bezug zum Buchstabennamen.

Maham nimmt mit „Nein, von erste" eine Fremdkorrektur vor. Diese situationsgebundene metasprachliche Äußerung könnte ein Hinweis auf Sprachbewusstheit sein. Maham verdeutlicht mit ihrer Formulierung „von erste", dass sie einen Unterschied zwischen ihrer Formulierung und Yaminas „von vorne" sieht. Ihre These, dass der Laut [l] in *Leiter* „von erste" zu hören ist, unterstreicht sie mit „Leiter l (Lautbezeichnung [l::])", indem sie zunächst das Wort noch einmal ausspricht und dann den Laut [l] dehnt und damit isoliert. Yamina hingegen scheint hier keinen Widerspruch zwischen Mahams und ihrer eigenen Äußerung zu sehen. Aus ihrer Perspektive hat sie mit „von vorne" inhaltlich das Gleiche wie Maham mit „von erste" gesagt („Ja, hab ich gesagt von/von vorne").

Warum nicht von erste?

Maham nimmt diese Perspektive nicht einfach hin, sondern fragt hier gezielt nach: „Warum? (-) Warum nicht von erste?". Sie geht dem Widerspruch zwischen ihrer und Yaminas Bezeichnung auf den Grund und fragt, warum Yamina eine andere Formulierung wählt. Damit verhandeln die beiden Schülerinnen, wie man im Deutschen die Position des Lauts [l] im Wort bezeichnet. Sie setzen sich metasprachlich mit der Isolation von Lauten auseinander und befinden sich auf einer Metaebene, die sich mit der Benennung sprachlicher Phänomene befasst.

Maham geht Yaminas Äußerung „von vorne" genauer auf den Grund: Sie setzt die Präposition *von* in einen neuen Kontext, indem sie fragt: „Und warum nicht/ […] Von die Tür?" Die dahinterliegenden Gedanken Mahams sind hier aus der Perspektive der Beobachterin nicht vollends rekonstruierbar.[12] Sie macht den Verweis zur Tür in der weiteren Interaktion nicht mehr zum Thema. Auch Yamina bringt mit ihrer Aufforderung an Maham: „Jetzt mach" zum Ausdruck, dass das Thema für sie vorerst abgeschlossen ist und greift es nicht noch einmal auf.

4 Aufgabenbezogene Zugänge von Yamina und Maham

Yamina und Maham handeln in der dargestellten Situation aus, wie die Position des Lauts [l] im Wort Leiter zu bezeichnen ist. Damit gehen die beiden Schülerinnen über die Fragen „Hörst du ein /l/?" und „Wo hörst du ein /l/?" hinaus und verbinden damit die phonemanalytische mit der sprachreflexiven Tätigkeit. Für den jeweiligen aufgabenbezogenen Zugang der beiden Schülerinnen lassen sich sequenzanalytisch folgende Schlussfolgerungen rekonstruieren:

Yamina

- Yamina orientiert sich mit dem Adverb *vorne* auf der einen Seite an der im Unterricht etablierten Bezeichnung, geht jedoch andererseits über diese hinaus, indem sie die Präposition *von* voranstellt.
- Für Yamina kann die Position des Lauts [l] im Wort *Leiter* sowohl mit *von erste(r)* als auch mit *von vorne* bezeichnet werden. Für sie stellen die Bezeichnungen keinen Widerspruch dar.
- Offen bleibt, ob Yamina den Anlaut [l] im Wort *Leiter* identifizieren kann und auch weiß, an welcher Position sich dieser befindet oder ob sie sich dabei an Maham orientiert.
- Durch die Benennung des Buchstabennamens zeigt Yamina, dass sie Buchstabenkenntnis besitzt. Sie kennt die Lautbezeichnung und den Buchstabennamen.

[12] Eine mögliche Lesart könnte sein, dass Maham verschiedene Wortkombinationen erprobt, also mit der Präposition *von* experimentiert.

Maham

- Maham kann ebenfalls den Anlaut [l] des Wortes *Leiter* identifizieren und isolieren. Auch sie weiß, an welcher Position der Laut zu verorten ist.
- Maham wählt mit der Formulierung *von erste(r)* eine ordinale Bezeichnung der Position des Lauts [l]. Damit weicht sie von der unterrichtspraktischen Formulierung *vorne* oder *am Anfang* ab. Interessant könnte an dieser Stelle sein, ob sie die Bezeichnungen *von erste(r)* wählt, weil im Arabischen أول [ʔawwal] sowohl *erste(r)* als auch *Anfang* bedeuten kann. Demnach würde sich auch Maham an einem im Unterricht verwendeten Terminus orientieren, obgleich *von erste(r)* grammatikalisch nicht korrekt ist. Sie steht damit sowohl der Herausforderung als auch der Möglichkeit gegenüber, sich zwischen drei im Deutschen unterschiedlichen Bezeichnungen entscheiden zu müssen bzw. zu können.
- Maham gelingt es, Sprache zum Gegenstand der Aushandlung zu machen. Dies wird u. a. dadurch deutlich, dass sie eine Fremdkorrektur vornimmt, die sich als situationsgebundene metasprachliche Äußerung und damit als Hinweis auf Sprachbewusstheit deuten lässt.

5 Anschlussmöglichkeiten für Yamina und Maham

Die Bezeichnung der Position des Lauts [l] in *Leiter* erregt die Aufmerksamkeit von Yamina und Maham. Während Yamina keinen Widerspruch zwischen ihrer und Mahams Bezeichnung sieht, empfindet Maham diese als aushandlungsbedürftig. Für beide Schülerinnen scheint es interessant, diesem Phänomen weiter auf den Grund zu gehen. Die Auseinandersetzung ist auch deshalb relevant, weil die Aufgabe, Phoneme über die Lautung zu isolieren, Teil der unterrichtlichen Praxis ist – und das nicht nur in der Klasse, die die beiden Schülerinnen besuchen. Hinsichtlich solcher Aufgabenformate kann gefragt werden, inwiefern Phoneme überhaupt hörbar sind. Phoneme sind abstrakte Einheiten, die durch Phone konkret realisiert werden. Offen bleibt dabei auch, inwiefern Laute ohne schriftbezogenes Wissen herausgehört werden können.

Es gilt auf der einen Seite, an das Interesse von Yamina und Maham anzuschließen und die Auseinandersetzung zu vertiefen und damit auch Sprachbewusstsein/-heit und Sprachreflexion weiterzuentwickeln. Andererseits geht es darum, in möglichen Anschlussaufgaben Mehrsprachigkeit und die sprachlichen Potenziale der Schülerinnen sichtbar zu machen und auszuschöpfen.

In der vorgestellten Situation zeigt sich zugleich, dass die beiden Schülerinnen das Arabische (oder andere Sprachen neben dem Deutschen) nicht explizit nutzen, was möglicherweise in (unterrichtlichen) Strukturen begründet ist, die durch den monolingualen Habitus geprägt sind. Damit sich das Potenzial des Aufgabenformats trotz solcher Strukturen stärker entfalten kann, scheint es sinnvoll, im Zuge der Spielanleitung den Einbezug der arabischen Sprache expliziter zu benennen und so den Zugriff für Yamina und Maham auf ihr sprachliches Repertoire niedrigschwellig zu gestalten. Darüber hinaus könnte es wichtig sein, gemeinsam mit den Schülerinnen mehrere Beispiele für arabische Bezeichnungen zu benennen.

Yamina und Maham haben ihr arabisches Sprachrepertoire noch nicht explizit genutzt und rücken nach der Identifizierung des Lautes [l] keine zwei Felder vor. Vor diesem Hintergrund und dem der aufgabenbezogenen Zugänge bietet es sich an, den strategischen Nutzen der Mehrsprachigkeit bzw. des Arabischen noch einmal mit ihnen zu thematisieren, denn sie haben den Spielcharakter des angebotenen Materials noch nicht für sich entdeckt.

Hierzu ergeben sich zwei Anschlussmöglichkeiten, die auch aufeinander aufbauend angewendet werden können:

Das Würfelspiel wiederholen

Um das Potenzial des Würfelspiels und damit auch von Mehrsprachigkeit auszuschöpfen, ist es relevant, dass die Schülerinnen die Spielregeln befolgen. Eine entscheidende Regel besteht darin, zwei Felder vorzurücken, sobald der Laut [l] im jeweiligen Wort identifiziert wurde. Das führt dazu, dass diejenigen Schüler*innen, die auch die Laute im Arabischen isolieren, häufiger vorrücken und damit schneller ans Ziel kommen. Für Yamina und Maham bietet es sich also an, die Regeln noch einmal mit ihnen durchzugehen und dabei auf der einen Seite transparent zu machen, dass nicht-deutsche Sprachen strategische Vorteile verschaffen können und andererseits das Arabische explizit zu benennen. Damit wird möglicherweise dem monolingualen Habitus entgegengewirkt und die Schülerinnen können die Erfahrung machen, dass es legitim und auch im schulischen Kontext eine nützliche Ressource ist, mehr als eine Sprache zum sprachlichen Repertoire zu zählen. Die Schülerinnen werden also ermutigt, ihr mehrsprachiges Repertoire in der Schule zu nutzen.

Damit die Schülerinnen einerseits die Möglichkeit der Selbstkontrolle haben und auf der anderen Seite die schriftferne Aufgabe der reinen Lautisolation schriftorientiert angereichert wird, kann das Würfelspiel insofern erweitert werden, als dass die einzelnen Felder umgedreht werden können. Auf der Rückseite befinden sich die passenden Schriftbilder sowohl auf Deutsch als auch auf Arabisch. Es ist sinnvoll, die arabischen Wörter in arabischer Schrift abzubilden,

Abb. 5 *Leiter* auf Deutsch und Arabisch (© Cathrin Vogel)

Abb. 6 *Zitrone* auf Deutsch und Arabisch (© Cathrin Vogel)

um so an unterschiedliche Schrifterfahrungen anzuknüpfen und auch um möglicherweise bereits einen Vergleich der beiden Schriftsysteme implizit anzuregen. Darüber hinaus sind die Buchstabe *L* und ل (isoliert) bzw ل (initial)[13] jeweils farblich hervorgehoben (vgl. beispielhaft Abb. 5 und 6), was auch dazu beiträgt, dass die unterschiedliche Schreib-/Leserichtung der beiden Schriftsysteme hervorgehoben wird. Sollte es tatsächlich Synergieeffekte zwischen der Schrift- und der Denkrichtung geben, könnten diese so möglicherweise sichtbar werden.

Zur Verdeutlichung der entscheidenden Regel des Vorrückens scheint es sinnvoll, diese Regel noch einmal in Form eines Tippkärtchens neben dem Spielfeld zu platzieren (vgl. Abb. 7).

Das Würfelspiel im Plenum initiieren

Ein weiterer Schritt könnte für Yamina und Maham darin bestehen, dass sie das Würfelspiel jeweils auch mit anderen Schüler*innen der Klasse spielen, die Arabisch nicht zu ihrem sprachlichen Repertoire zählen. So wäre es ihnen möglich, ihre sprachlichen Ressourcen noch deutlicher als strategischen Vorteil zu erkennen, da eben nur sie den Laut [l] in den arabischen Wörtern identifizieren und anschließend zwei Felder vorrücken können. Hierbei eröffnet sich

[13] Hierbei handelt es sich um die Schriftzeichen, die im Arabischen dem Phonem /l/ zugeordnet sind.

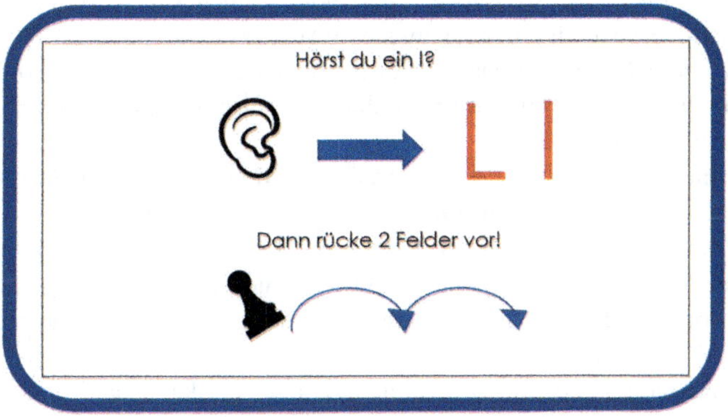

Abb. 7 Tippkärtchen Spielregeln (© Cathrin Vogel)

zudem die Möglichkeit, dass andere Schüler*innen auch weitere Sprachen einbringen und eventuell sprachvergleichende Tätigkeiten angeregt werden. Damit würde diese Variante auch an Yaminas und Mahams Interesse an sprachreflexiven Aushandlungen und der Betrachtung von Sprache anschließen.

6 Fazit

Die Lernprozessbeobachtung von Yamina und Maham zeigt die Komplexität sprachreflexiver Überlegungen und was es bedeutet, diese in Sprache zu fassen. Es wird deutlich, wie aufschlussreich der sequenzanalytische Blick und das Berücksichtigen der individuellen Voraussetzungen von Schüler*innen sein können. Auf die Notwendigkeit, Kindern entsprechende Aufgaben anzubieten, die sie individuell herausfordern, deuten auch de Boer (2012: 66) und Merklinger und Last (2019: 71 f.) unter Bezugnahme auf Merklinger (2016) und de Boer et al. (2015) hin. Es gilt, Mehrsprachigkeit als eine dieser individuellen Voraussetzungen potenzialorientiert anzuerkennen. So können Aufgaben angeboten werden, anhand derer sich auf der einen Seite die Schüler*innen mit ihren Fragen auseinandersetzen und andererseits Lehrkräfte aus diagnostischer Perspektive Aufschluss über mögliche Anschlussaufgaben erhalten können. Es zeigt sich, dass nicht nur ein sequenzanalytischer Blick, sondern auch der Einbezug von Fachwissen relevant für das Verstehen von Schüler*innen und ihren Lernprozessen ist. In Hinblick auf die dargestellte Situation trägt das Wissen über die arabische

Sprache dazu bei, die Äußerungen der Schülerinnen besser zu kontextualisieren, die dahinterliegenden Überlegungen zu verstehen und diese für diagnostische Schritte zu berücksichtigen. Damit eröffnet die aufgabenbezogene Lernprozessbeobachtung die Möglichkeit, die Prozesshaftigkeit der Interaktion und Fachlichkeit miteinander zu verbinden.

Ein nächster Schritt könnte darin bestehen, Mehrsprachigkeit für die gesamte Klasse zugänglich zu machen. Im Rahmen des Projekts MIKS wurden unter der Leitung von Fürstenau Aufgaben dafür entwickelt (vgl. Fürstenau 2021; MIKS-Homepage[14]). Für diese Öffnung spricht auch die Migrationspädagogik, die den Blick sowohl auf Kinder mit als auch ohne Migrationshintergrund richtet (vgl. Röhner 2020: 21 f.).

Mehrsprachigkeit für alle zugänglich zu machen, kann dann auch zu einem größeren gegenseitigen Verständnis und zu einem Blick ‚hinter die Mauer' beitragen, wie es Kübra Gümüşay in ihrem Buch *Sprache und Sein* so treffend beschreibt:

> „Wir Kinder, die in verschiedenen Sprachen leben, sehen Mauern, die sich durch unsere Gesellschaft ziehen, die für die meisten Menschen, die ausschließlich die dominierende Sprache sprechen, vermutlich nicht sichtbar sind. Wir Kinder von zwei oder mehr Sprachen lernen früh, uns entlang dieser Mauern, über sie hinweg und manchmal mitten durch sie hindurch zu bewegen. Wir leben auf beiden Seiten der Mauer, wechseln hin und her und hoffen, die auf der einen Seite können sehen, was auf der anderen Seite geschieht" (Gümüşay 2020: 34).

Die Verantwortung für gegenseitiges Verstehen liegt damit nicht mehr allein in den Händen Mehrsprachiger, sondern ebenso auf der Seite derjenigen, die vorrangig die dominierende Sprache sprechen. Es ist lohnenswert und notwendig, ‚hinter die Mauer' zu blicken und das sprachliche Repertoire mehrsprachiger Schüler*innen nicht als Abweichung von der Norm, sondern als Potenzial anzuerkennen. Hierzu ist es unabdingbar, auch überfachliche Aspekte, wie die Reproduktion des ‚monolingualen Habitus' kritisch zu reflektieren und mit Prozesshaftigkeit und Fachlichkeit zusammenzudenken.

[14] https://www.ew.uni-hamburg.de/einrichtungen/ew1/vergleichende/diver/forschung/laufende-projekte/miks.html [Zugriff: 06.10.2021].

Literatur

de Boer, Heike (2012): Pädagogische Beobachtung. Pädagogische Beobachtungen machen – Lerngeschichten entwickeln. In: de Boer, Heike/Reh, Sabine (Hrsg.): Beobachtung in der Schule – Beobachten lernen. Wiesbaden: Springer, S. 65–82.

Bien-Miller, Lena/Akbulut, Muhammed/Wildemann, Anja/Reich, Hans H. (2017): Zusammenhänge zwischen mehrsprachigen Sprachkompetenzen und Sprachbewusstheit bei Grundschulkindern. In: Zeitschrift für Erziehungswissenschaft 20, 2, S. 193–211.

Felder, Ekkehard (2016): Einführung in die Varietätenlinguistik. Darmstadt: WBG.

Fürstenau, Sara (2019): Mehrsprachige Schriftkultur. Wie Grundschulklassen aus ihrem Repertoire schöpfen können. In: Die Grundschulzeitschrift 33, 317, S. 16–20.

Fürstenau, Sara (2021): Mehrsprachige Schriftkultur in Grundschulklassen. Unterrichtsentwicklung im MIKS-Projekt. In: Schüler, Lis (Hrsg.): Elementare Schriftkultur in heterogenen Lernkontexten. Hannover: Klett-Kallmeyer, S. 226–235.

Gogolin, Ingrid (2008): Der monolinguale Habitus der multilingualen Schule. Münster: Waxmann.

Gümüşay, Kübra (2020): Sprache und Sein. Berlin: Hansa Verlag.

Jeuk, Stefan (2017): Schriftspracherwerb im Anfangsunterricht in vielsprachigen Klassen. In: Lütke, Beate/Petersen, Inger/Tajmel, Tanja (Hrsg.): Fachintegrierte Sprachbildung. Forschung, Theoriebildung und Konzepte für die Unterrichtspraxis. Berlin: De Gruyter, S. 269–285.

KMK, Konferenz der Kultusminister der Länder in der Bundesrepublik Deutschland (2004): Bildungsstandards im Fach Deutsch für den Primarbereich (Jahrgangsstufe 4): Beschluss vom 15.10.2004. https://www.kmk.org/fileadmin/Dateien/veroeffentlichungen_beschluesse/2004/2004_10_15-Bildungsstandards-Deutsch-Primar.pdf [Zugriff: 06.10.2021].

Kruse, Norbert/Heinzel, Friederike/Becker, Saskia (2019): Mehr Sprache(n) – mehr Kultur(en) im Grundschulunterricht – inklusiver Ausbau sprachlicher Fähigkeit. Teilprojekt 14 des Projekts PRONET². https://www.uni-kassel.de/einrichtung/zlb/forschung-innovationsprojekte/pronet2/projektbeschreibung/handlungsfeld-ii/p-14 [Zugriff: 06.10.2021].

Merklinger, Daniela/Last, Sandra (2019): Aufgabenbezogene Lernprozessbeobachtung als phasenübergreifendes Thema in der Grundschulbildung. In: Donie, Christian et al. (Hrsg.): Grundschulpädagogik zwischen Wissenschaft und Transfer, Jahrbuch Grundschulforschung, Band 23. Wiesbaden: VS Verlag, S. 71–80.

MIKS – Mehrsprachigkeit als Handlungsfeld interkultureller Schulentwicklung. Praxisbeispiele. https://www.ew.uni-hamburg.de/einrichtungen/ew1/vergleichende/diver/forschung/laufende-projekte/miks.html [Zugriff: 06.10.2021].

Plewnia, Albrecht/Rothe, Astrid (2011): Spracheinstellung und Mehrsprachigkeit. In: Eichinger, Ludwig M. et al. (Hrsg.): Sprache und Integration. Über Mehrsprachigkeit und Migration. Tübingen: Narr, S. 215–253.

Röhner, Charlotte (2020): Neu zugewanderte Kinder im Bildungs- und Aufnahmesystem – Kindheitstheoretische und erziehungswissenschaftliche Verortung. In: Skorsetz, Nina et al. (Hrsg.): Diversität und soziale Ungleichheit. Herausforderungen an die Integrationsleistung der Grundschule, Jahrbuch Grundschulforschung, Band 24. Wiesbaden: VS Verlag, S. 20–29.

Selting, Margret et al. (2009): Gesprächsanalytisches Transkriptionssystem 2 (GAT 2). In: Gesprächsforschung – Online-Zeitschrift zur verbalen Interaktion 10 (1). 353–402 (online abrufbar unter: www.gesprächsforschung-ozs.de) [Zugriff: 06.10.2021].

Terhart, Henrike/Winter, Christine (2020): Mehrsprachigkeit als Normalfall!? Das gesamte Sprachrepertoire von Kindern im Unterricht nutzen. In: Die Grundschulzeitschrift, 2020, 321, S. 30–33.

Zeldes, Amir/Kanbar, Ghazwan (2014): Das Arabische und das Hebräische. In: Krifka, Manfred et al. (Hrsg.): Das mehrsprachige Klassenzimmer: Über die Muttersprachen unserer Schüler (Deutsch). Berlin Heidelberg: Springer, S. 135–174.

„Der flugunfähige Adler" – Grundschulkinder beim gemeinsamen Schreiben eines Textes beobachten

Christina Bär

Zusammenfassung

Wie bringen Grundschulkinder gemeinsame Schreibprozesse hervor und welche Aspekte des Textschreibens werden für sie dabei bedeutsam? Zur Auseinandersetzung mit dieser Frage wird das gemeinsame Schreiben zunächst in seiner Mehrdimensionalität betrachtet. Anschließend wird mit einem Fokus auf Aushandlungen bei der Textproduktion im engeren Sinne (nachfolgend: i. e. S.) ein Gespräch zwischen zwei Ko-Autoren rekonstruiert. Das Fallbeispiel macht sichtbar, wie Ko-Autor*innen in der gemeinsamen Schreibsituation eine kritische Distanz zum Text aufbauen und ihn hinsichtlich seiner Kohärenz überarbeiten können. Der lernprozessbezogene Zugang zum gemeinsamen Schreiben leistet einen Beitrag dazu, das textproduktive Können von Kindern sichtbar zu machen – ein Können, das dem Produkt allein nicht immer anzusehen ist.

Ergänzende Information Die elektronische Version dieses Kapitels enthält Zusatzmaterial, auf das über folgenden Link zugegriffen werden kann https://doi.org/10.1007/978-3-658-35355-1_12. Die Videos lassen sich durch Anklicken des DOI Links in der Legende einer entsprechenden Abbildung abspielen, oder indem Sie diesen Link mit der SN More Media App scannen.

C. Bär (✉)
Institut für deutsche Sprache und Literatur, Pädagogische Hochschule Heidelberg, Heidelberg, Deutschland
E-Mail: baer@ph-heidelberg.de

H. de Boer et al. (Hrsg.), *Beobachten im fachdidaktischen Kontext*, Edition Fachdidaktiken, https://doi.org/10.1007/978-3-658-35355-1_12

1 Fallbeispiel: Der flugunfähige Adler

1.1 Der Text

Die Drittklässler Max und Dario schreiben zu zweit ein Märchen vom flugunfähigen Adler. Der Schreibanlass ist eingebettet in eine größere Unterrichtseinheit, in der sich die Kinder mit Märchen auseinandergesetzt haben: Sie haben Märchen gehört und gelesen, mit Orff-Instrumenten vertont, auf ihre Merkmale hin untersucht und vieles mehr. Nun haben die Schüler*innen den Schreibauftrag erhalten, selbst ein Märchen zu schreiben. Sie verfassen den Text jedoch nicht allein, sondern in Ko-Autorschaft.

In Darios und Max' Märchen vom flugunfähigen Adler (Abb. 1) erfährt der Protagonist (Adler) im Laufe der Narration eine Wandlung. Der Text beginnt mit einer Beschreibung des Adlers. Wegen seiner Größe und seiner besonderen Flugkünste wird er „der Große" genannt. Nach einem Flugunfall kann der Adler nicht mehr fliegen, weswegen er von den anderen „der flugunfähige Adler" genannt wird. Der Adler schämt sich und schrumpft, was dazu führt, dass er nun „der flugunfähige kleine Adler" genannt wird. Der Text endet mit einem guten Ausgang, denn der Adler lebt friedlich in seinem Nest.

Der Text enthält typische Elemente einer Narration. Mit dem flugunfähigen Adler hat er einen Protagonisten, der sich durch besondere Fähigkeiten – seine Größe und seine Flugkünste – auszeichnet. Diesem Protagonisten widerfährt im Laufe der Narration ein Unglück, was ihn zunächst vom großen zum kleinen und flugunfähigen Adler absteigen lässt. Das Unglück beherrscht den Adler jedoch nicht endgültig, denn am Ende lebt er friedlich in seinem Nest.

Eine Auffälligkeit des Textes besteht in seiner literarischen Sprache. Er enthält eine Wiederholung („Er hieß der Große, weil er…"), mit der die herausragenden Eigenschaften des Adlers hervorgehoben werden. Eine besondere Wirkung hat auch die Formulierung „dass er klein und noch kleiner wurde". Die Ko-Autoren hätten dafür auch eine andere Formulierung wählen können (z. B. „dass er ganz klein wurde"). Doch mir der Wiederholung und Steigerung des Kleinwerdens wählen sie eine literarische Sprache und erzeugen ein eindrückliches Bild vom Schrumpfen des Adlers.

Der Text erscheint in sich geschlossen, denn er erzählt auf prägnante und literarische Weise vom Abstieg des Adlers, wobei dieser Abstieg nur ein äußerlicher ist. Der Adler durchläuft eine Wandlung, denn nachdem er zunächst immer kleiner und kleiner wird, gewinnt er am Ende seine innere Größe zurück und lebt friedlich in seinem Nest.

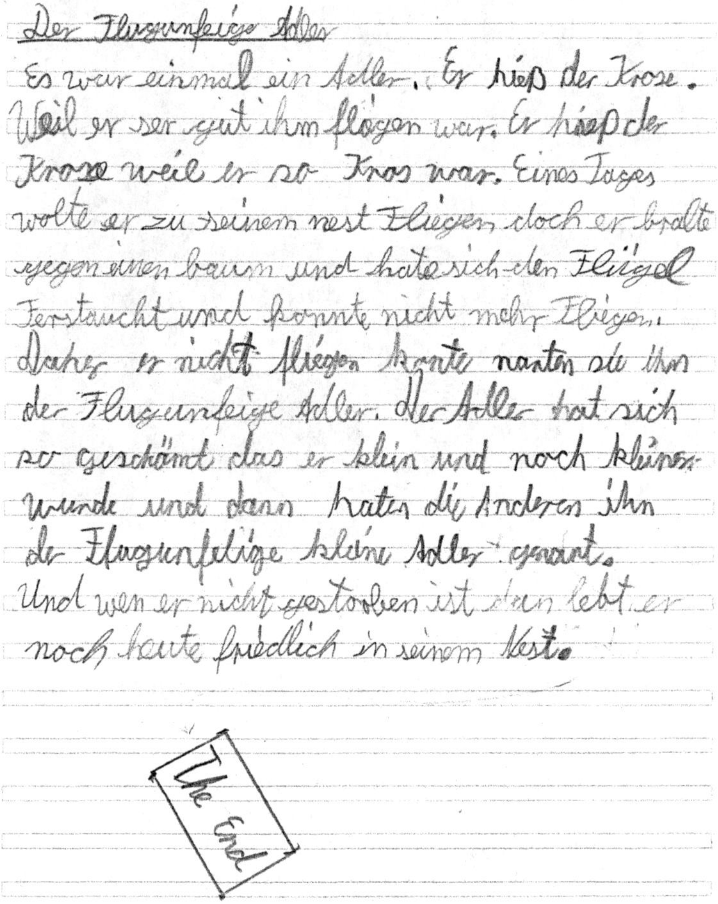

Der Flugunfeige Adler

Es war einmal ein Adler. Er hieß der Krose.
Weil er ser gut ihm flögen war. Er hieß der
Krose weil er so Kros war. Eines Tages
wolte er zu seinem nest Fliegen doch er bralte
gegen einen baum und hate sich den Flügel
Ferstaucht und konnte nicht mehr Fliegen.
Daher er nicht fliegen konte nanten sie ihn
der Flugunfeige Adler. Der Adler hat sich
so geschämt das er klein und noch kleiner
wurde und dann haten die Anderen ihn
der Flugunfelige klaine Adler genant.
Und wen er nicht gestorben ist den lebt er
noch heute friedlich in seinem Neste.

The End

Abb. 1 Max' und Darios Märchen (© Christina Bär)

Abb. 2 Max (links) und Dario (rechts) schreiben gemeinsam einen Text (▶ https://doi.org/10.1007/000-68f) (© Christina Bär)

1.2 Der Schreibprozess – Ein Beobachtungsprotokoll

Der gemeinsame Schreibprozess zwischen Max und Dario (Abb. 2) ist videografisch festgehalten.[1] Das nachfolgende Beobachtungsprotokoll beschreibt einen Ausschnitt aus dem gemeinsamen Schreibprozess. Er setzt 11:32 min nach Beginn des Aufgabenbearbeitungsprozesses ein. Zu Beginn der Sequenz steht ein Teil des Textes bereits auf dem Papier. Er endet mit dem Satz „Daher er nicht fliegen konnte, nannten sie ihn der kleine".[2] Dario hat diesen Satz allein entwickelt. Nun wird er zum Aushandlungsgegenstand in der Interaktion.

[1] Ich danke Max und Dario sowie ihren Eltern für die freundliche Genehmigung zur Veröffentlichung des Videos.

[2] Im Textprodukt in Abb. 1 wird der Adler nicht „der kleine", sondern „der flugunfähige Adler" genannt. Diese Revision ergibt sich in der zu beobachtenden Aushandlungssequenz und ist dem Textprodukt nicht mehr anzusehen.

„Der flugunfähige Adler“

Dario sitzt vom Betrachter aus gesehen auf der rechten Seite, Max auf der linken Seite. Dario schreibt den Satz „Daher er nicht fliegen konnte, nannten sie ihn der Kleine“ zu Ende. Danach streicht Dario mit der Hand über das Papier. Anschließend legt er den Schreibblock vor Max auf dem Tisch ab. Max richtet den Block gerade vor sich auf dem Tisch aus. Beide Schüler haben einen Stift in der Hand, Dario auch ein Radiergummi. Max neigt sich über den Text und sagt: „Was hast du geschrieben jetzt?“ Mit dem Bleistift auf das Papier zeigend liest er vor: „Daher er nicht fliegen konnte.“ Dario führt vorlesend fort: „nannten sie ihn der Kleine.“ Dario schaut Max an, der seinen Blick auf das Schreibpapier gerichtet hat. Dann wendet Max sich Dario zu und sieht ihn an. Er fragt. „Der Kleine? Warum der Kleine? Er ist doch – eben war er groß.“ Max betont das Wort „kleine“, das Wort „groß“ dehnt er. Dario sieht Max lächelnd an und meint: „Aber er ist.“ Währenddessen macht Max eine leicht ruckartige Bewegung mit seinem Oberkörper und beginnt ebenfalls zu sprechen: „Der Flugunfähige! Der Flugunfähige!“ Max betont zwei Mal „Flug“ im Wort „Flugunfähige“. Er wendet sich wieder dem Schreibblatt zu und zeigt mit dem Stift auf die Überschrift. Er sagt: „Das sind ja die Überschrift. ‚Der flugunfähige Adler‘. Also?“ Dario schaut ebenfalls auf das Schreibpapier. Er sagt: „der flugunfähige Adler“ und beginnt dann unten im Text das Wort „kleine“ zu radieren. Max sagt „Okay“, kniet sich mit aufrechter Körperhaltung auf den Stuhl und stützt seine Hände auf dem Tisch ab. Während des Radierens murmelt Dario: „Nannten sie ihn unfähig.“ Max entgegnet: „Unfähiger“ und Dario sagt: „Flugunfähiger.“ Er blickt kurz auf das Papier und sagt dann: „Gut – der Flugunfähige. Der flugunfähige Adler.“ Währenddessen setzt Max sich wieder auf den Stuhl und streicht mit der Hand über das Papier. Er beginnt zu schreiben und spricht dabei mit: „Der fluuug“. Max schreibt *flugun*. Danach hält er mit dem Schreiben inne, schaut weiterhin auf das Papier und sagt „uuund. Der fluuug“. Während Max schreibt, betrachtet Dario zunächst seinen Stift und dreht ihn in der Hand. Dann schaut er auf das Papier und scheint zu verfolgen, was Max auf dem Papier notiert. Max schreibt weiter, was er mit den folgenden Worten begleitet: „uuunfähi“. Er hält erneut mit dem Schreiben inne und scheint das Wort von Beginn an zu betrachten. Er spricht: „Der flugunfähige“. Max schreibt das Wort zu Ende und notiert dann noch das Wort *Adler* und einen Punkt als Satzschlusszeichen. Danach zieht er den Stift zurück, schiebt den Schreibblock in die Tischmitte zu Dario und sagt: „Du bist dran.“ Dario nimmt den Block und legt ihn vor sich ab. Dabei nimmt Max die aufgeschlagenen Blätter des Blockes und führt ihn gemeinsam mit Dario an dessen Platz. Dario beginnt zu schreiben. Währenddessen schaut Max auf das Schreibpapier.

2 Theoretische Diskussion des fachlichen Gegenstandes

Das gemeinsame Schreiben ist eine Form der Textproduktion, bei der sich mindestens zwei Autor*innen in einer gemeinsamen Kommunikationssituation befinden und in gemeinsamer Verantwortung einen Text schreiben. Die Besonderheit des gemeinsamen Schreibens liegt in seiner interaktiven Rahmung. Denn für die an der Schreibinteraktion beteiligten Personen besteht neben der Anforderung, ein Textprodukt herzustellen, auch die Aufgabe, dies gemeinsam zu tun. Das bedeutet, dass sich die Schreibenden über textproduktive Entscheidungen verständigen müssen (vgl. Lehnen 1999: 147). Zur Aufgabe des Textschreibens kommen folglich die des lauten Denkens (vgl. Krings 1992: 56) und des gemeinsamen Abstimmens über das Gesagte hinzu (vgl. Lehnen 1999: 147): „Gemeinsames Schreiben bedeutet, einen Großteil der normal stillschweigend verlaufenden Aktivitäten und Schritte im Textproduktionsprozess für die SchreibpartnerIn zu verbalisieren, und zwar auf den verschiedensten Ebenen dieses Prozesses" (Lehnen 1999: 147).

Auf welchen Ebenen sich das gemeinsame Schreiben vollzieht, beschreiben Dausendschön-Gay et al. (1992) anhand von konversationsanalytischen Studien. Auf der Grundlage von gemeinsamen Schreibprozessen zwischen erwachsenen L1- und L2-Sprechenden arbeiten sie fünf Ebenen des gemeinsamen Schreibens heraus (vgl. Abb. 3).

Unter schreibdidaktischer Perspektive betrachtet konfrontieren sich Ko-Autor*innen auf diesen Ebenen mit unterschiedlichen Aspekten des gemeinsamen Schreibens, die sich m. E. in drei Teilbereiche und damit auch in die Herstellung unterschiedlicher fachlicher Gegenstände zusammenfassen lassen:

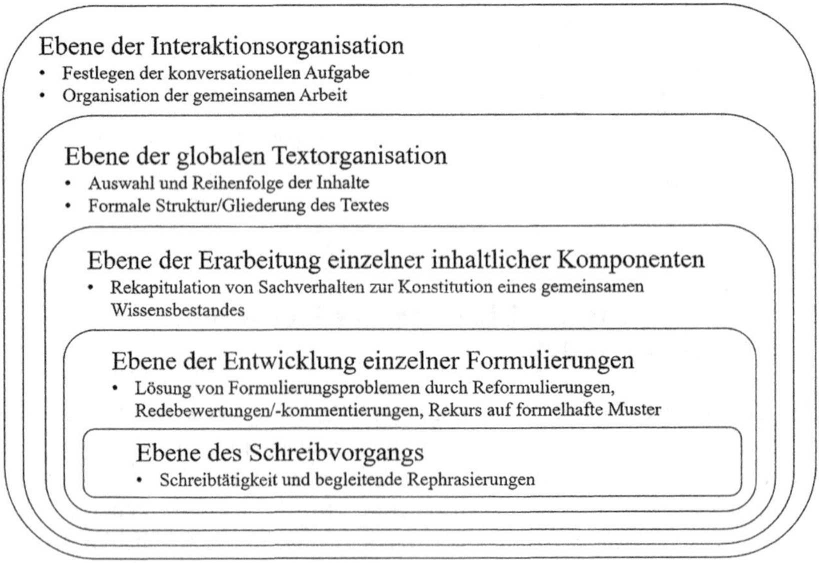

Abb. 3 Ebenen des gemeinsamen Schreibens (Bär 2021: 70 nach Dausendschön-Gay et al. 1992: 230 f.)

- *Das Schreiben organisieren:* Auf der Ebene der Interaktionsorganisation geht es darum, die gemeinsame Arbeit am Text zu organisieren. Hier legen Schreibende fest, wie sie beim gemeinsamen Schreiben vorgehen (z. B. abwechselnd oder dialogisch formulieren) und wer dabei welche Rollen übernimmt (z. B. Schreiber*in, Ideenfinder*in).
- *Den Text produzieren:* Von der Ebene der Interaktionsorganisation sind die Ebenen der Textproduktion abzugrenzen, denn hier entwickeln sich fachlich-inhaltliche Gesprächsgegenstände zwischen den Autor*innen. Im Rahmen der Textproduktion organisieren sie ihren Text, erarbeiten einzelne inhaltliche Komponenten und entwickeln gemeinsam Formulierungen. Die Schreibenden konfrontieren sich hier mit Fragen der Textproduktion i. e. S.
- *Den Text aufschreiben:* Als weiterer Gegenstand in der Interaktion ergibt sich die Ebene des Schreibvorgangs. Hier verschriften Ko-Autor*innen die Formulierungen, auf die sie ich im Rahmen der Textproduktion i. e. S. geeinigt haben. Sie richten ihre Aufmerksamkeit auf Aspekte der Verschriftung.

Während Ko-Autor*innen sich beim gemeinsamen Schreiben mit Fragen der Interaktionsorganisation, der Textproduktion i. e. S. oder der Verschriftung konfrontieren, etablieren sie unterschiedliche Gegenstände in der Interaktion. Diese Gegenstände haben zu unterschiedlichen Zeitpunkten im Schreibprozess ihre eigene Relevanz, auch wenn ihre Übergänge fließend sein können oder sich im interaktiven Aushandlungsprozess rekursiv etablieren. Die von mir vorgenommene analytische Trennung mag die Komplexität des gemeinsamen Schreibens zwar nicht vollständig abbilden, sie kann aber dennoch als Folie dienen, um eine konkrete Beobachtungsfrage zu entwickeln.

In der Szene von Max und Dario nimmt der Aspekt *Den Text produzieren* den größten Raum ein. Etwa die Hälfte des Beobachtungsprotokolls dokumentiert den Aushandlungsprozess über die Frage, wie der Adler von den anderen nach seinem Flugunfall bezeichnet wird. Damit steht der Gegenstand der Textproduktion i. e. S. für die Ko-Autoren an dieser Stelle im Schreibprozess im Vordergrund.

Unter Textproduktion i. e. S. verstehe ich nach Bachmann/Becker-Mrotzek die Fähigkeit, „Texte als zerdehnte sprachliche Handlungen zu produzieren“ (Bachmann und Becker-Mrotzek 2017: 28). Im Unterschied zu Gesprächen, die in einer Face-to-Face-Interaktion stattfinden, ist das Schreiben eines Textes als „zerdehnte Sprechsituation“ gerahmt (Ehlich 1984: 18), die durch eine räumliche und zeitliche Trennung zwischen Sprachproduzierenden und -rezipierenden gekennzeichnet ist. Der Bruch, der zwischen Sprachproduktion und -rezeption entsteht, wird durch Texte überbrückt, welche die Überlieferung der sprachlichen Äußerung gewährleisten. Da Texte nicht in Kooperation zwischen Produzierenden und Rezipierenden verfasst werden, ergeben sich für ihre Herstellung besondere Bedingungen. So besteht für Schreibende bspw. die Anforderung, durch den Text einen Verstehenskontext aufzubauen, aus dem alle nötigen Informationen hervorgehen, die Lesende benötigen, um den Text verstehen zu können. Dies macht es erforderlich, beim Schreiben bereits die Perspektive der potenziellen Leser*innen einzunehmen (vgl. Pohl 2013: 214 f.).

Beim Beobachten der gemeinsamen Schreibsequenz zwischen Dario und Max steht diese Frage im Fokus:

Wie bringen die Ko-Autoren die Textproduktion i. e. S. interaktiv hervor?

Zur Beantwortung dieser Frage wird in der nachfolgenden Analyse herausgearbeitet, welche Aspekte der Ko-Konstruktion für die Ko-Autoren von Bedeutung sind und wie sie zur endgültigen Formulierung für den Text gelangen. Mit dem beschriebenen Beobachtungsfokus treten die Ebenen des gemeinsamen Schreibens, die nicht i. e. S. zur Textproduktion beitragen (Schreiborganisation, Schreibvorgang), in den Hintergrund. Gleichwohl bietet die Szene das Potenzial, diese Aspekte in einer gesonderten Rekonstruktion in den Blick zu nehmen.

3 Rekonstruktion des gemeinsamen Textproduktionsprozesses

Im ersten Teil des Beobachtungsprotokolls (Z.1-5) beendet Dario die Verschriftung des Satzes „Daher er nicht fliegen konnte, nannten sie ihn ‚der Kleine'" (vgl. Kontextinformation, Abschn. 1.2). Anschließend wechseln die Ko-Autoren die Schreiberrolle, indem Max das Schreibmaterial erhält.

Max wendet sich dem Text zu und fragt Dario, was er geschrieben hat (vgl. Z.7). Aus der Kontextinformation (vgl. Abschn. 1.2) ist bekannt, dass Dario den Satz allein entwickelt und niedergeschrieben hat, d. h. die Ko-Autoren haben sich nicht in der Interaktion darüber abgestimmt. Mit seiner Frage signalisiert Max, dass es für ihn bedeutsam ist, was zuletzt notiert wurde. Bevor er die Rolle des Schreibers übernehmen kann, möchte er wissen, wie der bisherige Text lautet. Die Frage legt damit auch nahe, dass Max sich als Schreiber nicht nur als ‚Verschrifter' betrachtet, der den Text zu Papier bringt. Es scheint, als betrachte er sich auch als Autor, der im Folgenden an das bereits Geschriebene anschließen möchte. Max liest den letzten Satz, der auf dem Papier steht, laut vor und führt den Bleistift dabei auf dem Papier mit. Dario führt den Satz zu Ende, sodass er im Gespräch nun vollständig geäußert wurde (vgl. Z.8 f.). Danach schauen beide Ko-Autoren sich an.

Max: „Der Kleine? Warum der Kleine? Er ist doch – eben war er groß."
Nun beginnt die Aushandlung der Textproduktion i. e. S. Max fragt: „Der Kleine? Warum der Kleine? Er ist doch – eben war er groß" (Z.10 f.). Dabei betont er die Wörter „klein" und „groß" (vgl. Z.10 f.). Mit seiner Frage richtet Max die Aufmerksamkeit auf das Nomen, mit dem der Adler bezeichnet wird. Möglicherweise kann er nicht nachvollziehen, warum dieser „der Kleine" genannt wird. Er begründet seine Nachfrage, indem er zu bedenken gibt, dass der Adler eben noch groß war. Mit „eben" meint er vermutlich den Anfang der Geschichte, wo der Adler „der Große" genannt wird (vgl. Abb. 1). Es könnte sein, dass Max den Übergang von „groß" zu „klein" als Bruch empfindet – zumindest signalisiert er durch seine Frage und die anschließende Begründung Gesprächsbedarf zu dieser Bezeichnung.

Dario setzt zu einer Erklärung an: „Aber er ist". Da er den Satz aufgrund der Überlappung im Gespräch nicht zu Ende führt, wird nicht deutlich, worum es Dario geht. Dennoch deutet die Verwendung der Konjunktion „aber" darauf hin, dass Dario gegenüber Max' Einwand etwas zu entgegnen hat. Worin der Einwand besteht, bleibt offen. Gleichzeitig zu Darios Äußerung macht Max eine ruckartige Körperbewegung (vgl. Z.12 f.), die den Eindruck entstehen lässt, als habe er einen Einfall. Simultan zu Dario sagt Max: „Der Flugunfähige! Der Flugunfähige". Diese Äußerung kann als Überarbeitungsvorschlag gedeutet werden. Es scheint, als wolle er den Namen „der Kleine" durch „der Flugunfähige" ersetzen. Mit dieser Bezeichnung würden die Ko-Autoren einen Bezug zum vorausgegangenen Text herstellen: Der Adler hat sich bei einem Flugunfall den Flügel verstaucht – er ist flugunfähig. Auch in der Überschrift wird der Adler „der flugunfähige Adler" genannt. Durch die Überarbeitung würde der Adler für die anderen nicht „der Kleine", sondern „der Flugunfähige" sein.

Max: „Das sind ja die Überschrift. Der flugunfähige Adler. Also?"
Max zeigt mit dem Stift auf die Überschrift und sagt: „Das sind ja die Überschrift. Der flugunfähige Adler. Also?" (Z.16) Mit dieser Äußerung stellt Max einen expliziten Zusammenhang zur Überschrift und damit zum bereits verfassten Text her. In der Überschrift steht geschrieben, dass der Adler flugunfähig ist. Max zeigt auf die Überschrift und liest sie vor, wodurch sie in den Fokus des Gesprächs gelangt. Mit dem als Frage geäußerten Adverb „also" fordert er eine Stellungnahme von Dario ein. Zugleich deutet er mit diesem Wort an, dass es in Folge der Überschrift angemessen wäre, an dieser Stelle vom flugunfähigen und damit nicht vom kleinen Adler zu schreiben.

Dario wiederholt die Formulierung „der flugunfähige Adler". Diese Äußerung kann als Bestätigung dafür gewertet werden, dass er mit Max' Alternativvorschlag einverstanden ist. Dario richtet seine Aufmerksamkeit wieder auf das Schreibpapier: Er wendet sich dem Block zu und radiert das Wort „kleine“ aus. (vgl. Z.17 f.) Mit dieser Handlung nimmt Dario die Rolle des Schreibers im Sinne des ‚Verschrifters‘ ein. Er entfernt ein Wort, das er zuvor notiert hat und das sie im Folgenden zu ersetzen gedenken. Während Dario radiert, stimmt Max zu („Okay“; Z.18) und richtet sich auf dem Stuhl auf. Seine Körperhaltung vom Sitzen zum Stehen legt nahe, dass die Ko-Autoren sich gerade in einem Übergang befinden – vom Überarbeiten der Formulierung im Gespräch hin zum Verschriften des Beschlossenen.

Dario: „Nannten sie ihn unfähig“
Während Dario radiert, sagt er: „Nannten sie ihn unfähig“ (Z.19 f.). Mit dieser Äußerung schließt Dario an den Text an, der auf dem Papier steht („Daher er nicht fliegen konnte, nannten sie ihn“). Er äußert also einen Teil des Geschriebenen und fügt das Wort „unfähig“ daran an. Mit diesem Wort würde der Satz nun – anders als zuvor – mit einem Adjektiv („unfähig“) statt mit einem Nomen („der Kleine/der Flugunfähige“) enden. Darios Äußerung enthält nun also eine grammatische Verschiebung, die keinen Namen, sondern eine Eigenschaft zum Ausdruck bringt. Zudem handelt es sich lediglich um einen Teil dessen, worauf sich die Autoren zuvor geeinigt haben, denn es fehlt das Morphem „flug“.

Max entgegnet auf Darios Äußerung das Wort „Unfähiger“ (Z.20). Max’ Äußerung kann als Überarbeitungsvorschlag gedeutet werden, mit dem er das Adjektiv „unfähig“ aufgreift und es in ein Nomen transformiert. Durch die Überarbeitung knüpft Max an den ursprünglichen Duktus des Satzes an, der mit einem Nomen („der Kleine/der Flugunfähige“) statt mit einem Adjektiv („unfähig“) geendet hat. Mit dieser grammatischen Änderung findet eine Anpassung an das bereits Formulierte statt.

Dario: „Gut – der Flugunfähige. Der flugunfähige Adler.“
Dario meint nun: „Flugunfähiger“ (Z.20). Er schaut kurz auf das Schreibpapier und sagt dann: „Gut – der Flugunfähige. Der flugunfähige Adler“ (Z.21). Auch diese Äußerung kann als Überarbeitungsvorschlag gedeutet werden. Dario äußert nun eine (attribuierte) Nominalphrase, mit der zum Ausdruck gebracht werden kann, dass der Adler „der Flugunfähige“ bzw. „der flugunfähige Adler“ genannt wird. Im Vergleich zu Max’ Alternativvorschlag beinhaltet Darios Version nun wieder das Morphem „flug“. Damit wird spezifiziert, worin der Adler unfähig ist: im Fliegen. Im Unterschied zur ursprünglichen Formulierung, die Dario und Max ausradiert haben („nannten sie ihn ‚der kleine‘“) handelt es sich nun um eine attribuierte Nominalphrase, wie sie auch in der Überschrift enthalten ist: „Der

flugunfähige Adler". Aus „der Kleine" ist am Ende „der flugunfähige Adler" geworden – analog zur Überschrift des Textes.

Noch während Dario die beiden Alternativen zur Überarbeitung äußert, nimmt Max Schreibhaltung ein und beginnt mit der Verschriftung (Z. 23). Am Ende der textproduktiven Aushandlungssequenz steht folgender Satz auf dem Papier: „Daher er nicht fliegen konnte, nannten sie ihn ‚der flugunfähige Adler'".

4 Zusammenfassung der fachlichen Ko-Konstruktionsprozesse der Schüler

Max und Dario bringen den gemeinsamen Schreibprozess in Kooperation hervor. Sie wechseln sich mit dem Schreiben ab, was bedeutet, dass jeder der Ko-Autoren abwechselnd für das Entwickeln und Niederschreiben eines Satzes verantwortlich ist. Danach werden die Rollen getauscht. Diese Form der Kooperation beim gemeinsamen Schreiben beinhaltet auch Momente, in denen die Ko-Autoren zur Aushandlung über den Gegenstand der Textproduktion gelangen. Durch die Rekonstruktion des interaktiven Austausches können folgende Erkenntnisse in Bezug auf die fachlichen Ko-Konstruktionsprozesse der Schüler gewonnen werden:

- *Ko-Autor als ‚erster Leser' im Schreibprozess:* In monologischen Schreibprozessen sind Textrezeptions- und -produktionsprozesse aufgrund der raumzeitlichen Trennung voneinander isoliert. Beim gemeinsamen Schreiben hingegen nimmt Max schon während des Schreibprozesses die Rolle des Lesers ein und betrachtet den Satz, den Dario entwickelt und notiert hat, mit Distanz. Er fragt Dario, warum er vom „kleinen" Adler schreibt, da dieser zu Beginn des Textes noch „der Große" genannt wurde. Max schlägt eine Alternative vor. Statt vom „kleinen" Adler würde er vom „flugunfähigen" Adler schreiben – so, wie es in der Überschrift steht.
- *Grundschulkinder arbeiten an Textkohärenz:* Aus der kritischen Distanz, die in der gemeinsamen Schreibsituation entsteht, ergibt sich eine Beurteilungsfähigkeit in Bezug auf den entstehenden Text (vgl. Jantzen 2003: 115). Den Ko-Autoren erscheint es nicht angemessen, vom „kleinen" Adler zu schreiben, obwohl er gerade noch „der Große" genannt wurde. Mit der Bezeichnung „der flugunfähige Adler" entscheiden sie sich für eine Bezeichnung, die sich kohärent an den vorangehenden Textabschnitt anfügt. Max stellt einen expliziten Zusammenhang zur Überschrift her und gemeinsam richten die Ko-Autoren den Text daran aus. Somit betrachten die Ko-Autoren ihren Text in seinem

Gesamtzusammenhang, was als eine fortgeschrittene Fähigkeit beim Schreiben gilt (vgl. Augst et al. 2007: 350).

- *Gemeinsames Formulieren als Annäherung an Ausdruckswünsche:* Mit Max' Alternativvorschlag, vom „Flugunfähigen" zu schreiben, entsteht ein Äußerungskonzept, das im Laufe des Aushandlungsprozesses ko-konstruktiv ausdifferenziert wird. Die Ko-Autoren überarbeiten die Formulierung mehrfach (1. Dario: „der Kleine", 2. Max: „der Flugunfähige", 3. Dario: „unfähig", 4. Max: „Unfähiger", 5. Dario: „Flugunfähiger", 6. Dario: „der Flugunfähige", 7. Dario: „der flugunfähige Adler"). Der Fokus in diesem Formulierungsprozess dreht sich um das Konzept „unfähig", das im Laufe der Aushandlung in Richtung „flugunfähig" präzisiert wird. Über einen komplexen Wortbildungsprozess nähern sich die Ko-Autoren gemeinsam dem an, was sie in ihrem Text auszudrücken wünschen.

5 Reflexion der aufgabenbezogenen Vorstellungen der Schüler und Entwicklung fachlicher Anschlussaufgaben

Durch die Rekonstruktion und Analyse des gemeinsamen Schreibprozesses wird sichtbar, was dem Textprodukt nicht zwingend anzusehen ist: Max und Dario setzen sich beim Schreiben ihres Textes mit Fragen der Textkohärenz auseinander. Wie könnte der Name des Adlers heißen, damit er zur Überschrift (und zum vorangehenden Abschnitt) des Textes passt? Die Ko-Autoren arbeiten zwar an einem einzigen Wort, haben dabei aber die Makrostruktur des Textes im Blick.

Ob den Ko-Autoren bewusst ist, dass sie sich mit wichtigen und fortgeschrittenen Fragen der Textproduktion beschäftigen, lässt sich nicht mit Bestimmtheit sagen. Daher könnte es in fachlichen Anschlussaufgaben darum gehen, das textproduktive Können, das in den Aushandlungsprozessen des gemeinsamen Schreibens sichtbar wird, in die Klassenöffentlichkeit zu tragen. Max und Dario könnten ihren Text für eine weitere Besprechung im Klassenplenum vorbereiten. Sie könnten einen Satz auswählen, über den sie beim gemeinsamen Schreiben viel gesprochen haben. Diesen Satz könnten sie der Klasse präsentieren und versuchen zu rekapitulieren, welche Alternativen es gab, was ihre Überlegungen dahinter waren und was sie mit dem gewählten Satz letztlich zum Ausdruck bringen möchten (vgl. hierzu auch Bär 2021: 273). Auf diese Weise könnten sie ein Metawissen zum Schreiben ausbilden, das zunehmend differenzierter und bewusster werden kann.

6 Fazit

Die Aufgabe, gemeinsam einen Text zu verfassen, stellt Ko-Autor*innen vor vielfältige fachliche Anforderungen. So müssen sie den gemeinsamen Schreibprozess organisieren, den Text gemeinsam entwickeln und letztlich niederschreiben. Im Fokus dieses Beitrages stand die Frage, wie Ko-Autor*innen die gemeinsame Textentwicklung ko-konstruktiv hervorbringen. Es ging darum, herauszufinden, welche Aspekte der Textproduktion für sie in der Interaktion bedeutsam werden und wie sie zu einer Formulierung für ihren Text gelangen.

In der beobachteten Sequenz widmen sich die Ko-Autoren vor allem der Textproduktion i. e. S. Dabei stellen sie in der Interaktion einen Aspekt von Textkohärenz als fachlichen Lerngegenstand her. Die Auseinandersetzung mit Textkohärenz wurde von den Ko-Autoren im Schreibauftrag nicht gefordert; sie ergibt sich vielmehr in der Interaktion über den entstehenden Text und ausgehend von dem, was die Ko-Autoren in ihrem Text auszudrücken wünschen. Somit entsteht der fachliche Lerngegenstand aus der Bedeutsamkeit, den er für die Ko-Autoren in der Interaktion über den entstehenden Text hat. Würde man lediglich das Textprodukt betrachten, würde man wohl feststellen, dass es sich bei der Geschichte vom flugunfähigen Adler um einen kohärenten und damit unauffälligen Text handelt. Welche Überlegungen zur besonderen Machart des Textes beigetragen haben, ist dem Produkt allein jedoch nicht anzusehen. Ohne einen lernprozessbezogenen Zugang blieben die textproduktiven Perspektiven der Schreibenden im Verborgenen.

Im Wechselspiel zwischen Textprodukt und Textproduktionsprozess kann die aufgabenbezogene Lernprozessbeobachtung einen Beitrag dazu leisten, die textproduktiven Perspektiven der Schreibenden sichtbar zu machen. Eine Annäherung an die subjektiven Perspektiven auf das Schreiben findet bereits beim Beobachten selbst statt. So fordert das Anfertigen eines detaillierten Beobachtungsprotokolls Beobachtende zum genauen Hinsehen und Hinhören heraus. In einem weiteren Schritt trägt die Analyse der textproduktiven Interaktionen dazu bei, den subjektiven Perspektiven verstehend zu begegnen und das textproduktive Können, das sich in der Interaktion entfaltet, aufzudecken. Damit kann das methodische Vorgehen in der aufgabenbezogenen Lernprozessbeobachtung als Zugang in der Schreibprozessforschung genutzt werden, um Erkenntnisse über subjektive Perspektiven auf das Schreiben zu gewinnen. Zudem kann das Einüben des methodischen Vorgehens der aufgabenbezogenen Lernprozessbeobachtung im Rahmen der Lehrer*innenbildung dazu beitragen, ein Bewusstsein für das textproduktive Können von Kindern zu entwickeln, das sich sowohl in Prozessen als auch in Produkten manifestieren kann.

Literatur

Augst, Gerhard/Disselhoff, Katrin/Henrich, Alexandra/Pohl, Thorsten/Völzing, Paul-Ludwig (2007): Text-Sorten-Kompetenz. Eine echte Longitudinalstudie zur Entwicklung der Textkompetenz im Grundschulalter. Frankfurt am Main: Peter Lang.

Bachmann, Thomas/Becker-Mrotzek, Michael (2017): Schreibkompetenz und Textproduktion modellieren. In: Becker-Mrotzek, Michael/Grabowski, Joachim/Steinhoff, Torsten (Hrsg.): Forschungshandbuch empirische Schreibdidaktik. Münster, New York: Waxmann, S. 25–53.

Bär, Christina (2021): Textproduktion in Interaktion. Eine Studie zum kollaborativen Schreiben in der Grundschule. Berlin u. a.: Peter Lang.

Dausendschön-Gay, Ulrich/Gülich, Elisabeth/Krafft, Ulrich (1992): Gemeinsam schreiben. Konversationelle Schreibinteraktion zwischen deutschen und französischen Gesprächspartnern. In: Krings, Hans P./Antos, Gerd (Hrsg.): Textproduktion. Neue Wege der Forschung. Trier: WVT, S. 219–255.

Ehlich, Konrad (1984): Zum Textbegriff. In: Rothkegel, Annely/Sandig, Barbara (Hrsg.): Text – Textsorten – Semantik. Linguistische Modelle und maschinelle Verfahren. Hamburg: Buske, S. 9–25.

Jantzen, Christoph (2003): Eigene Texte in der Schule überarbeiten: beobachten – verstehen – lernen. In: Brinkmann, Erika/Kruse, Norbert/Osburg, Claudia (Hrsg.): Kinder schreiben und lesen. Beobachten – Verstehen – Lehren. Freiburg im Breisgau: Fillibach, S. 111–126.

Krings, Hans P. (1992): Schwarze Spuren auf weißem Grund – Fragen, Methoden und Ergebnisse der empirischen Schreibprozessforschung im Überblick. In: Krings, Hans P./Antos, Gerd (Hrsg.): Textproduktion: neue Wege der Forschung. Trier: WVT, S. 45–110.

Lehnen, Katrin (1999): Kooperative Textproduktion. In: Kruse, Otto/Jakobs, Eva M./Ruhmann, Gabriela (Hrsg.): Schlüsselkompetenz Schreiben. Konzepte, Methoden, Projekte für Schreibberatung und Schreibdidaktik an der Hochschule. Neuwied: Luchterhand, S. 147–170.

Pohl, Thorsten (2013): Texte schreiben in der Grundschule. In: Gailberger, Steffen/Wietzke, Frauke (Hrsg.): Handbuch Kompetenzorientierter Schreibunterricht. Weinheim und Basel: Beltz, S. 212–231.

MIX
Papier aus verantwortungsvollen Quellen
Paper from responsible sources
FSC® C105338

Printed by Books on Demand, Germany